Room for Culture

Culture asks for a space in life.
USM Modular Furniture creates the space that brings culture to life.
Ask for detailed documentation.

Distribution for Spain:
Unidad de sistemas modulares SL, C/Galileo no 224, local 9, 08028 Barcelona
Tel. +34 933 390 204, Fax +34 933 390 188, usminfo@telefonica.net

USM U. Schärer Söhne AG, CH-3110 Münsingen
Tel. +41 31 720 72 72, Fax +41 31 720 72 38, info@ch.usm.com, www.usm.com

USM
Modular Furniture

Mundos de colores

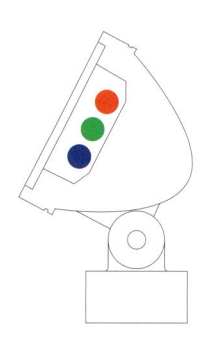

Si quiere reinterpretar una y otra vez la atmósfera de una habitación, la apariencia de un edificio, la luz en color es el medio a elegir. ¿No sería fantástico, que una luminaria pudiera reproducir luz en cualquier color deseado simplemente dando una orden? Este ideal se está haciendo realidad para la iluminación arquitectónica: con la técnica Varychrome de ERCO. Porque las luminarias denominadas «varychrome» pueden variar el color de la luz de forma dinámica por mando electrónico. La tecnología RGB, es decir, la mezcla aditiva de luz en los colores básicos rojo, verde y azul abre un espacio de colores, en el que se pueden obtener millones de tonos de colores sin escalonamiento – sin filtros que absorban la luz o una mecánica que requiera mucho mantenimiento. Preparada para funcionar en luminarias altamente funcionales para espacios interiores y exteriores: herramientas, para hacer de la fantasía realidad.

Luz es la cuarta dimensión de la arquitectura: www.erco.com

ERCO

oken®

Narváez, s/n - Pol. Ind.
"Can Jardí" - 08191 Rubí
Barcelona - España
Tel +34 93 588 25 68
Fax +34 93 588 03 45
oken @ oken.es

www.oken.es

VIP SYSTEM JOSEP LLUSCÀ

EXPONOR
FEIRA INTERNACIONAL DO PORTO

CONCRETA

21ª Feria Internacional de Construcción y Obras Públicas

26>30 *OCT* 05

www.concreta.exponor.pt

ufi Approved Event

¡Anótela en su agenda!

¡¡¡85.000 visitantes, portugueses y extranjeros y más de 1.150 expositores directos e indirectos en CONCRETA 2004 !!!!

Grandes Sectores / Grandes Espacios:

Materiales de Construcción ▶ Cuarto de Baño ▶ Artículos Sanitarios ▶ Cocina ▶ Marcos ▶ Higiene, Seguridad y Salud ▶ Domótica y Software en la Construcción ▶ Imagen y Sonido ▶ Pavimentos y Revestimientos Cerámica ▶ Aislamiento e Impermeabilización ▶ Pinturas, Barnices y Colas ▶ Climatización, Calefacción y Energías Alternativas ▶ Prefabricación y Construcción Industrializada ▶ Aparatos de Medida y Precisión Madera, Metal, Plástico y Vidrio ▶ Cerrajería y Elementos Metálicos para la Construcción ▶ Iluminación y Electricidad ▶ Decoración y Arquitectura Interior ▶ Rocas Ornamentales ▶ TECHPEDRA: Máquinas, Accesorios y Equipos para Trabajar Rocas Ornamentales ▶ 3RCONSTRUA: Rehabilitación, Recalificación y Reconstrucción del Patrimonio Construido ▶ CONSTRUA: Maquinas, Accesorios y Equipos para Trabajar Rocas Ornamentales, Industriales y Cerámica

---

AEP

MADRID - tel: +34 91 315 31 47   fax: +34 91 315 19 84   info.madrid@exponor.com
BARCELONA - tel: +34 93 241 29 73   fax: +34 93 209 12 90   info.barcelona@exponor.com
VIGO - tel: +34 986 28 80 89   fax: +34 986 48 83 22   info.vigo@exponor.com

Me interesa recibir información sobre
CONCRETA 2005

VISITANTE PROFESIONAL ☐   EXPOSITOR ☐

NOME
EMPRESA
DOMICILIO   C. POSTAL
PAÍS   TEL.
FAX   E-MAIL

Exponor-Feira Internacional do Porto - 4450-617 Leça da Palmeira - Portugal | tel. +351 808 30 14 00 | fax. +351 229 981 482 | info@exponor

Apoyos
AIMMAP   ASSIMAGRA   APCMC   UEMAT   AIPGN   G.E.Co.R.P.A.   ORDEM DOS ARQUITECTOS   CEVALOR   aimmp

Revista Oficial
arte&construç

UNIÃO EUROPEIA
Fundo Europeu de Desenvolvimento Regional

icep portugal
Comércio e Turismo

Portugal em Acção

prim

MeiréundMeiré

DORN BRACHT

Armaturen.Accessoires.Interiors.Culture Projects.

MEM

Con MEM Dornbracht presenta una nueva estética elemental de grifería. Su discreción consciente convierte la vivencia de la limpieza en una experiencia inmediata con el agua como elemento, sin aireador alguno. Como el chorro de un manantial claro y natural. MEM ha sido creada por SIEGER DESIGN.
Solicite nuestro prospecto MEM en: Dornbracht España S.L., C/Bruc 94 2° 2ª, 08009 Barcelona, Tel. 93 272 39 10, Fax 93 272 39 13,
E-Mail: dornbrachtspain@retemail.es   www.dornbracht.com

http://quaderns.coac.net
Quaderns d'arquitectura i urbanisme

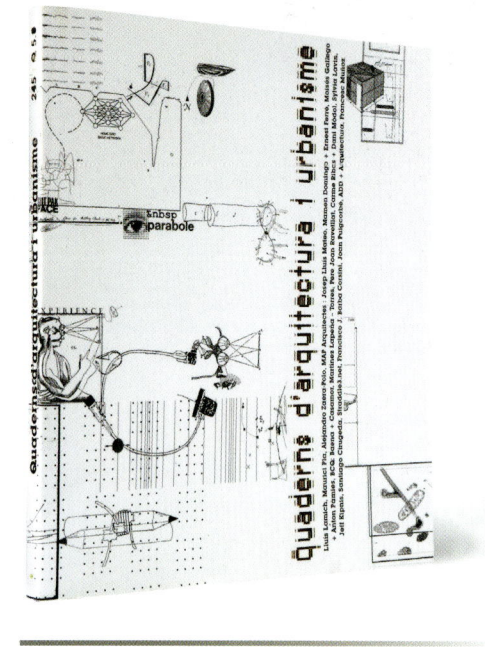

245 : Q 5.0

244 : Q 4.0

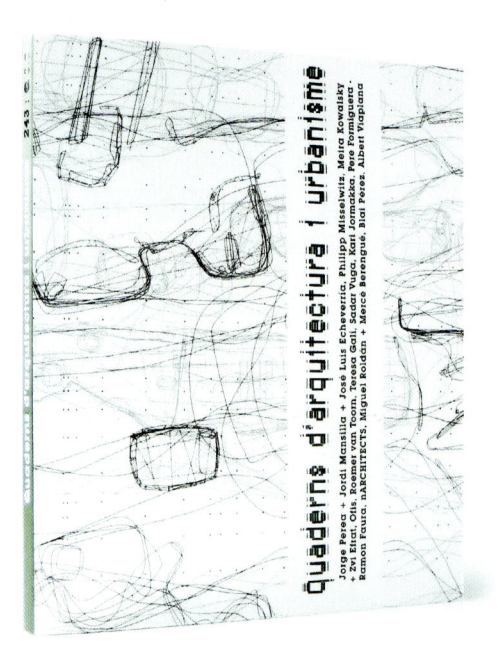

243 : Q 3.0

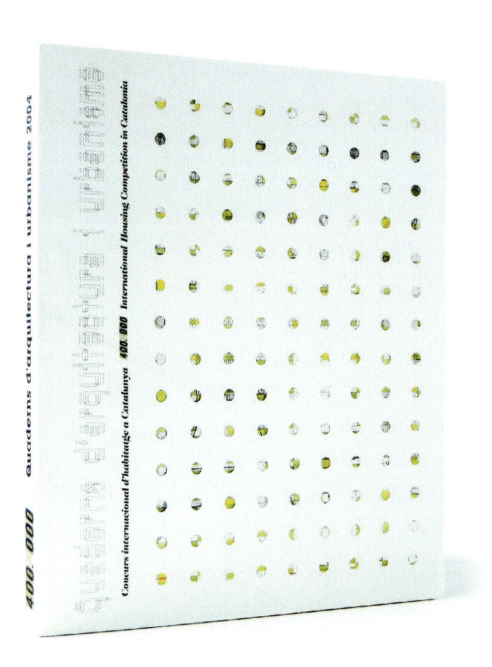

400.000

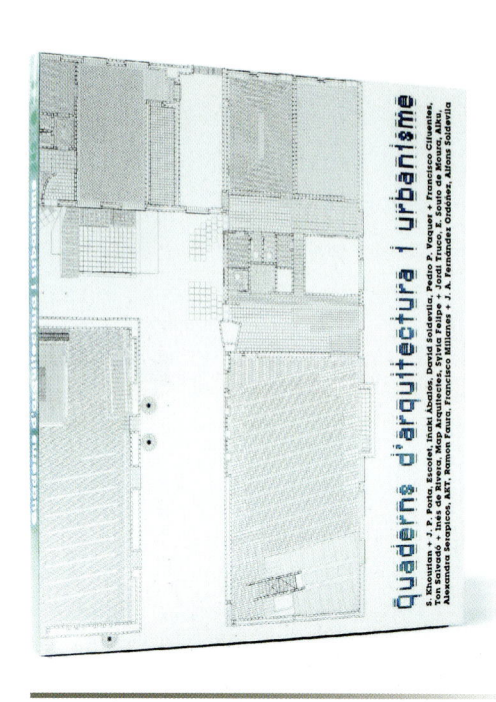

242 : Q 2.0

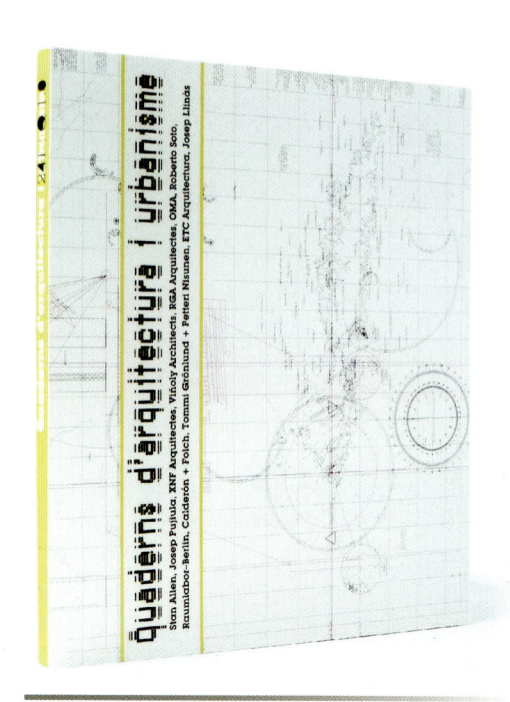

241 : Q 1.0

JUEGOS KOMPAN S.A.
Camí del Mig, 81
08302 MATARÓ - BARCELONA
Tel. 902 194 573
www.KOMPAN.es

KOMPAN
Unique Playgrounds

POSEER LA ENERGÍA ADECUADA
PARA CONSTRUIR HOGARES,
SE MERECE TODO UN PLAN.

PLAN PROPANO MULTIVIVIENDA

Con el Plan Propano Multivivienda de Repsol Gas,
sus construcciones disponen de la energía que realmente necesitan.

- Un servicio integral; asesoramiento y supervisión del proyecto completo, gestión legal, instalación y suministro gratuito en parte o en su totalidad, mantenimiento 24 horas.
- Un plan adaptado a cualquier necesidad energética.
- Ahorrando dinero y tiempo.
- Una energía limpia y de rendimiento superior a otras.

Un plan perfecto para sacar el máximo rendimiento a la energía de su hogar.

901 100 125

REPSOL GAS

sacgas@repsolypf.com | repsolypf.com

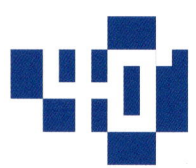

marmomacc

FERIA INTERNACIONAL DE MÁRMOLES, PIEDRAS Y TECNOLOGÍAS

VERONA
29 SEPTIEMBRE - 2 OCTUBRE
2005

ORGANIZADO POR:
VERONAFIERE

www.marmomacc.com

DELEGADO:
CALTRES S.L.
Antonio Valenti
Muntaner 261- 08021
Barcelona - ESPAÑA
Tel.: 0034 93 4143223
Fax: 0034 93 4141628
E-mail: info@caltres.com

PIETRA NATURALE
PIEDRA NATURAL

PATROCINADO POR:
Ministero Attività Produttive
Consiglio Nazionale degli Architetti Pianificatori Paesaggisti e Conservatori

studiomirandola

2G Números publicados
Issues published

Nº 1. David Chipperfield. Obra reciente (agotado) | Nº 2. Toyo Ito. Sección 1997 (agotado) | Nº 3. Landscape. Estrategias para la construcción del paisaje (agotado) | Nº 4. Arne Jacobsen. Edificios públicos (agotado) | Nº 5. Eduardo Souto de Moura. Obra reciente | Nº 6. Ushida Findlay | Nº 7. R.M. Schindler. 10 Casas | Nº 8. Arquitectura latinoamericana. Una nueva generación (agotado) | Nº 9. Williams Tsien. Obras (agotado) | Nº 10. Instant China | Nº 11. Baumschlager & Eberle (agotado) | Nº 12. Craig Ellwood. 15 Casas (agotado) | Nº 13. Carlos Jiménez | Nº 14. Construir en las montañas. Arquitectura reciente en los Grisones | Nº 15. Arquitectura italiana de la posguerra 1944-1960 | Nº 16. Foreign Office Architects | Nº 17. Marcel Breuer. Casas americanas | Nº 18. Arquitectura y energía | Nº 19. Waro Kishi. Obra reciente (agotado) | Nº 20. Arquitectura portuguesa. Una nueva generación | Nº 21. Lacaton & Vassal (agotado) | Nº 22. Ábalos&Herreros | Nº 23-24. Lina Bo Bardi | Nº 25. Josep Lluís Mateo. Obra reciente | Nº 26. Mathias Klotz | Nº 27. Mansilla + Tuñón. Obra reciente | Nº 28. Aires Mateus | Nº 29-30. Max Bill. Arquitecto | Nº 31. Riegler Riewe | Nº 32. Carlos Ferrater. Obra reciente | Nº 33. José Antonio Coderch. Casas

No. 1 David Chipperfield. Recent work (out of print) | No. 2 Toyo Ito. Section 1997 (out of print) | No. 3 Landscape. Strategies for the construction of landscape (out of print) | No. 4 Arne Jacobsen. Public buildings (out of print) | No. 5 Eduardo Souto de Moura. Recent work | No. 6 Ushida Findlay | No. 7 R.M. Schindler. 10 Houses | No. 8 Latin American architecture. A new generation (out of print) | No. 9 Williams Tsien. Works (out of print) | No. 10 Instant China | No. 11 Baumschlager & Eberle (out of print) | No. 12 Craig Ellwood. 15 Houses (out of print) | No. 13 Carlos Jiménez | No. 14 Building in the Mountains. Recent Architecture in Graubünden | No. 15 Postwar Italian Architecture 1944-1960 | No. 16 Foreign Office Architects | No. 17 Marcel Breuer. American Houses | No. 18 Architecture and energy | No. 19 Waro Kishi. Recent Works (out of print) | No. 20 Portuguese architecture. A new generation | No. 21 Lacaton & Vassal (out of print) | No. 22 Ábalos&Herreros | No. 23-24 Lina Bo Bardi | No. 25 Josep Lluís Mateo. Recent Works | No. 26 Mathias Klotz | No. 27 Mansilla + Tuñón. Recent work | No. 28 Aires Mateus | No. 29-30 Max Bill. Architect | No. 31 Riegler Riewe | No. 32 Carlos Ferrater. Recent work | No. 33 José Antonio Coderch. Houses

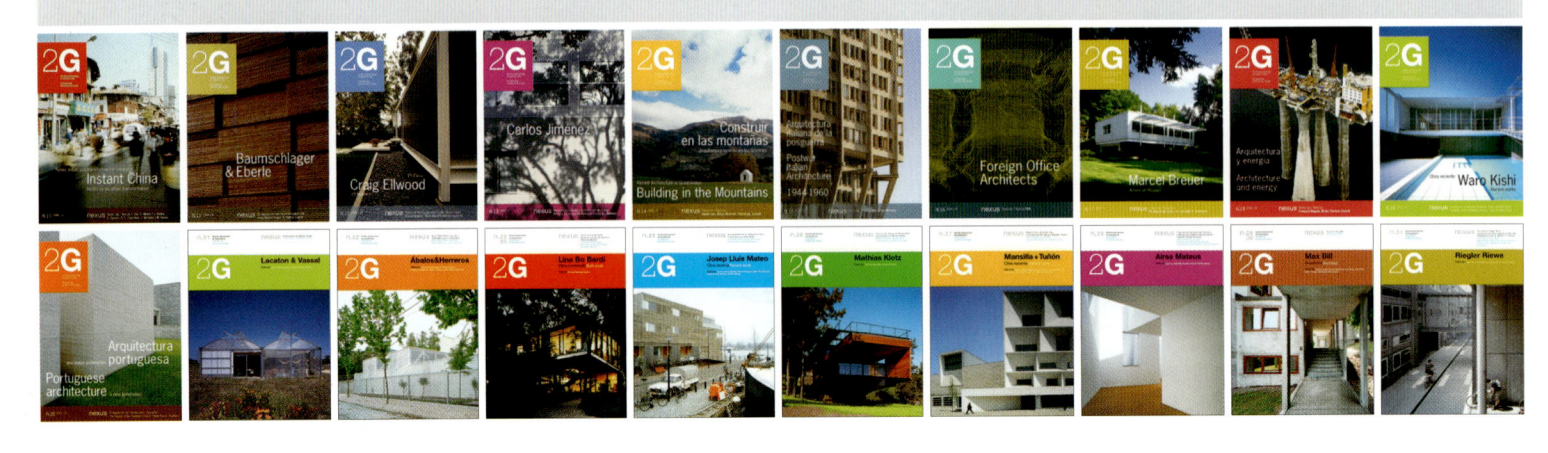

BATIR AUTREMENT

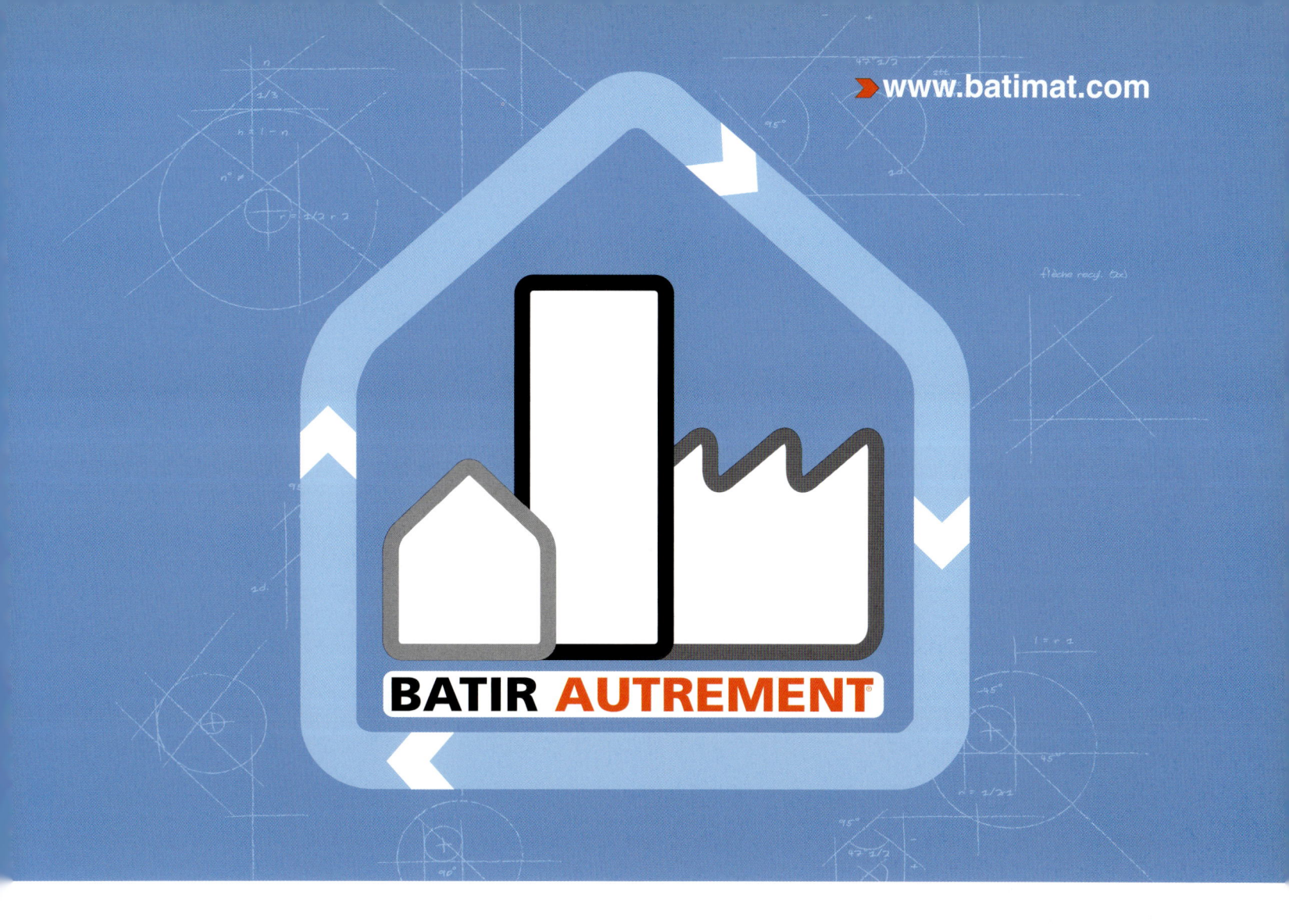

Para visitar, contactar:
Reed Expositions France - BATIMAT
Tel: +33 1 70 59 91 84 - Fax: +33 1 47 56 51 93
www.batimat.com - email: info@batimat.com

BATIMAT®
SALÓN INTERNACIONAL DE LA CONSTRUCCIÓN 2005

7-12 de Noviembre
PARIS EXPO • PORTE DE VERSAILLES PARIS • FRANCIA

www.batimat.com

El Desarrollo Sostenible es actualmente una realidad en el sector de la construcción. Este desafío cultural, tecnológico y económico se impone para dejar a las futuras generaciones, construcciones que preserven la salud, el confort y el bienestar de las personas. BATIR AUTREMENT se ha convertido en un imperativo: desde la concepción arquitectural hasta la puesta en marcha, la movilización es general.

BATIMAT 2005, el observatorio de todas las tendencias, presentará a los Prescriptores, Directores de Obras/Promotores, Empresarios y Comerciantes, las nuevas oportunidades de innovación, de formación y de creación de valores para todos los profesionales del sector.

BATIMAT, salón internacional especializado en la construcción, acogerá del 7 al 12 de noviembre de 2005 a más de 400.000 visitantes y a 2.600 industriales internacionales del sector de la Construcción entorno a 6 Sectores: Obra Estructural, Carpintería & Cerramientos, Acabados & Decoración, Material & Herramientas, Construcción Inteligente, Informática & Telecomunicaciones, así como un nuevo sector consagrado a la formación, a la contratación, a la transmisión de empresas y a los servicios.

Participar en BATIMAT 2005, es contribuir a edificar un mundo sostenible.

Organised by
Reed Exhibitions

| Obra Estructural | Carpintería & Cerramientos | Acabados & Decoración | Material & Herramientas | Informatica & Telecomunicaciones | Construcción Inteligente |

2G n.34

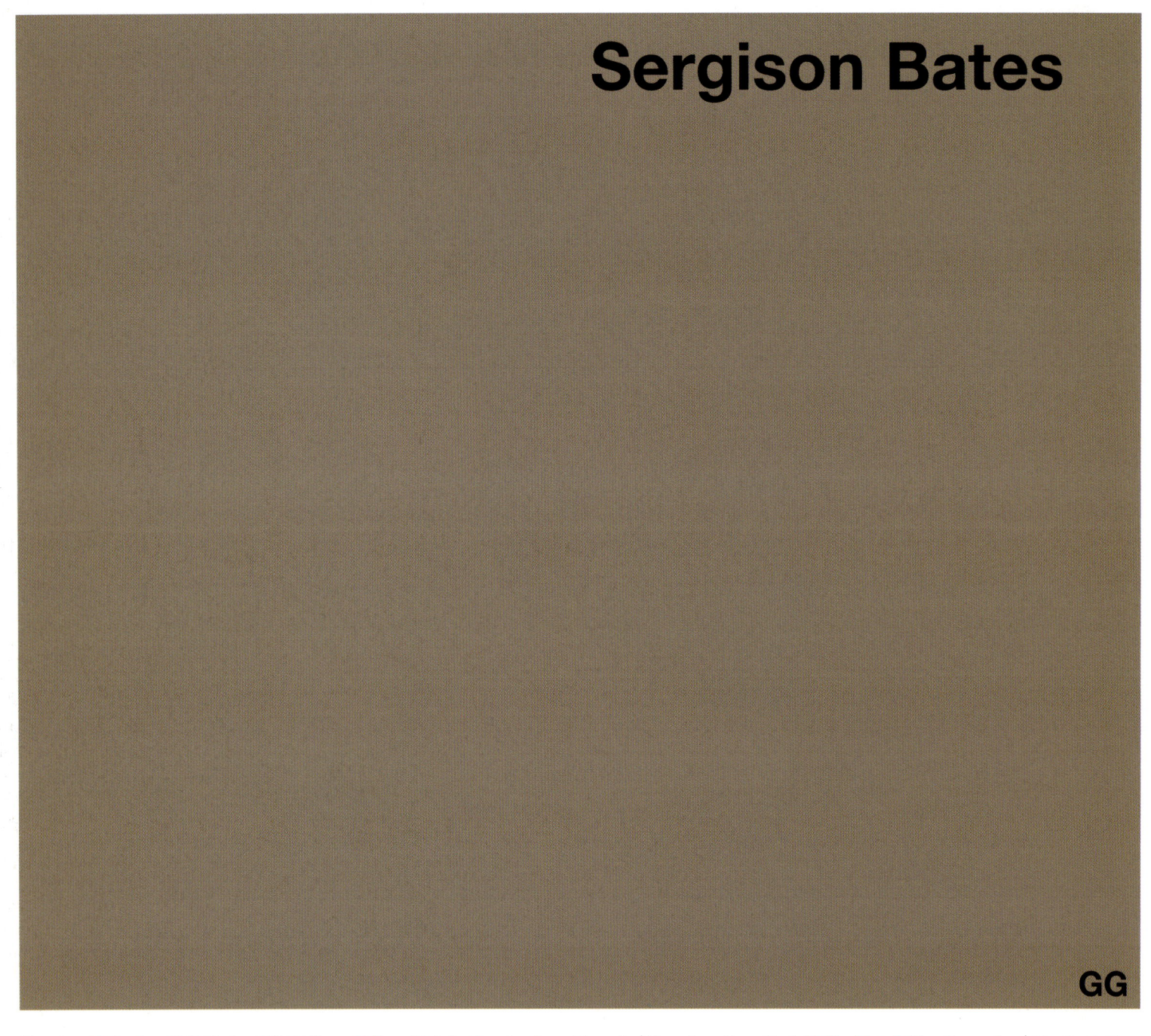

Sergison Bates

GG

Directora Editor-in-chief **Mónica Gili** | Editores Editors **Moisés Puente, Anna Puyuelo** | Coordinación editorial Editorial staff **Mar Coromina** | Diseño Gráfico Graphic design **PFP, Quim Pintó, Montse Fabregat** | Traducción Translation **Emilia Pérez Mata** | Corrección de estilo Text revision **Carme Muntané, Paul Hammond** | Suscripciones Subscriptions **Editorial Gustavo Gili, SA** Tel. 93 322 81 61 / Fax 93 322 92 05 | Publicidad Advertising **Pilar Tendero García** | Tel. 93 580 39 33 / Fax 93 691 84 47 Rosselló 87-89. 08029 Barcelona | Producción Production **Andreas Schweiger** | Fotomecánica Color separations **Rovira digital, SL** | Impresión Printing **Ingoprint** | Encuadernación Binding **Arte, SA** | Printed in Spain. Revista trimestral. Depósito legal: B. 42.926-1996. ISBN: 82-252-2023-8 | Precio en España Price in Spain **27,50 € IVA incluido** | ISSN: 1136-9647. © Editorial Gustavo Gili, SA, 2002 | Editor Publisher **Editorial Gustavo Gili, SA 08029 Barcelona** Rosselló 87-89. Tel. 93 322 81 61 / Fax 93 322 92 05. e-mail: info@ggili.com - http://www.ggili.com **Portugal, 2700-606 Amadora** Praceta Notícias da Amadora Nº 4-B. Tel. 214 91 09 36

Queda prohibida, salvo excepción prevista en la ley, la reproducción (electrónica, química, mecánica, óptica, de grabación o de fotocopia), distribución, comunicación pública y transformación de cualquier parte de esta publicación —incluido el diseño de la cubierta— sin la previa autorización escrita de los titulares de la propiedad intelectual y de la Editorial. La infracción de los derechos mencionados puede ser constitutiva de delito contra la propiedad intelectual (arts. 270 y siguientes del Código Penal). El Centro Español de Derechos Reprográficos (CEDRO) vela por el respeto de los citados derechos. La Editorial no se pronuncia, ni expresa ni implícitamente, respecto a la exactitud de la información contenida en esta publicación, razón por la cual no puede asumir ningún tipo de responsabilidad en caso de error u omisión. All rights reserved. No part of this work covered by the copyright hereon may be reproduced or used in any form or by any means –graphic, electronic, or mechanical, including photocopying, recording, taping, or information storage and retrieval systems– without written permission of the publisher. The publisher makes no representation, express or implied, with regard to the accuracy of the information contained in this publication and cannot accept any legal responsibility or liability for any errors or omissions that may be made.

El estilo se define como el arte de resaltar los detalles.

Los pequeños detalles distinguen el buen diseño del estilo clásico común. TORSO, un toque creativo que, en el ámbito funcional de la iluminación de oficinas, también destaca por su eficacia y efecto.

Diseño: Daniel Kübler

TORSO

LUZ + ARQUITECTURA

www.trilux.es

Our brand is fluent in the languages spoken in more than 130 countries.

To provide true global leadership, you have to make yourself heard and understood on a universal scale. Already the European market leader in sanitary products and systems, GROHE has emerged as a world-leading brand with substantial potential for continued growth. As a result, GROHE is perfectly poised to push ahead its global strategies, setting new standards of excellence for high-quality products, designer lines and innovative technologies. **www.grohe.com**

GROHE

2G n.34

BLOC

www.lamp.es

LAMP
LIGHTING

Córdoba, 16 · 08226 TERRASSA (Spain) · tel. 902 20 40 10 · fax 93 786 15 51 · e-mail: lamp@lamp.es · www.lamp.es

Sergison Bates

David Chipperfield	Construir con presencia	Building with Presence	4
	Pub, Walsall, Reino Unido	Public house, Walsall, UK	8
	Oficinas y estudios, Clerkenwell, Londres, Reino Unido	Studio offices, Clerkenwell, London, UK	20
	Casas pareadas, Stevenage, Reino Unido	Semi-detached houses, Stevenage, UK	26
	Viviendas, Hackney, Londres, Reino Unido	Urban housing, Hackney, London, UK	36
	Complejo de usos múltiples, Wandsworth, Londres, Reino Unido	Mixed-use development, Wandsworth, London, UK	42
	Casa estudio, Bethnal Green, Londres, Reino Unido	Studio house, Bethnal Green, London, UK	54
	Tres aularios, Bedfordshire, Reino Unido	Three school buildings, Bedfordshire, UK	62
	Viviendas sociales, Tilbury, Reino Unido	Assisted self-build housing, Tilbury, UK	70
Adrian Forty	El confort de lo extraño	The Comfort of Strangeness	76
Philip Ursprung	La frágil superficie de lo cotidiano, o ¿qué ha pasado con el realismo?	The Fragile Surface of Everyday Life, or, What Happened to Realism?	84
Peter Allison	Upper Lawn: la restauración invisible. Conversación con Sergison Bates	Upper Lawn: The Invisible Restoration. A Conversation with Sergison Bates	92
	Museo de Historia de la Cultura, Bornholms, Dinamarca	Cultural History Museum, Bornholms, Denmark	106
	Departamento de Diseño Industrial y edificio administrativo, Kortrijk, Bélgica	Industrial Design Department and Administration building, Kortrijk, Belgium	110
	Biblioteca municipal, Blankenberge, Bélgica	City Library, Blankenberge, Belgium	114
	Departamento de Arte Dramático y Audiovisuales, Bruselas, Bélgica	Dramatic Arts and Audio-visual Department, Brussels, Belgium	120
	Edificio de oficinas, Bronschhofen, Suiza	Office building, Bronschhofen, Switzerland	124
	Biografía	Biography	128
Stephen Bates, Jonathan Sergison	**nexus** Resistencia	**nexus** Resistance	130
Ellis Woodman	Entrevista con Jonathan Sergison y Stephen Bates	Interview with Jonathan Sergison and Stephen Bates	134

Cubierta: Casa estudio, Bethnal Green, Londres **Cover:** Studio House, Bethnal Green, London Fotografía Photography: **Ioana Marinescu**

Construir con presencia
Building with Presence

Aunque actualmente exista una actitud más abierta y entusiasta hacia la arquitectura moderna (que contrasta con la atmósfera más reticente de la década de 1980 y la popular campaña del príncipe Carlos contra la arquitectura del movimiento moderno), la producción arquitectónica del Reino Unido durante la última década ha sido, con pocas excepciones, mediocre. La calidad de la arquitectura británica ha estado garantizada por algunas estrellas (Norman Foster, Richard Rogers, Will Alsop y Zaha Hadid) y por obras importantes y singulares, un hecho que contrasta muy acusadamente con el caso de Suiza o España, por ejemplo, donde es posible encontrar edificios de gran calidad, construidos por arquitectos de todas las edades y diversa experiencia.

Sin embargo, la salud de la cultura arquitectónica no se mide por un icono espectacular y aislado, obra de alguno de los arquitectos famosos, sino por la cantidad y calidad de la producción arquitectónica en general: viviendas, escuelas, bibliotecas, edificios de oficinas, etc. En Reino Unido la determinación de producir con rigor una arquitectura "normal" ha sido sustituida por el deseo de crear monumentos. En la arquitectura británica se ha producido un cambio sustancial (me estoy refiriendo a todos los sujetos implicados: clientes, arquitectos, políticos, opinión pública, medios de comunicación). Tras años entendiendo la arquitectura moderna como un hecho digno de burla, se ha comenzado a apreciar el "valor" de la arquitectura. En esta cuestión reside el problema: este nuevo "entusiasmo" británico por la arquitectura se basa en la premisa de que lo bueno (más exactamente, la arquitectura que llama la atención) es útil. El interés general por la arquitectura sólo puede resultar positivo (al menos a largo plazo). Pero aunque tengamos que agradecer que la calidad de la arquitectura comercial haya mejorado significativamente, resulta preocupante que, tras este nuevo entusiasmo, la sensación sea que es necesario justificar la buena arquitectura como el resultado de otras

Despite a more open and enthusiastic attitude towards modern architecture (in contrast to the restricted atmosphere of the 1980s and Prince Charles's popular campaign against modernism), the architectural output of the UK over the past ten years has, with rare exceptions, been undistinguished. In stark contrast, for instance, to Switzerland and Spain, where it is possible to find buildings of high quality being produced by architects of all ages and experience, the quality of British architecture has been guaranteed by a few stars (Norman Foster, Richard Rogers, Will Alsop and Zaha Hadid) and by singular important works.

The health of a culture's architectural quality is not measured, however, by the occasional spectacular icon by one of the few well-known architects but by the quantity and quality of normal architectural production; housing, schools, libraries, office buildings, etc. In Britain the determination to produce rigorous "normal" architecture has been superseded by a desire for landmarks.

A substantial shift has occurred within British architecture (here I refer to all the elements that contribute; clients, architects, politicians, public opinion, the media). After years of seeing modern architecture as something to be scorned, people have started to see the "value" of architecture. Herein lies the problem: the new British "enthusiasm" for architecture is based on the premise that good (more precisely, architecture that people notice) is useful. The general interest in architecture can only be (in the long term at least) a good thing. But while we can be grateful that the quality of commercial architecture has greatly improved, it is worrying that behind this new enthusiasm is a feeling that good architecture must be justified, normally as part of another agenda. Architecture that aids regeneration, architecture that unlocks difficult planning contests, architecture that gets corporations noticed, in these contexts architecture is seen to add value. Buildings are no longer judged on their own merit (as architecture) but in terms of effect.

DAVID CHIPPERFIELD (Londres, 1953) es arquitecto por la Architectural Association de Londres. Trabajó en los despachos de Douglas Stephen, Richard Rogers y Norman Foster hasta que abrió su propio despacho en Londres en 1984 y, más tarde, en Berlín. Ha sido profesor invitado en numerosas universidades europeas y norteamericanas. Actualmente es profesor invitado en la University of the Arts de Londres. Su obra se ha expuesto en numerosas muestras, ha sido publicada en revistas de ámbito internacional y ha recibido numerosos premios y distinciones, entre los que se encuentran: RIBA, RFAC, AIA y el Andrea Palladio.

DAVID CHIPPERFIELD (London, 1953) studied architecture at the Architectural Association, London (1978-1984) and worked at the practices of Douglas Stephen, Richard Rogers and Norman Foster. He established his own office in London in 1984 and now has an office also in Berlin. He has taught architecture in several European and American universities and is currently a visiting professor at the University of the Arts, London. His work has been published and exhibited all over the world and has received many international awards, including RIBA, RFAC & AIA Awards, as well as the Andrea Palladio Prize.

**Casas pareadas,
Stevenage, Reino Unido,
1998-2000.
Semi-detached houses,
Stevenage, UK,
1998-2000.**

© Hélène Binet

cuestiones. La arquitectura que ayuda a la regeneración, la que favorece la convocatoria de concursos urbanísticos complejos, la que hace que las empresas sean conocidas. Es en estos contextos cuando se considera que la arquitectura es un valor añadido. Ya no se juzga a los edificios por sus propios méritos (como arquitectura), sino por el efecto que producen.

Esta tendencia es universal. Pero, a diferencia del caso de España, Francia, Austria, Suiza y Alemania, entre otros, en Reino Unido existen pocas oportunidades para la creación arquitectónica innovadora. La estructura del sistema público que existe en esos países (aunque ninguno de ellos sea inmune a una colaboración gradual e inevitable con los inversores privados o comerciales) permite a los arquitectos, al menos en algunas ocasiones, ejercitar su profesión sin las intensas presiones comerciales que son habituales en un sistema completamente privatizado. Dentro del "sistema europeo" es posible ganar el concurso de un proyecto de cierta envergadura sin tener una cartera de proyectos similares o sin la necesidad de demostrar una seguridad económica y un registro de entregas probado (requisitos, todos ellos, de los escasos concursos que se convocan en Reino Unido).

El pragmático método de concurso anglosajón (fiabilidad, registro comprobado, capacidad de acuerdo con el cliente) no es el mejor entorno para alentar a los arquitectos jóvenes y creativos, o para darles la oportunidad de adquirir las habilidades de su oficio o la expe-

This tendency exists universally. But, unlike Spain, France, Austria, Switzerland, Germany, etc., there is little opportunity in Britain for the creation of architectural innovation. The public system framework of these countries (although none of them is immune to the gradual and inevitable collaboration with private/commercial investment) allows architects, at least on occasions, to conduct their practice without the intense commercial pressures that exist in a totally privatised system. It is possible within the "European system" to win a competition for a reasonably sized project, without having a portfolio of similar projects or needing to demonstrate financial security and a proven track record of delivery —all prerequisites of the few competitions that are held in the UK.

The pragmatic Anglo-Saxon method of competition (reliability, track record, ability to get on with the client) is hardly the environment to encourage creative young architects, or to give them the opportunity to acquire the skills of their craft or the experience of developing and testing ideas through construction. It is no surprise therefore that the young partnership of Jonathan Sergison and Stephen Bates looks towards Europe for its inspiration. These are architects not interested in pursuing the spectacular, nor are they interested in concentrating their energies in the evolution of strategies to win commissions in the commercial market. Instead they would like the opportunity to practise architecture that has social relevance and physical

riencia de desarrollar y probar ideas a través de la construcción. Por ello, no resulta sorprendente que el estudio de los jóvenes arquitectos Jonathan Sergison y Stephen Bates mire hacia Europa buscando inspiración. A ellos no les interesa la búsqueda de lo espectacular, ni tampoco concentrar su energía en el desarrollo de estrategias que les hagan ganar encargos en el sector comercial. En su lugar, les gustaría tener la oportunidad de crear arquitectura con relevancia social y significación física. Se inspiran en la arquitectura europea de los últimos treinta años (Rafael Moneo, Álvaro Siza, Eduardo Souto de Moura, Herzog & de Meuron, Roger Diener), así como en la joven generación europea de sus contemporáneos. Junto a algunos de sus colegas londinenses, especialmente de Tony Fretton y Caruso St John, comparten la fascinación por la obra de Peter y Alison Smithson.

Cuando se visita el estudio de Sergison Bates, se hacen patentes los valores y las ambiciones de este joven estudio de arquitectura. El estudio emana una atmósfera de concentración y rigor: las maquetas de cartón llenan un espacio que, por lo demás, es limpio y organizado. Los planos de obra se exponen con orgullo. Los proyectos que salen de este estudio son igualmente rigurosos y están muy pensados. El clima dominante en Reino Unido no les ha proporcionado las mismas oportunidades de construir que a sus contemporáneos europeos, pero, a través de la enseñanza (recientemente en la ETH de Zúrich), la escritura y un número creciente de concursos y edificios, Sergison Bates han creado una obra que desafía silenciosamente la idea de que los edificios "corrientes" no son interesantes.

Mientras otros buscan sofisticados museos extranjeros o encargos comerciales lucrativos, Sergison Bates se ha centrado, sobre todo, en la obra pública: hasta ahora viviendas sociales y proyectos municipales de revitalización (generalmente en zonas urbanas anodinas o absolutamente en decadencia). En soluciones como el prototipo de vivienda social en Stevenage o sus viviendas asistidas en Tilbury, en la zona este de Londres, han conseguido dar una respuesta inteligente a auténticas necesidades sociales. Lo han hecho de manera que intentan comprender y mejorar las condiciones existentes en la zona antes que "importar" un *glamour* externo (la tendencia propia de los constructores de iconos). Quizá esto tenga algo que ver con la estética que comparten con Fretton y Caruso St. John; el placer por el "realismo" y la naturaleza descarnada de la vida urbana. En sus escritos, Sergison Bates comentan la necesidad de "tolerancia" ante la naturaleza cotidiana de las cosas y la necesidad de "construir con presencia".

Desde que establecieron su estudio a principios de la década de 1990, Sergison Bates se han hecho un hueco en Reino Unido desde un carácter más europeo. Han logrado un respeto por su compromiso con una forma de trabajo rigurosa y por la naturaleza retadora de su obra. El logro de este joven estudio de arquitectura no reside en ninguna obra en concreto (aunque, personalmente, me gustan especialmente el *pub* en Walsall y el complejo de usos múltiples en Wandsworth), sino en haber aunado una manera convincente de trabajar y hablar de arquitectura y, como demuestra esta publicación, una obra que es digna de admiración. El hecho de que estos arquitectos no tengan la posición consolidada que se merecen y que se han ganado dentro del "sistema británico", dice muy poco de nuestro colectivo arquitectónico. Esperamos que el estímulo que supone haber ganado el reciente concurso para la biblioteca en Blankenberge, Bélgica, y su reputación en alza como profesores en la ETH de Zúrich, en Suiza, les ayuden a mantener su compromiso con la arquitectura británica, y que colaboren y ayuden a demostrar que es importante construir una arquitectura "normal" de la más alta calidad.

meaning. They are inspired by the European architecture of the last 30 years (Rafael Moneo, Álvaro Siza, Eduardo Souto de Moura, Herzog & de Meuron, Roger Diener), as well as a younger generation of European contemporaries. Along with some of their London colleagues, especially Tony Fretton and Caruso St John, they share a fascination for the work of Peter and Alison Smithson.

Visiting the office of Sergison Bates, the ambitions and values of this young practice are very evident. Their studio exudes the atmosphere of concentration and rigour: cardboard study models fill up the otherwise neat and well-organised space. Construction drawings are exhibited with great pride. The projects that emanate from this studio are similarly rigorous and well-thought-through. The prevailing climate in Britain means they have not had the opportunity to build that their European contemporaries have had. But through teaching (most recently at Zurich's ETH), writing and a growing body of competitions and buildings Sergison Bates has put together a consistent body of work that quietly challenges the idea that "ordinary" buildings are not interesting.

While others seek out glamorous foreign museums or lucrative commercial work, Sergison Bates has focused primarily on public works: to date, particularly social housing and local regeneration projects (generally in nondescript or positively run-down urban areas). In schemes like their social housing prototype in Stevenage or their self-build housing in Tilbury, east London, they have produced intelligent answers to real social needs. They have done so in ways that seek to understand and improve on existing local conditions rather than "importing" external glamour (the tendency of the icon builders). Perhaps this has something to do with an aesthetic they share with Fretton and Caruso St John; an enjoyment of "realism" and the grittiness of urban life. Certainly in their writings Sergison Bates talk of the need for "tolerance" of the everyday condition of things and the need for "building with presence."

Since setting up in practice together in the early 1990s, Sergison Bates has carved out a distinctive, more European-style niche in the UK. They are to be respected for their commitment to a rigorous way of working and a challenging body of work. The achievement of this young practice lies not with any singular work (though personally I am especially fond of the public house in Walsall and the mixed-use development in Wandsworth), rather in the fact that they have accumulated both a convincing way of working and talking about architecture and, as this monograph testifies, a body of work to be admired. The fact that these architects are not guaranteed the position within the "British system" that they deserve and merit reflects poorly on our architectural community. While they can take heart from their recent competition win for a library in Blankenberge, Belgium, and their growing reputation as teachers at the ETH in Zurich, Switzerland, it is to be hoped that they will be able to maintain their commitment to British architecture and help to demonstrate the importance of a "normal" architecture of the highest quality.

Construir con presencia   Building with Presence   David Chipperfield

Pub, Walsall, Reino Unido, 1996-1998.
Public house, Walsall, UK, 1996-1998.

© Hélène Binet

Pub, Walsall, Reino Unido
Public house, Walsall, UK

1996-1998

El nuevo edificio forma parte de un nuevo espacio público urbano situado en el extremo occidental de la calle principal de Walsall, que incluye también la nueva galería de arte de Caruso St John, el encauzamiento del canal, tiendas y una plaza. Walsall es una típica ciudad inglesa de provincia, con una calle comercial peatonal, una estación de ferrocarril y restos de un importante pasado industrial.

El proyecto estuvo guiado por una estrategia según la cual el uso de los revestimientos tanto interiores como exteriores debía expresar una atmósfera determinada, mediante su superposición, los materiales y su volumen. Las formas y los materiales superficiales elegidos pretendían establecer un vínculo con asociaciones e imágenes que resultaran familiares. Los detalles constructivos tradicionales se modificaron y las juntas se resolvieron de modo que subrayasen su carácter de superficie antes que su masa o construcción.

La forma del edificio otorga una escala diferente a cada uno de sus cuatro lados, respondiendo a las situaciones opuestas de calle principal, canal y plaza. En ocasiones el edificio parece tener dos plantas, en otras sólo una; carece de una clara distinción entre fachada delantera o trasera, así como de cualquier tipo de simetría. Los materiales oscuros del revestimiento exterior —ladrillos, madera y baldosas de hormigón— se escogieron sobre todo para reforzar el efecto de conjunto, antes que para detallar cada una de las partes, y muestran poca articulación entre ellos, ya que definen el volumen como si se tratara de un túmulo.

La fachada norte tiene una escala similar a la del edificio victoriano que se encuentra enfrente, y su forma distorsionada (consecuencia del desajuste geométrico entre la pendiente de la cubierta y la pared en ángulo) refleja la complejidad de las formas urbanas que la rodean. La fachada oeste se levanta como un gran hastial a dos aguas, con una pendiente pronunciada que es visible desde la carretera de acceso a la ciudad. Revestido con las mismas tejas negras que la cubierta, este alzado conserva la organización urbana más formal de la galería de arte con forma de torre que se encuentra tras él. Las fachadas sur y este tienen una sola planta y están revestidas con madera pintada de negro; asimismo, cuentan con paneles y puertas de vidrio. Una estructura en caja se adelanta desde la línea de cornisa de la fachada sur para formar una larga ventana mirador. Las grandes ventanas correderas horizontales se sujetan con abrazaderas a la cara de este gran saliente. La diferencia del espaciado entre los postes interiores y la longitud de cada una de las ventanas crea un ritmo enlazado entre el revestimiento y la estructura. El interior puede definirse como un gran vestíbulo, donde se hace patente la presencia de una superficie de ladrillo tosco pintado que le confiere una calidad de espacio exterior. En la parte baja se ha colocado un revestimiento de tableros de madera cepillada sobre la superficie de ladrillo. La escala y la veta de los tableros de abeto Douglas se repiten en suelo y en el techo, contrastando con el ladrillo; la superficie de madera aumenta la sensación de interior y de contención. El diferente tratamiento ignífugo de cada una de las superficies de madera y el consiguiente grado de humedad presente en cada una de ellas, proporciona un abanico de texturas irregulares. Las juntas del techo inclinado están a la vista para dejar al descubierto los límites de los tablones; el revestimiento de madera de la pared es suave; y el del suelo no está tratado y es rugoso.

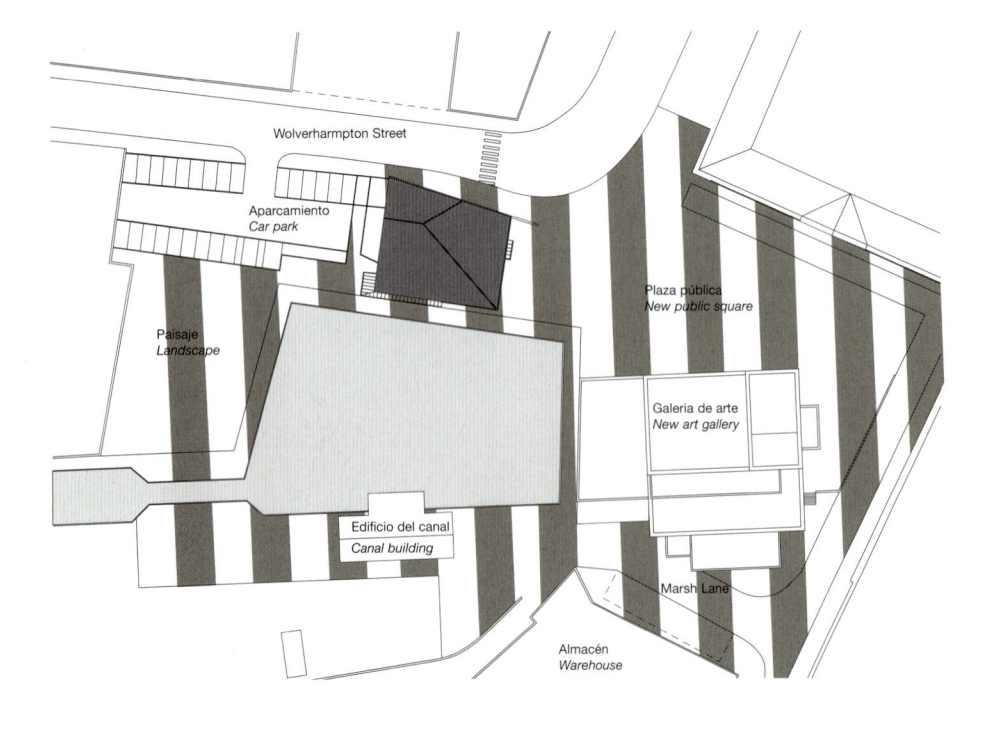

The new building forms one part of a new urban public space at the western end of central Walsall High Street, which also includes the New Art Gallery by Caruso St John, canal basin, shops and square. Walsall is typical of many English provincial towns with a pedestrianised shopping street, local railway station and remnants of a significant industrial past. The design was directed by a strategy of using linings and claddings to express an atmosphere through their layering, material and volume. The forms and surface materials chosen were intended to engage with familiar associations and images. Traditional construction details were adjusted and junctions resolved to emphasise the character of the surface rather than its mass or construction.

The form of the building gives a different scale to each of its four sides, responding to the opposing situations of main street, canal and square. Sometimes appearing as two storeys, sometimes as one, the building has no obvious front or back or implied symmetry. The dark external cladding materials of brick, concrete tile and timber were chosen to reinforce the whole rather than the detail of each part. They show little articulation between one another, but instead describe a single mound-like volume.

The north wall has an equivalent scale to the opposite Victorian building and its distorted form (the consequence of the geometrical misalignment between roof slope and angled wall) reflects the complexity of urban forms around it. The west wall rises as a large pitched gable that may be seen from the approach road into the town. Clad in the same black tiles as the roof, this elevation engages in a more formal urban composition with the tower-like art gallery behind it. The south and east walls are single-storey in scale and are clad with black-stained timber, glazed doors and panels. A box-like structure pushes out from under the eaves on the southern wall forming a long bay window.

Planta baja.
Ground floor.

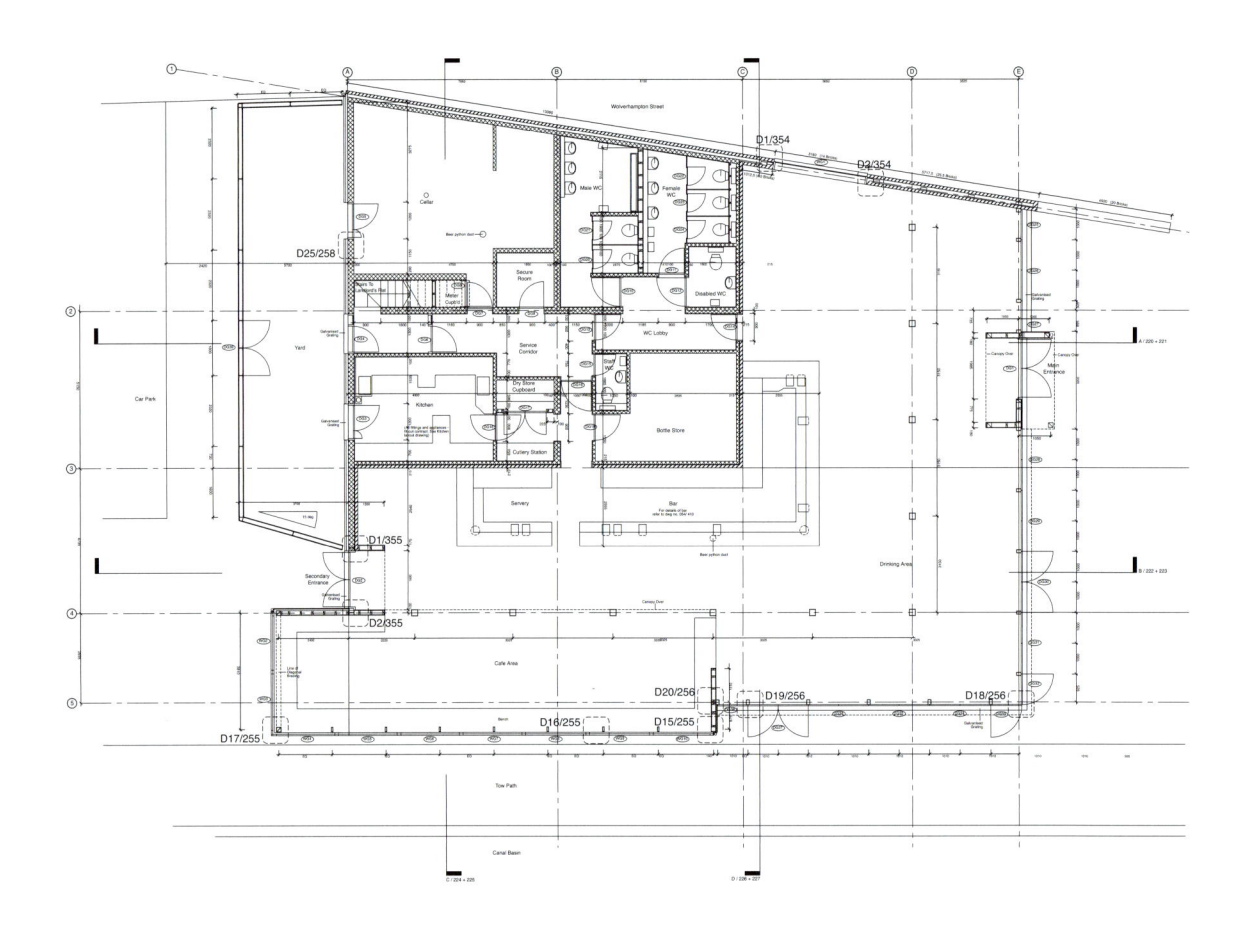

Planta superior.
Upper floor.

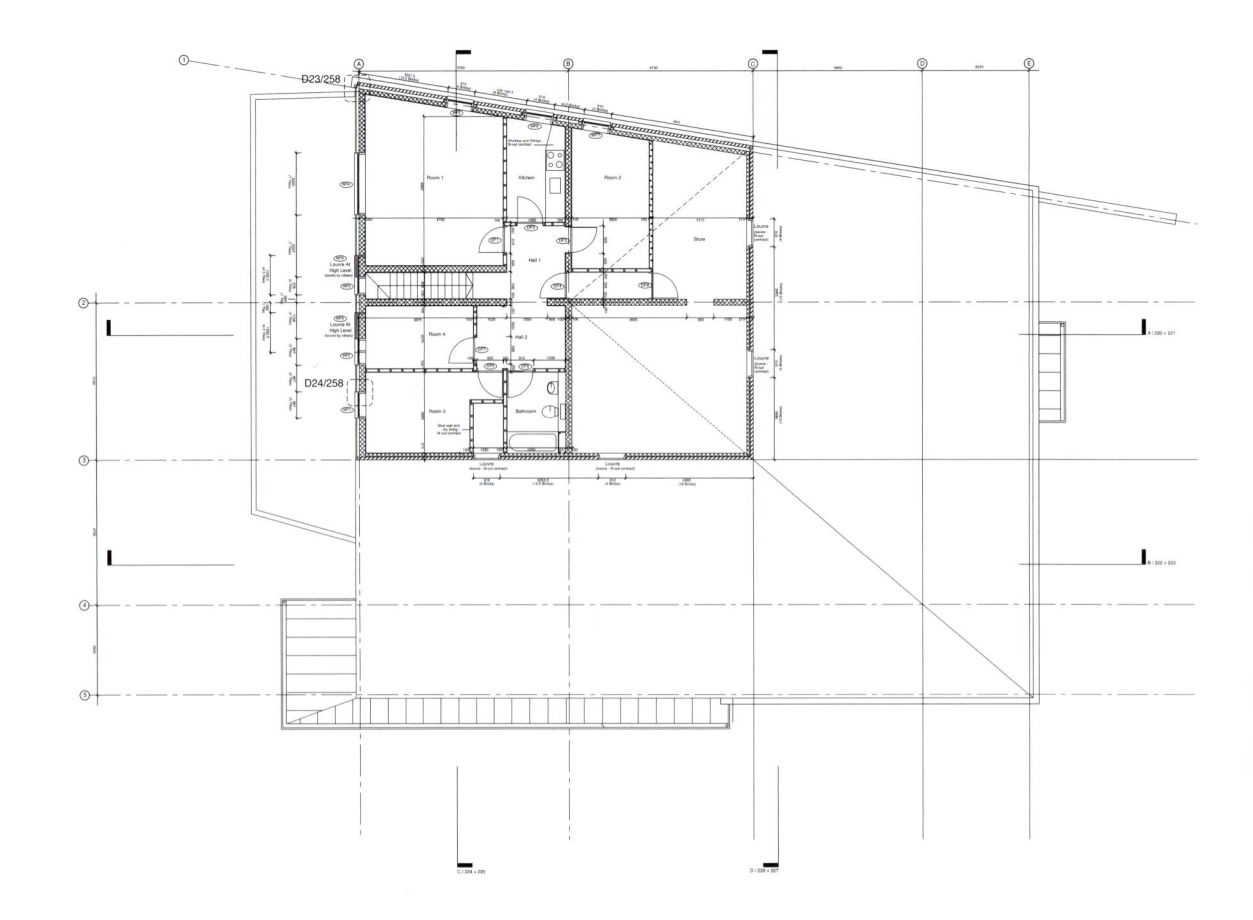

Pub, Walsall, Reino Unido	Public house, Walsall, UK

Large horizontal sliding windows are clamped to the face of this projection. The difference between the spacing of the internal posts and the length of each window creates a syncopated rhythm between cladding and structure.
The interior may be likened to a large hall where the presence of the rough surface of painted fletton brick is felt, giving an outside quality to an inside space. At low level, a lining of planed timber boarding is placed against the brick surface. The scale and grain of the Douglas-fir boarding is matched by the floor and ceiling and, in contrast to the brick, the extent of timber adds to the sense of interior and containment. The different treatment of fire protection to each timber surface and the subsequent moisture content present in each gives a range of uneven textures. The joints of the sloping ceiling are open, revealing the definition of planks, the wall boarding is smooth and the floor boarding is untreated and rough.

Proyecto de concurso (primer premio, en colaboración con Caruso St John) Competition project (first prize, in collaboration with Caruso St John) | Emplazamiento Location **Walsall, Reino Unido/*UK*** | Proyecto y construcción Project and construction **1996-1998** | Cliente Client **Walsall Metropolitan Borough Council** | Intermediario con el cliente Client's agent **Chartwell Land** | Colaboradores Collaborators **Martin Bradley, Marie Brunborg, Adam Caruso, Becky Chipchase, Peter St John, Mark Tuff** | Consultores financieros Cost consultants **Bucknall Austin** | Estructura Structural engineers **Waterman Partnership** | Ingeniería medioambiental Environmental engineers **Waterman Gore** | Supervisor de planificación Planning supervisors **Bucknall Austin** | Diseño gráfico Graphic designer **JANE** | Constructor Contractor **Pettifer Construction** | Presupuesto Construction cost **£ 520.000 (750.000 €)** | Superficie total Gross floor area **550 m²** | Fotografías Photography **Hélène Binet, Rolant Dafis (edificio ocupado/*in occupation*)** | Premios Awards **CAMRA Best Pub Award 1999**

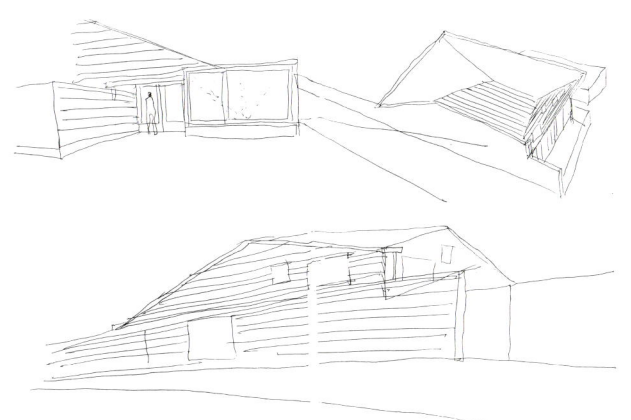

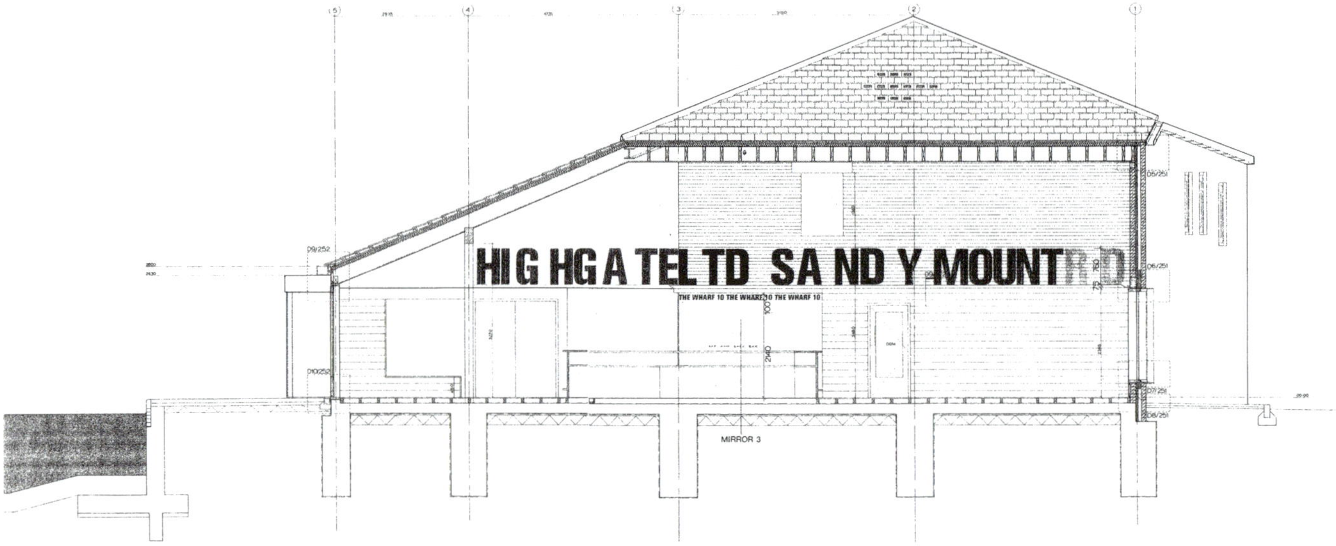
HIG HGA TEL TD SA ND Y MOUNT
THE WHARF 10 THE WHARF 10 THE WHARF 10
MIRROR 3

&WALSALLBREWINGCOBREWERY
THE WHARF 10 THE WHARF 10 THE WHARF 10 THE WHARF 10 THE WHARF

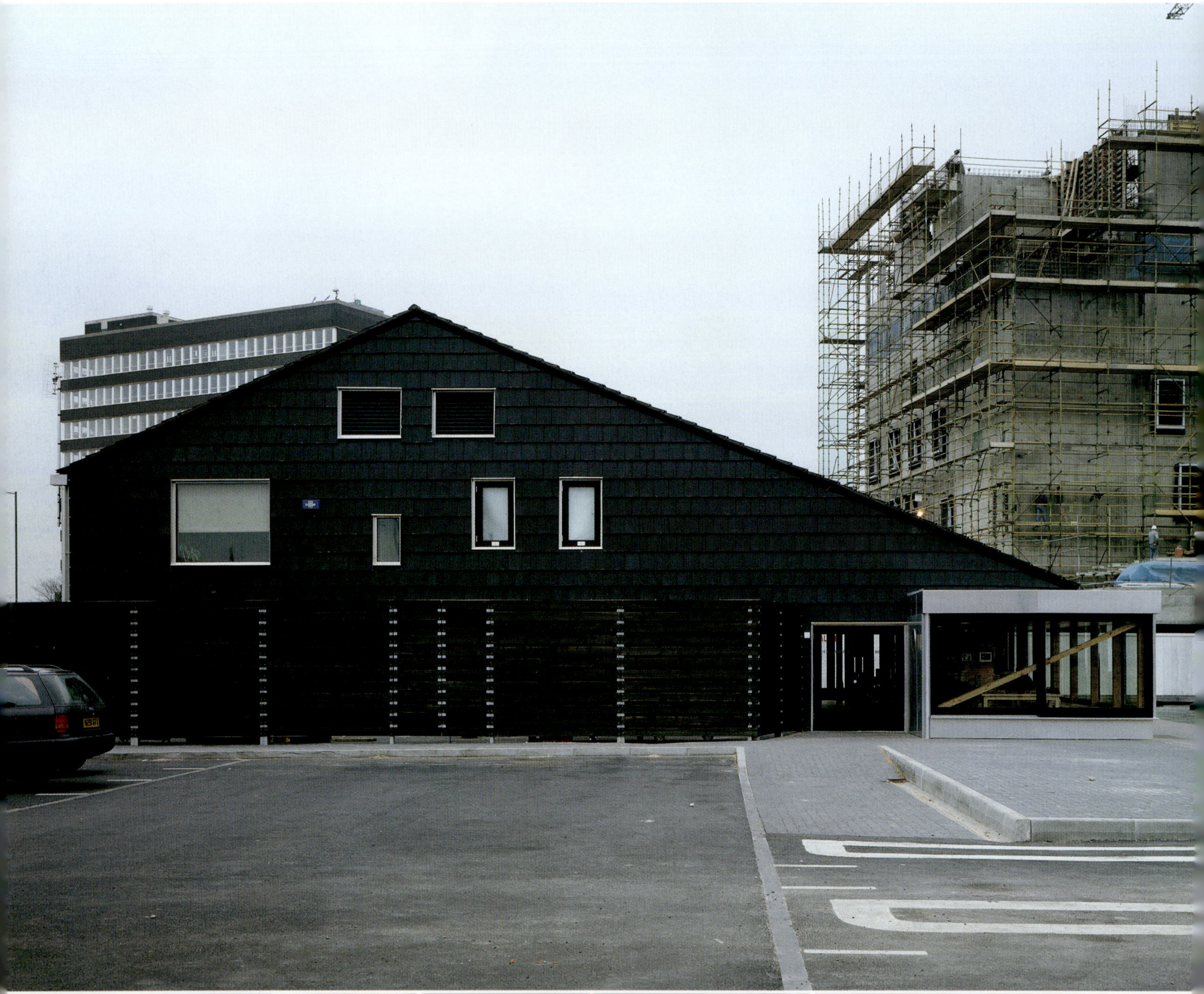

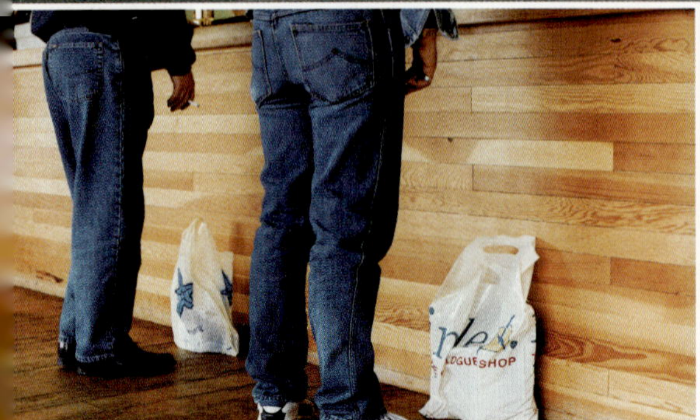

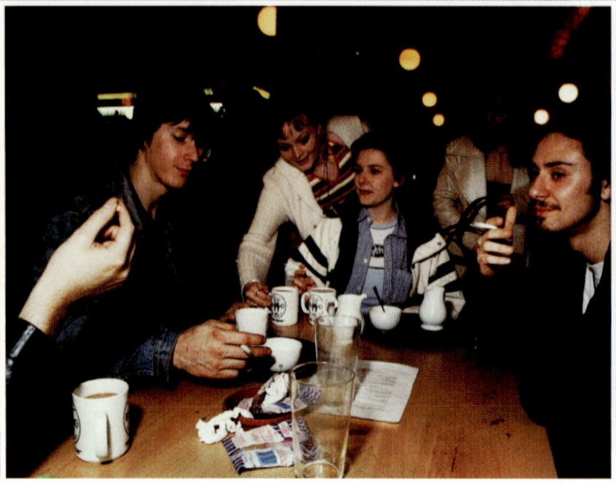

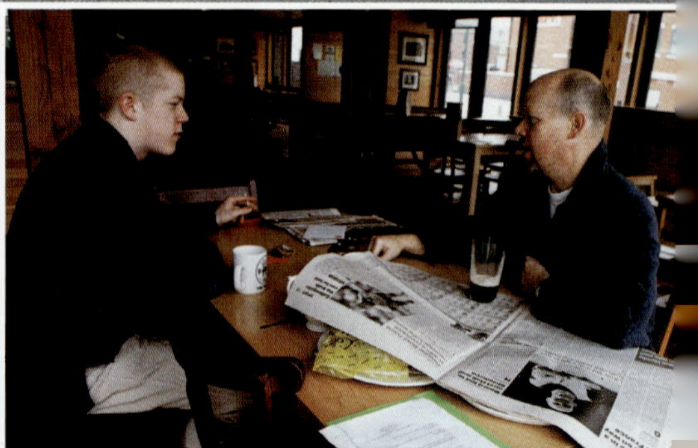

Pub, Walsall, Reino Unido Public house, Walsall, UK

Alzado este.
East elevation.

Alzado oeste.
West elevation.

16

Pub, Walsall, Reino Unido   Public house, Walsall, UK

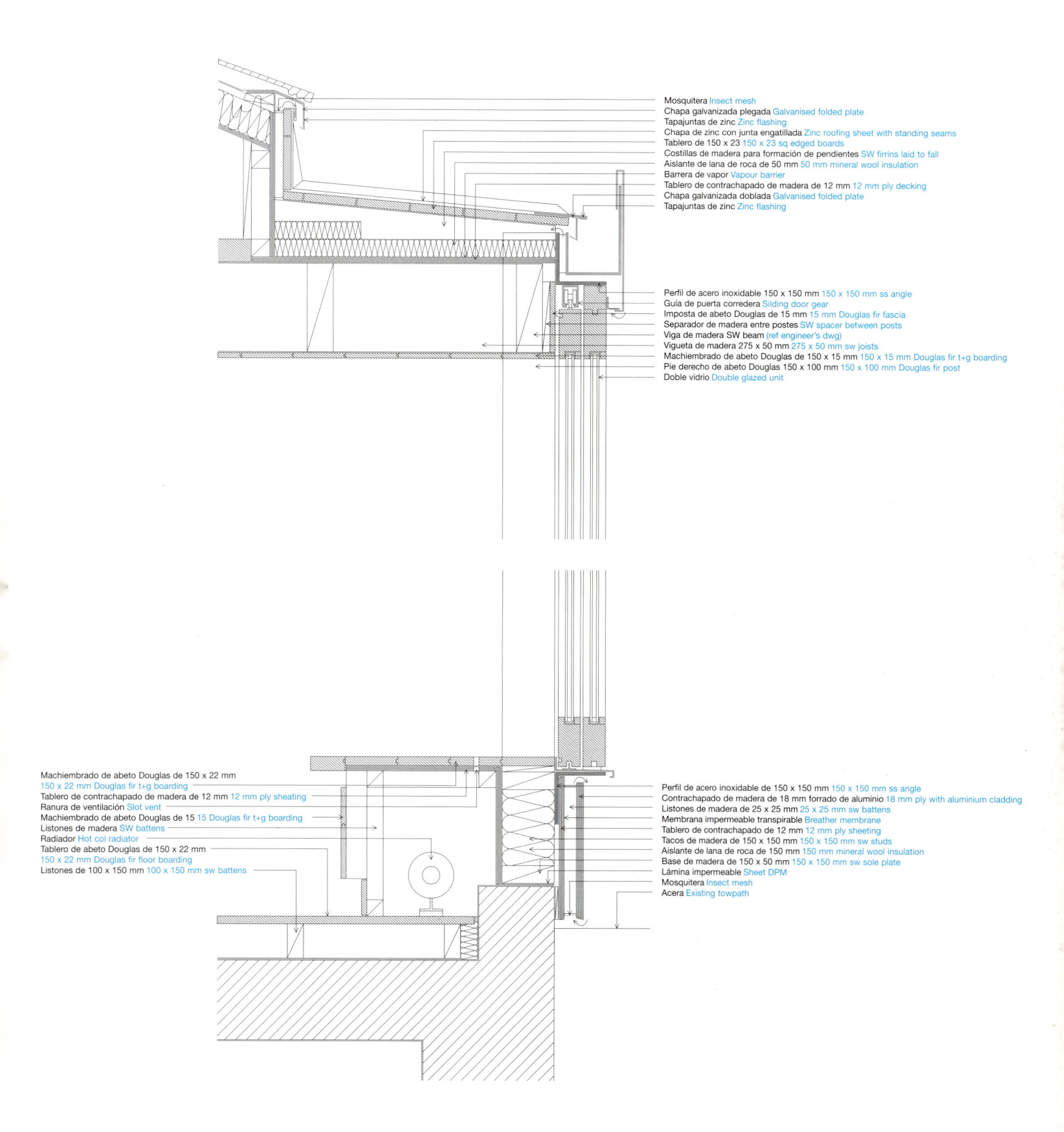

17

Mosquitera Insect mesh
Chapa galvanizada plegada Galvanised folded plate
Tapajuntas de zinc Zinc flashing
Chapa de zinc con junta engatillada Zinc roofing sheet with standing seams
Tablero de 150 x 23 150 x 23 sq edged boards
Costillas de madera para formación de pendientes SW firrins laid to fall
Aislante de lana de roca de 50 mm 50 mm mineral wool insulation
Barrera de vapor Vapour barrier
Tablero de contrachapado de madera de 12 mm 12 mm ply decking
Chapa galvanizada doblada Galvanised folded plate
Tapajuntas de zinc Zinc flashing

Perfil de acero inoxidable 150 x 150 mm 150 x 150 mm ss angle
Guía de puerta corredera Silding door gear
Imposta de abeto Douglas de 15 mm 15 mm Douglas fir fascia
Separador de madera entre postes SW spacer between posts
Viga de madera SW beam (ref engineer's dwg)
Vigueta de madera 275 x 50 mm 275 x 50 mm sw joists
Machiembrado de abeto Douglas de 150 x 15 mm 150 x 15 mm Douglas fir t+g boarding
Pie derecho de abeto Douglas 150 x 100 mm 150 x 100 mm Douglas fir post
Doble vidrio Double glazed unit

Machiembrado de abeto Douglas de 150 x 22 mm
150 x 22 mm Douglas fir t+g boarding
Tablero de contrachapado de madera de 12 mm 12 mm ply sheating
Ranura de ventilación Slot vent
Machiembrado de abeto Douglas de 15 15 Douglas fir t+g boarding
Listones de madera SW battens
Radiador Hot col radiator
Tablero de abeto Douglas de 150 x 22 mm
150 x 22 mm Douglas fir floor boarding
Listones de 100 x 150 mm 100 x 150 mm sw battens

Perfil de acero inoxidable de 150 x 150 mm 150 x 150 mm ss angle
Contrachapado de madera de 18 mm forrado de aluminio 18 mm ply with aluminium cladding
Listones de madera de 25 x 25 mm 25 x 25 mm sw battens
Membrana impermeable transpirable Breather membrane
Tablero de contrachapado de 12 mm 12 mm ply sheeting
Tacos de madera de 150 x 150 150 x 150 mm sw studs
Aislante de lana de roca de 150 mm 150 mm mineral wool insulation
Base de madera de 150 x 50 mm 150 x 150 mm sw sole plate
Lámina impermeable Sheet DPM
Mosquitera Insect mesh
Acera Existing towpath

WHARF 10 THE WHARF 10 THE
Live Entertainment
Sunday Nights
Open for Coffee

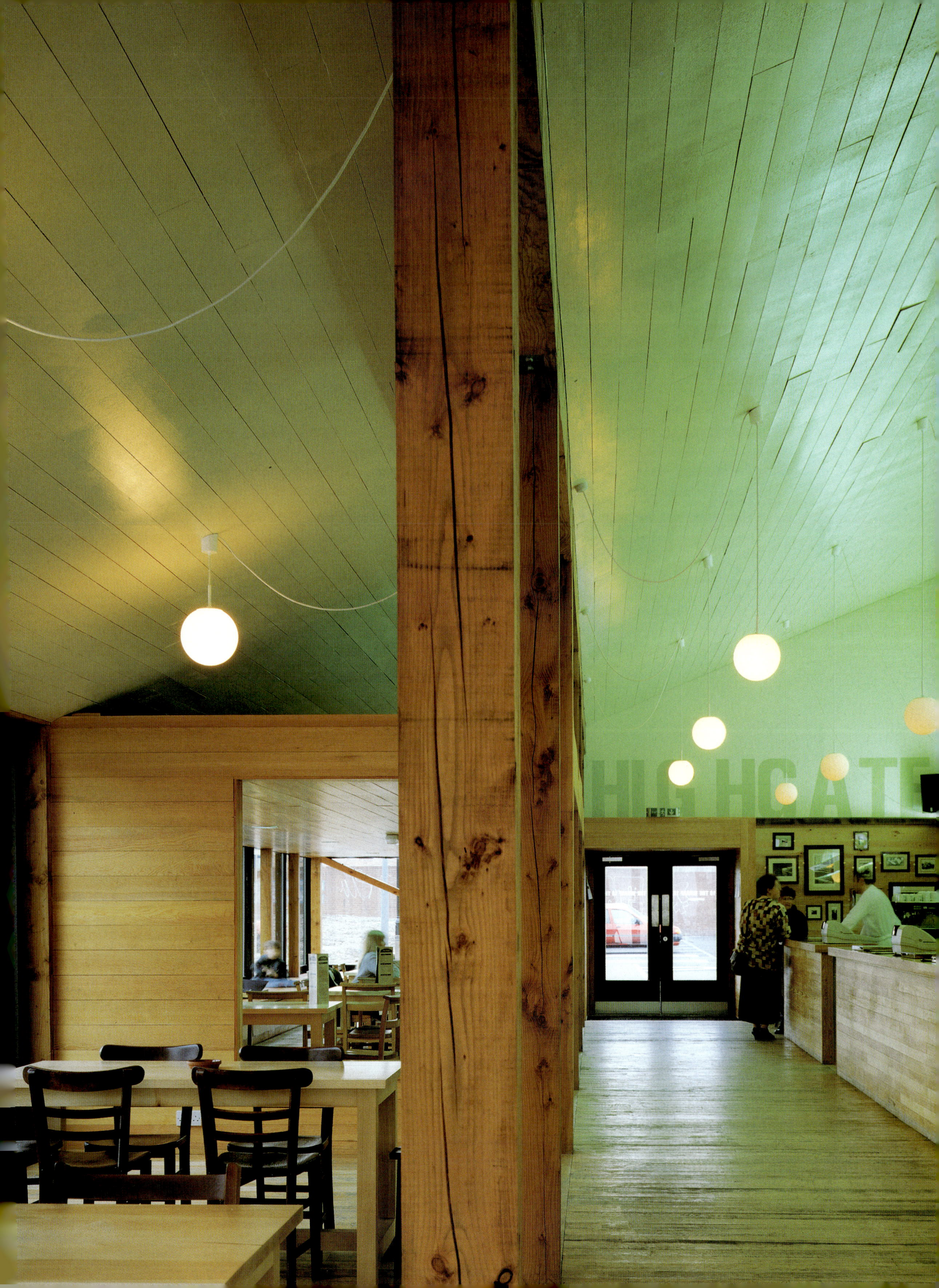

Oficinas y estudios, Clerkenwell, Londres
Studio offices, Clerkenwell, London

1997-1998

El carácter de Clerkenwell combina una mezcla heterogénea de zonas residenciales y zonas de trabajo. Los edificios del siglo XIX han sido reutilizados en gran medida, y se han ajustado a la transformación de su uso.
La naturaleza urbana de la zona es rica, compleja y contradictoria. Dentro de este entorno, se ha rehabilitado el edificio alto y estrecho de una antigua fábrica victoriana de estampados para albergar una empresa de diseño gráfico. El proyecto se generó a partir de un enfoque fenomenológico donde las características del edificio se revelan, y más tarde se subrayan, mediante elementos realizados con materiales corrientes que, en conjunto, crean un escenario para la ocupación y el trabajo.
Cada planta del edificio cuenta con una única habitación de forma angular, que constituye el almacén en la planta sótano, una sala de reuniones en la planta baja, estudios de diseño en las plantas superiores y una oficina bajo la cubierta. Cada uno de estos espacios está conectado a través de la antigua escalera, que ha sido modificada para subrayar su escala amplia e íntima. Dos cortes profundos realizados en la fábrica del edificio —uno en el hueco de la escalera y otro entre las plantas de los estudios— dejan al descubierto la estructura de la composición y establecen conexiones inesperadas entre los espacios.
Las paredes divisorias de ladrillo existentes y las ventanas de madera quedan a la vista como elementos que legitiman el conjunto frente a una nueva pared plegada de almacenamiento, diseñada para poner de manifiesto las diferentes capas de su construcción. Los montantes de abeto Douglas están revestidos con placas de yeso, enlucidas con un acabado blanco. Los junquillos galvanizados quedan a la vista y los marcos de puertas y ventanas están enrasados al plano de los montantes consiguiendo una superficie continua en una de las caras y otra más articulada en la otra. Las partes superiores de los montantes, sobrepasan el revestimiento de placas de yeso, donde se han colocado paños de vidrio armado y espejo. El espejo prolonga la vista del techo y ofrece reflejos inesperados de la ciudad y el cielo. El pavimento de linóleo se encuentra directamente con las paredes de ladrillo visto en uno de los lados; en otro se dobla sobre la pared creando un tablón de anuncios y proporcionando superficies de gran tamaño para colgar los trabajos. Las instalaciones quedan ocultas en un conducto bajo el suelo y los tubos fluorescentes de techos y paredes generan franjas de luz verticales y horizontales muy intensas, hecho que subraya aún más la asimetría del edificio original.
Los materiales y las formas familiares se han utilizado también en el diseño del mobiliario. Debido a su tamaño y a la manera como están colocadas, las mesas de trabajo de los estudios se parecen a las grandes mesas de los refectorios. Las estanterías para libros y archivo están diseñadas como si se tratase de cajones abiertos colocados directamente sobre el suelo o fijadas a la pared. La mesa principal de la sala de reuniones, que mide 2 x 2 m, casi ocupa todo el espacio, y su geometría ortogonal realza las dimensiones irregulares de la habitación.

The character of Clerkenwell is one of a heterogeneous mix of uses combining residential and working areas. Buildings from the 19th century have been consistently re-used and adjusted to provide for changing uses and the urban character of the area is rich, complex and contradictory. Within this environment a tall and narrow former Victorian printworks was refurbished for a London-based graphic design company.
The design was generated by a phenomenological approach where the existing characteristics of the building are revealed and then enhanced by new elements composed of ordinary materials, which together form a setting for occupation and work.
A single, angular-shaped room is arranged on each floor of the building, comprising storage in the basement, meeting room on the ground floor, design studios on the upper floors and office in the roof space. Each space is connected by the existing staircase, which has been modified to emphasise its loose and intimate scale.
Two deep cuts are made to the fabric of the building, one in the stair space, the other between studio floors, revealing the structure of the composition and making unexpected connections between spaces.
The existing brick party walls and timber windows are exposed as legitimate elements of the whole and placed against a new folded storage wall detailed to reveal the layers of its construction. Douglas-fir studs are clad with plasterboard, which is skimmed with white plaster. The galvanised edge beads are exposed to view and doors and glazing frames are placed directly onto the face of the studwork, achieving a continuity of surface to one side and a more articulated surface to the other. At high level the studs extend beyond the plasterboard lining and panels of wired glass and mirror are fixed between them. The mirror extends the view of the ceiling and gives unexpected reflections of the city and sky. The floors are laid with linoleum, which butts up against the exposed brick wall surfaces on one side, and wraps up the wall in matching bulletin board on the other, providing large surfaces for pinning up work. Services are contained in a floor duct and fluorescent lighting tubes are recessed in ceilings and walls giving strong horizontal and vertical light strips which further reveal the asymmetrical form of the existing construction.
Familiar materials and forms are also used in the design of the furniture. Worktables in the studios resemble large refectory tables in their dimensions and the way in which they are placed in the space. Shelving for books and archives are designed as open crates and placed directly on the floor or fixed as long objects on walls. The principal meeting-room table measuring 2 x 2 m almost fills the space and its orthogonal geometry makes visible the unequal dimensions of the room.

Emplazamiento Location **Clerkenwell, Londres, Reino Unido/*London, UK*** | Proyecto y construcción Project and construction **1997-1998** | Cliente Client **Cartlidge Levene Design** | Colaboradores Collaborators **Mark Tuff (arquitecto encargado del proyecto/*project architect*), Marie Brunborg, Gilles Dafflon** | Estructura Structural engineers **Price & Myers** | Contratista Contractor **R. G. Carter** | Presupuesto Construction cost **£ 150.000 (217.000 €)** | Superficie total Gross floor area **180 m²** | Fotografías Photography **Hélène Binet**

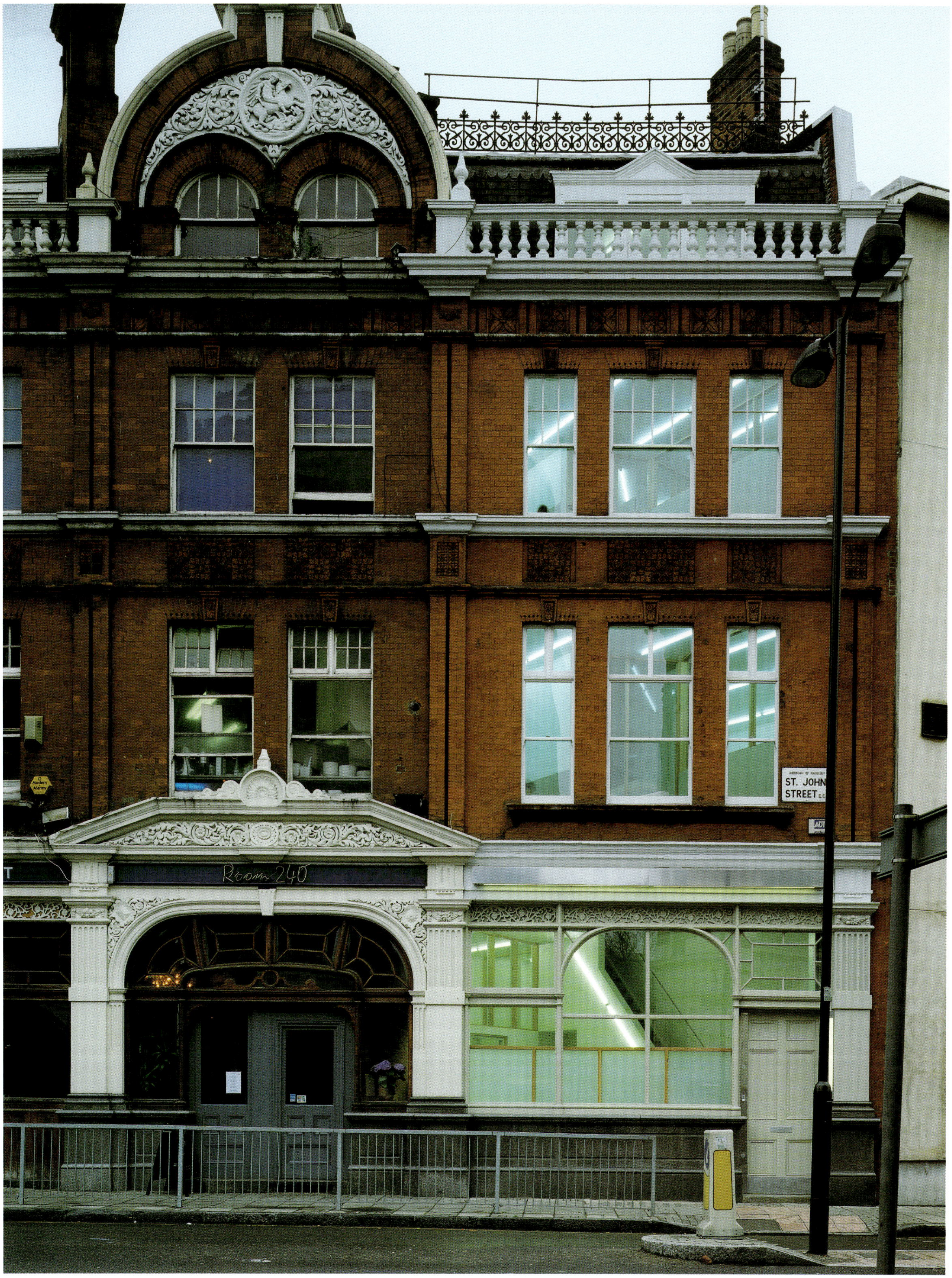
ST. JOHN
STREET

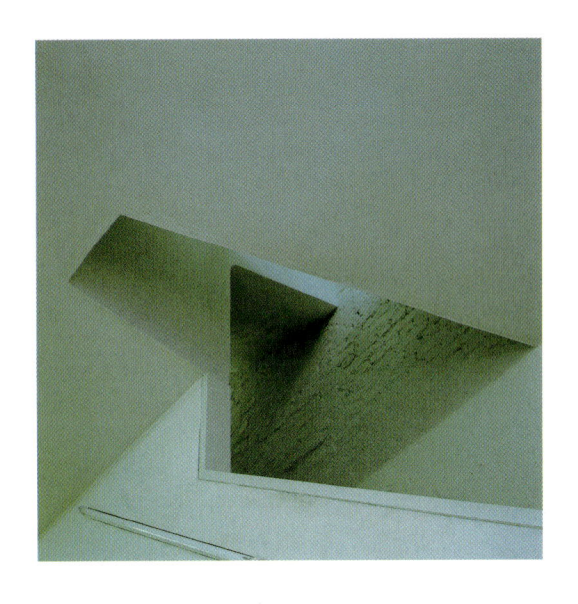

Planta tercera.
Third floor.

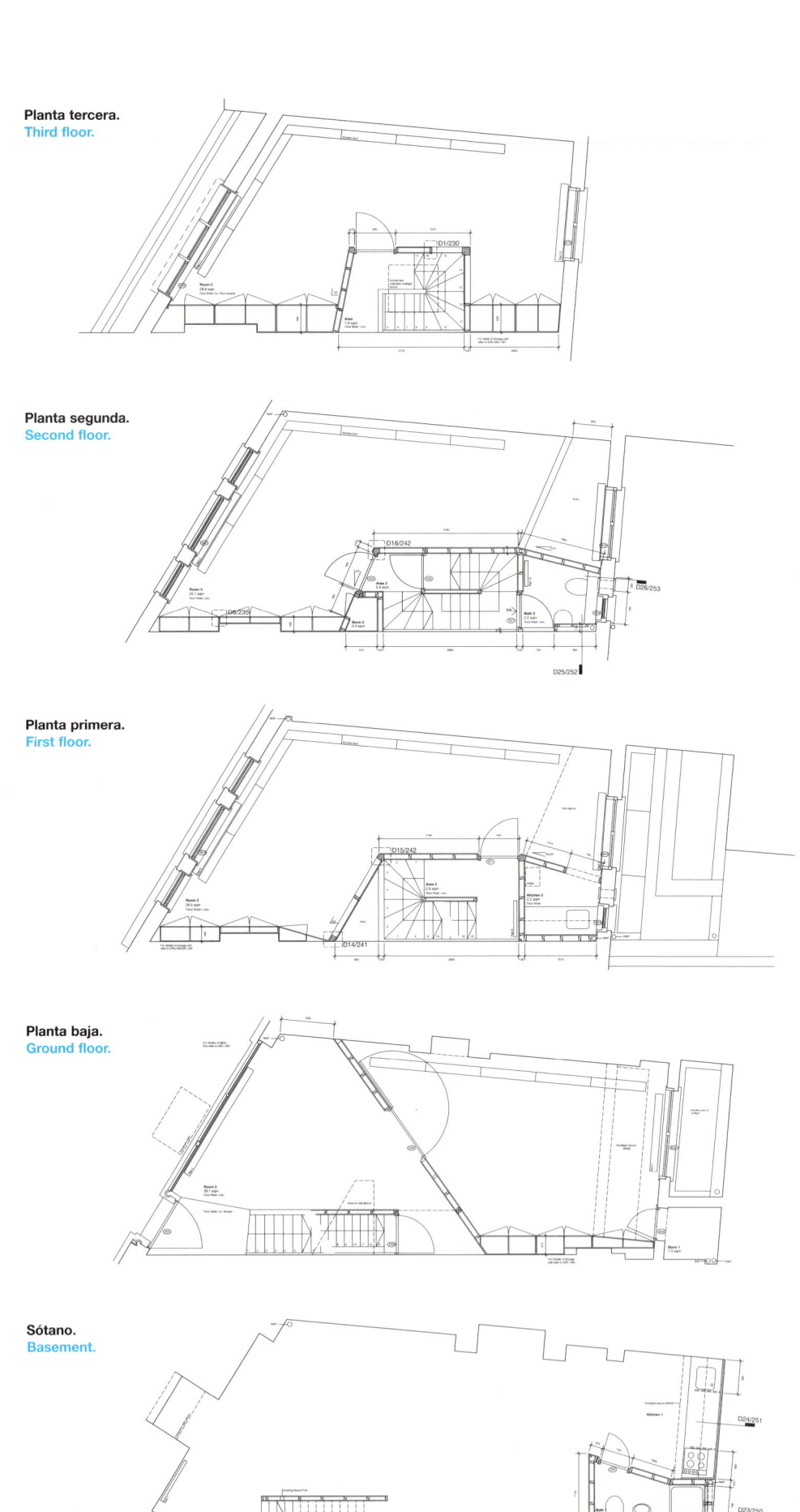

Planta segunda.
Second floor.

Planta primera.
First floor.

Planta baja.
Ground floor.

Sótano.
Basement.

Oficinas y estudios, Clerkenwell, Londres

Studio offices, Clerkenwell, London

24

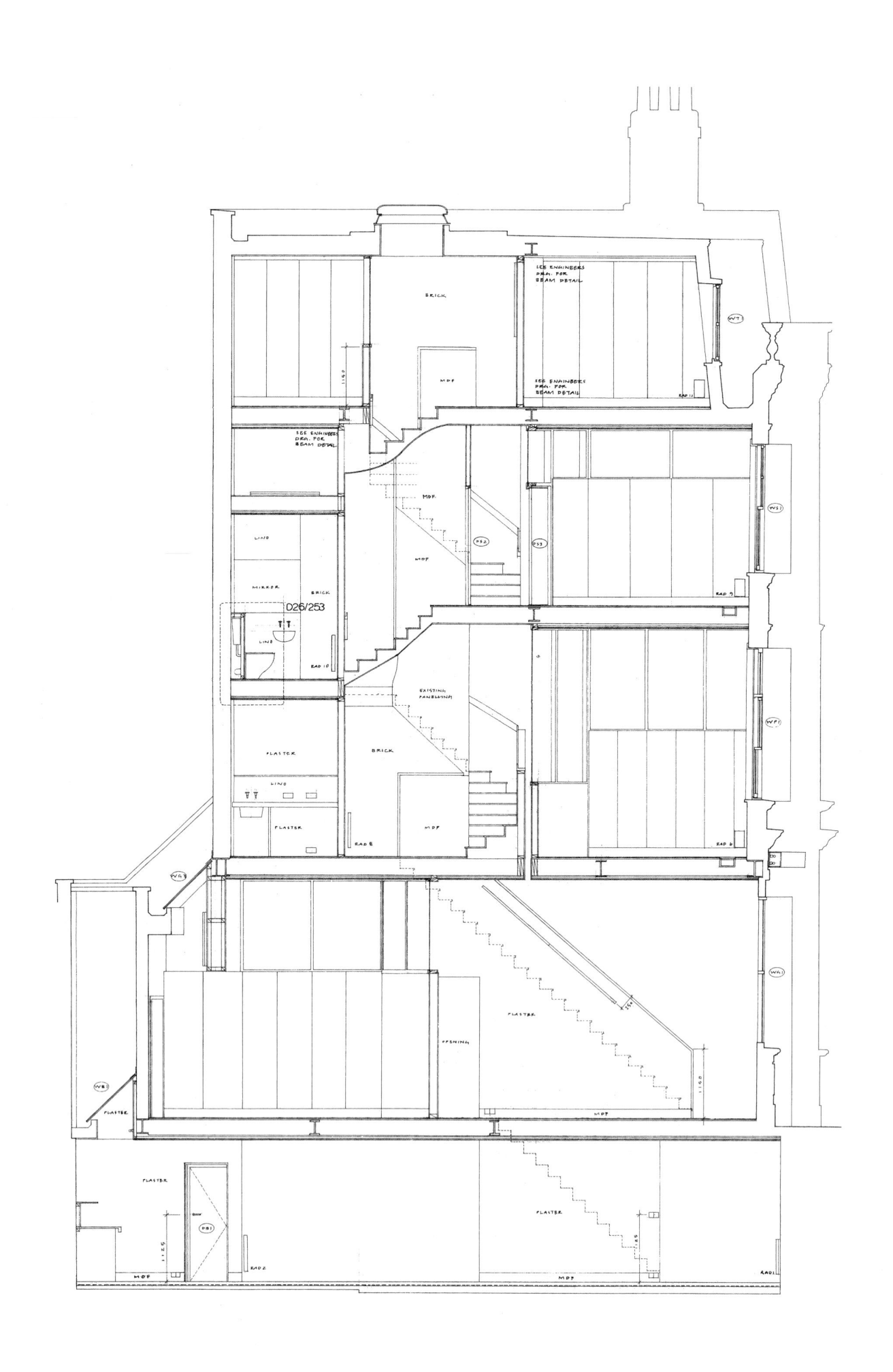

Oficinas y estudios, Clerkenwell, Londres

Studio offices, Clerkenwell, London

Casas pareadas, Stevenage
Semi-detached houses, Stevenage

1998-2000

© Jonathan Sergison

El programa exigía la construcción de dos viviendas pareadas en una urbanización existente a las afueras de Stevenage, en Hertfordshire. El objetivo era establecer un prototipo que sirviese de modelo para una futura promoción de viviendas por parte del cliente.

El proyecto presenta la imagen de una casa tradicional, una estrategia que parte del interés por la tipología de las casas pareadas británicas, que en la posguerra se convirtió en la imagen reconocible de lo doméstico y del hogar. Su presencia en el entorno suburbano británico le otorga un valor significativo y de memoria cultural.

La doble cubierta a dos aguas define la también doble ocupación del edificio. Las plantas, ligeramente distorsionadas, generan dos caras diferenciadas: la delantera es recta y formalista, pero también subraya la vecindad potencial mediante dos puertas delanteras contiguas; la fachada trasera es más extrovertida, se abre al sol y proporciona una mayor intimidad tanto a las puertas traseras como a la terraza y el jardín. El uso de tabiques pluviales para la cubierta y las fachadas sigue la tradición de los edificios vernáculos con el fin de que éstas "respiren".

Las técnicas constructivas actuales permiten la utilización de materiales de calidad para los revestimientos. Las lajas producidas industrialmente cubren las paredes y los tejados, proporcionando una "continuidad" entre todas las superficies.

Se ha escogido un panel prefabricado de madera para crear una estructura rígida en forma de caja para las paredes exteriores, las cubiertas y los forjados. La estructura libera a las paredes interiores de su función portante, lo que proporciona flexibilidad en la distribución interior y permite crear distintos volúmenes interiores, algunos de ellos con techos inclinados. Las habitaciones de la primera planta se distribuyen alrededor de un vestíbulo. En la planta baja, unas puertas dobles conectan la sala de estar con la cocina/comedor, permitiendo distintas distribuciones espaciales y proporcionando vistas cruzadas.

Las paredes, cubiertas y forjados se han montado en taller con el aislamiento incorporado, e incluyen vigas de madera y montantes a medida, un aislante de celulosa y un revestimiento de fibra. Se transportaron hasta el solar y, en diez días, proporcionaron una envoltura estructural impermeable. La envolvente resultante tiene un alto grado de aislamiento y una gran inercia térmica.

La estructura y los revestimientos del interior y el exterior se han realizado de manera que permitan que el proceso de "respiración" del edificio se produzca sin la utilización de una barrera plástica de vapor. La humedad puede disiparse lentamente a través de las paredes y la cubierta sin que se produzca condensación en el interior; del mismo modo, el edificio puede incorporar humedad del exterior si el ambiente interior es demasiado seco. El resultado es un entorno interior más estable y saludable.

Durante la fase de concurso se realizaron estudios iniciales para producir viviendas en serie y crear urbanizaciones. Las propuesta abrieron nuevas posibilidades al desarrollo de barrios que respondan a las características de orientación y topografía del emplazamiento, y que creen espacios comunes variados.

The project brief required a semi-detached house of two dwellings to be built within an existing housing development site on the outskirts of Stevenage in Hertfordshire. The buildings were intended as prototypes to inform the future production of housing by the housing association.

The design presents a form with a "house-like" image. This strategy was born of an interest in how the postwar semi-detached house typology in Britain has become recognisable as a home and associated with domesticity. Its presence within the British suburban environment has given it meaningful value in cultural memory.

The double pitch describes the dual occupancy of the building and the angled plans create two distinct faces to the building. The front is upright and formal but also emphasises potential neighbourliness with adjacent front doors. The rear is more expansive as it opens towards the sun and provides more privacy to the back doors, terrace and garden.

The use of a rainscreen of cladding materials for the roof and walls follows both the tradition of vernacular buildings, where the envelope is allowed to breath, and contemporary building practice where quality materials are used as facings or veneers. Industrially produced "slate" tiles cover the roofs and walls, with "coursing through"—achieved— between all surfaces.

A prefabricated timber panel construction is adopted to form a stiff box construction of external walls, roofs and floors. The structure releases the internal walls from a load-bearing role which provides a flexibility in internal layout and allows a variety of internal volumes, some with sloping ceilings, to be made. Rooms on the first floor are arranged around a hall, and on the ground floor a set of double doors connect the living room with the kitchen/dining room, offering a variety of spatial arrangements and providing views across the house.

The factory-produced and pre-insulated wall, roof and floor cassettes, comprising engi-

neered timber beams and studs, cellulose insulation and fibre-based sheathing, were delivered to site and provided a watertight structural envelope within 10 working days. The resulting envelope is highly insulated, with a low embodied energy.
The structure, claddings and linings have been developed to allow the process of "breathing" to occur. Breathing construction does not use a plastic vapour barrier. Moisture can escape slowly through the walls and roof without condensation occurring inside the construction and can migrate into the building if the internal climate is too dry. The result is a more stable and healthier internal environment.

Initial studies were made at the competition stage for replicating the houses to form estates. The proposals encouraged the development of neighbourhoods in response to the orientation and topography of the site and to the forming of a variety of shared spaces.

Proyecto de concurso (primer premio) Competition project (first prize) | Emplazamiento Location **Stevenage, Hertfordshire, Reino Unido/UK** | Proyecto y construcción Project and construction **1998-2000** | Cliente Client **William Sutton Trust** | Colaboradores Collaborators **Mark Tuff (arquitecto encargado del proyecto/project architect), Giles Dafflon, Sally Richards, Cornelia Schwaller** | Intermediario del cliente Employer's agent **GHM Project Management Ltd** | Estructura Structural engineers **Baldock Quick Partnership** | Consultor financiero Cost consultant **Philip Pank Partnership** | Contratista Contractor **Willmott Dixon Housing Ltd** | Presupuesto Construction cost **£ 200,000 (290.000 €)** | Superficie total Gross floor area **170 m²** | Fotografías Photography **Hélène Binet, Rolant Dafis** | Premios Awards **mención especial en el Housing Desing Awards 2000/*Housing Design Awards Special Mention 2000***

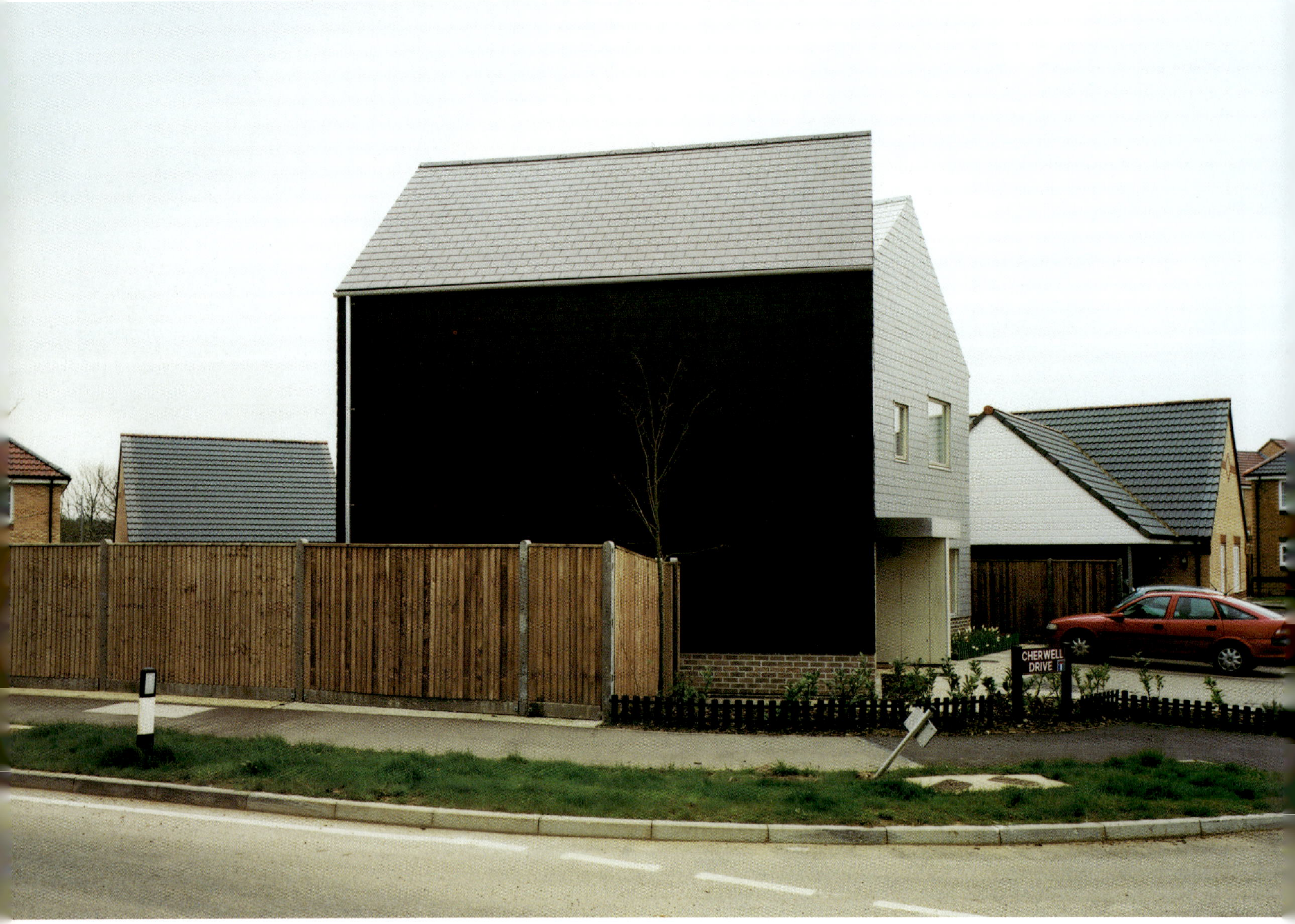
CHERWELL
DRIVE

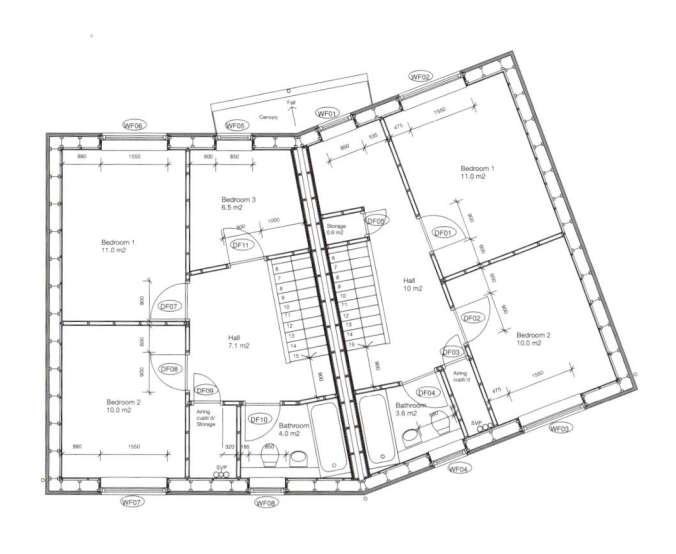

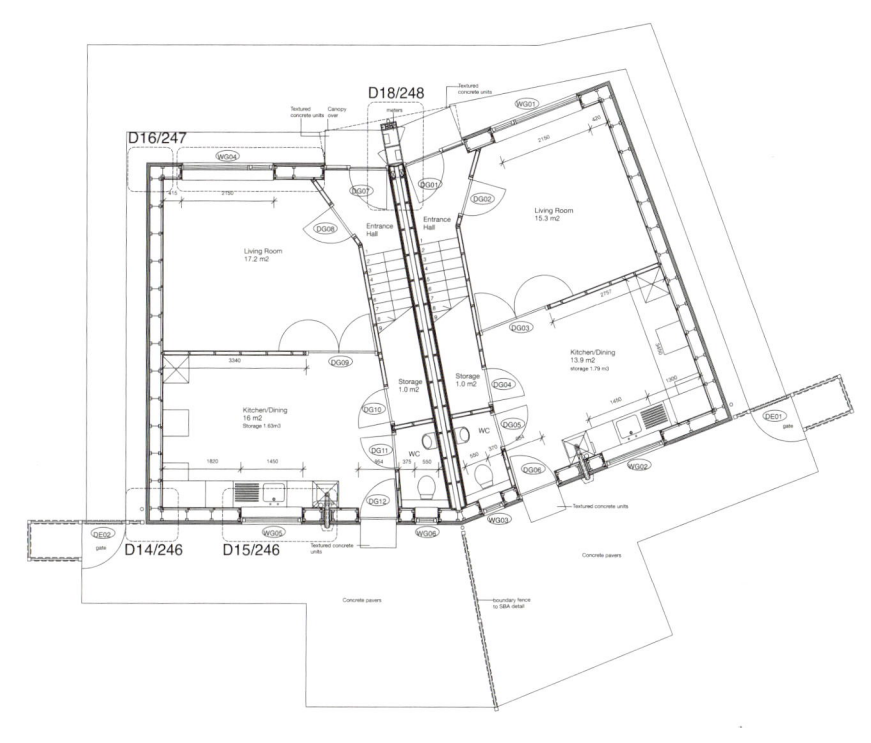

Casas pareadas, Stevenage
Semi-detached houses, Stevenage

Planta primera.
First floor.

Planta baja.
Ground floor.

Alzado noroeste.
North-west elevation.

Alzado sureste.
South-east elevation.

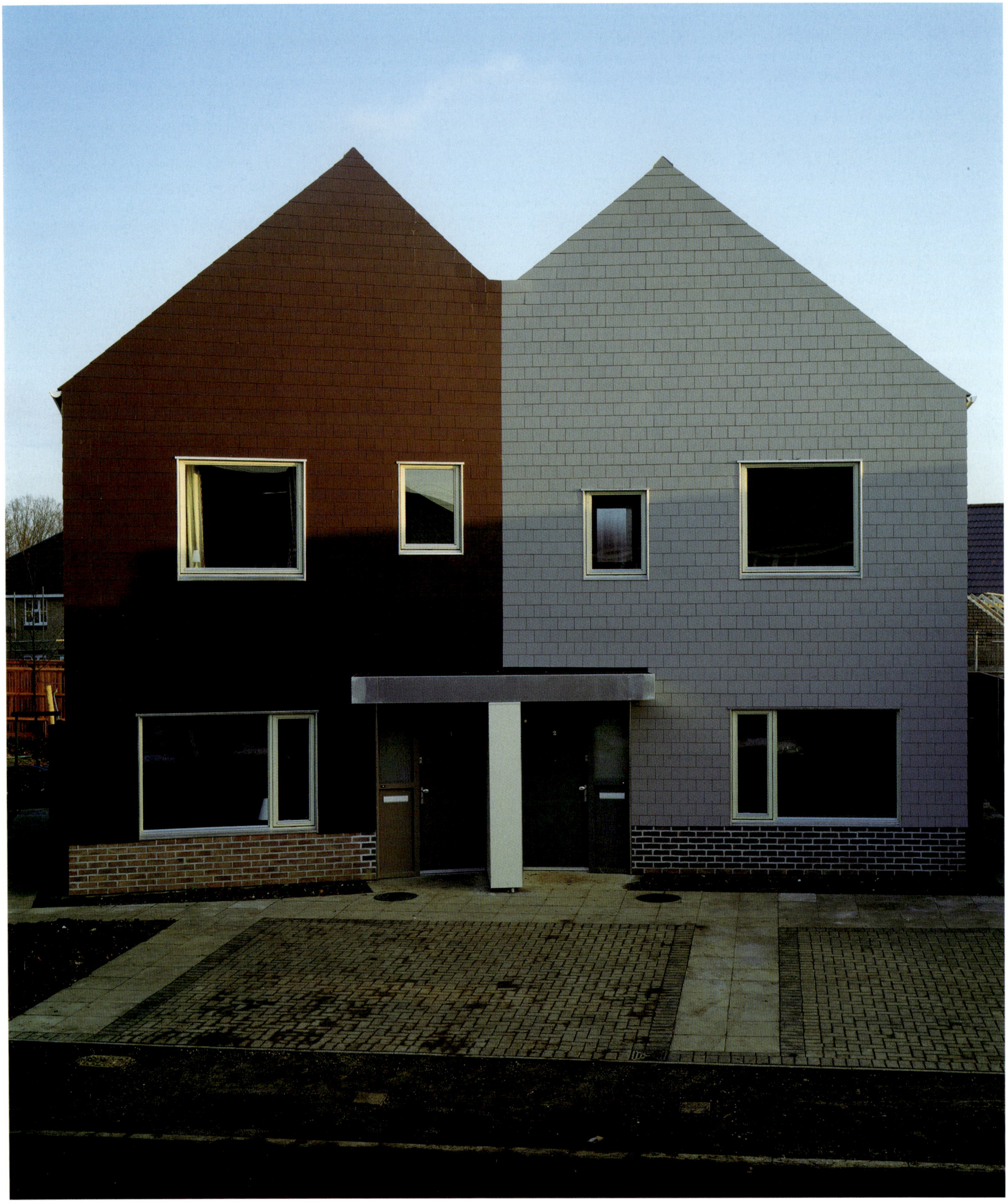

Casas pareadas, Stevenage   Semi-detached houses, Stevenage

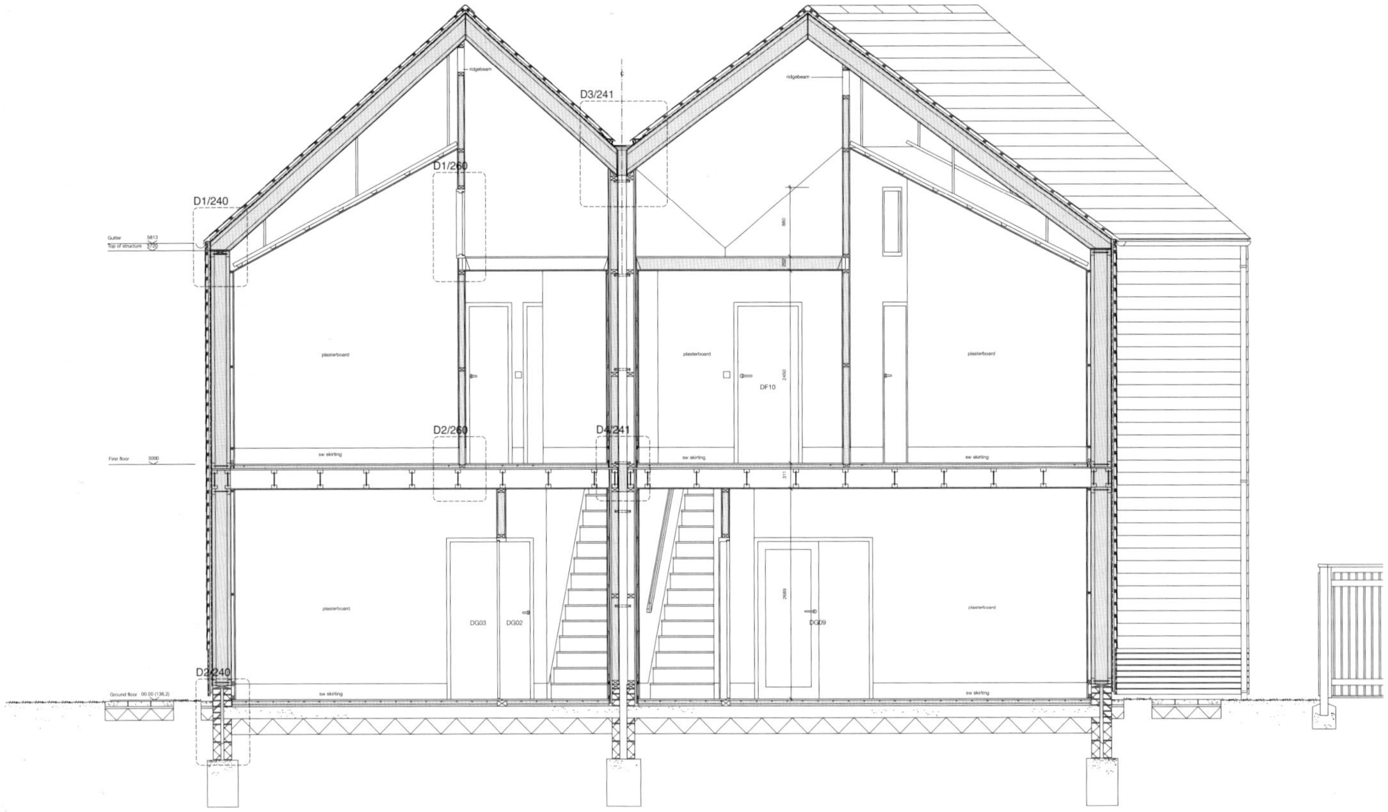

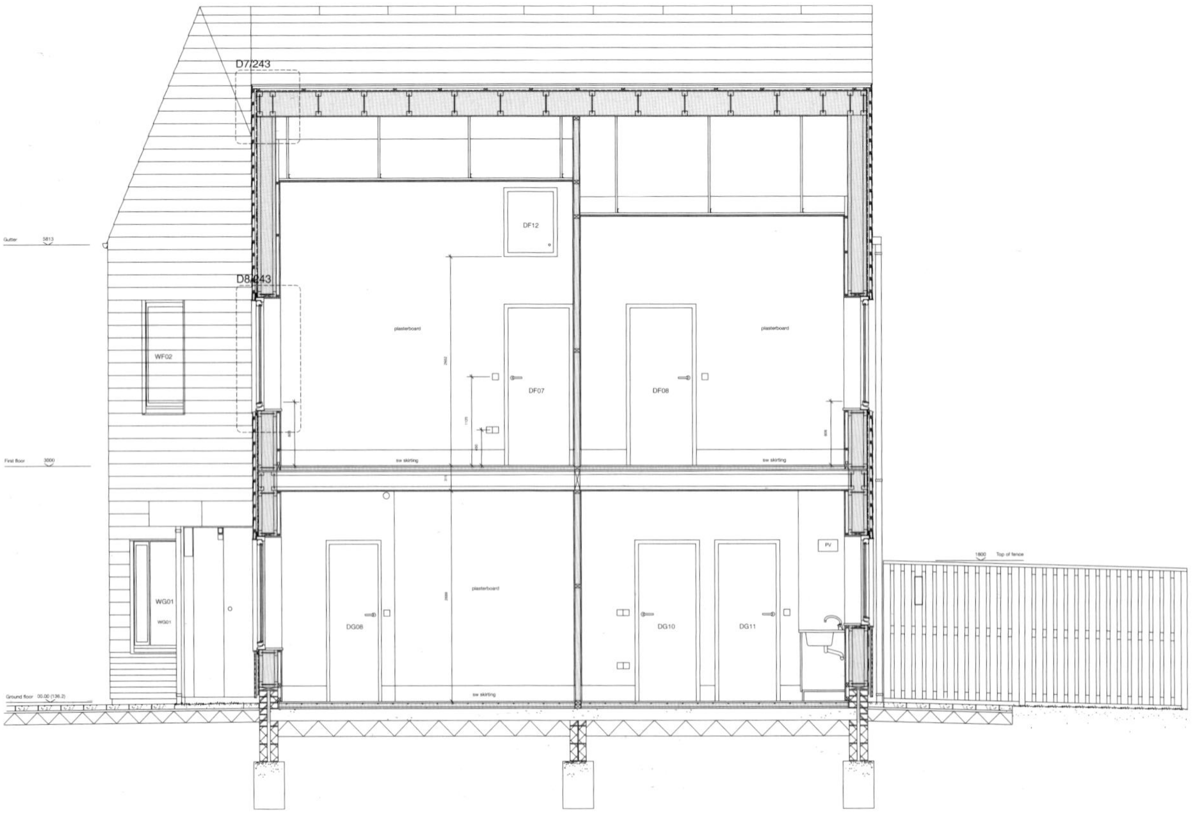

Casas pareadas, Stevenage | Semi-detached houses, Stevenage

34

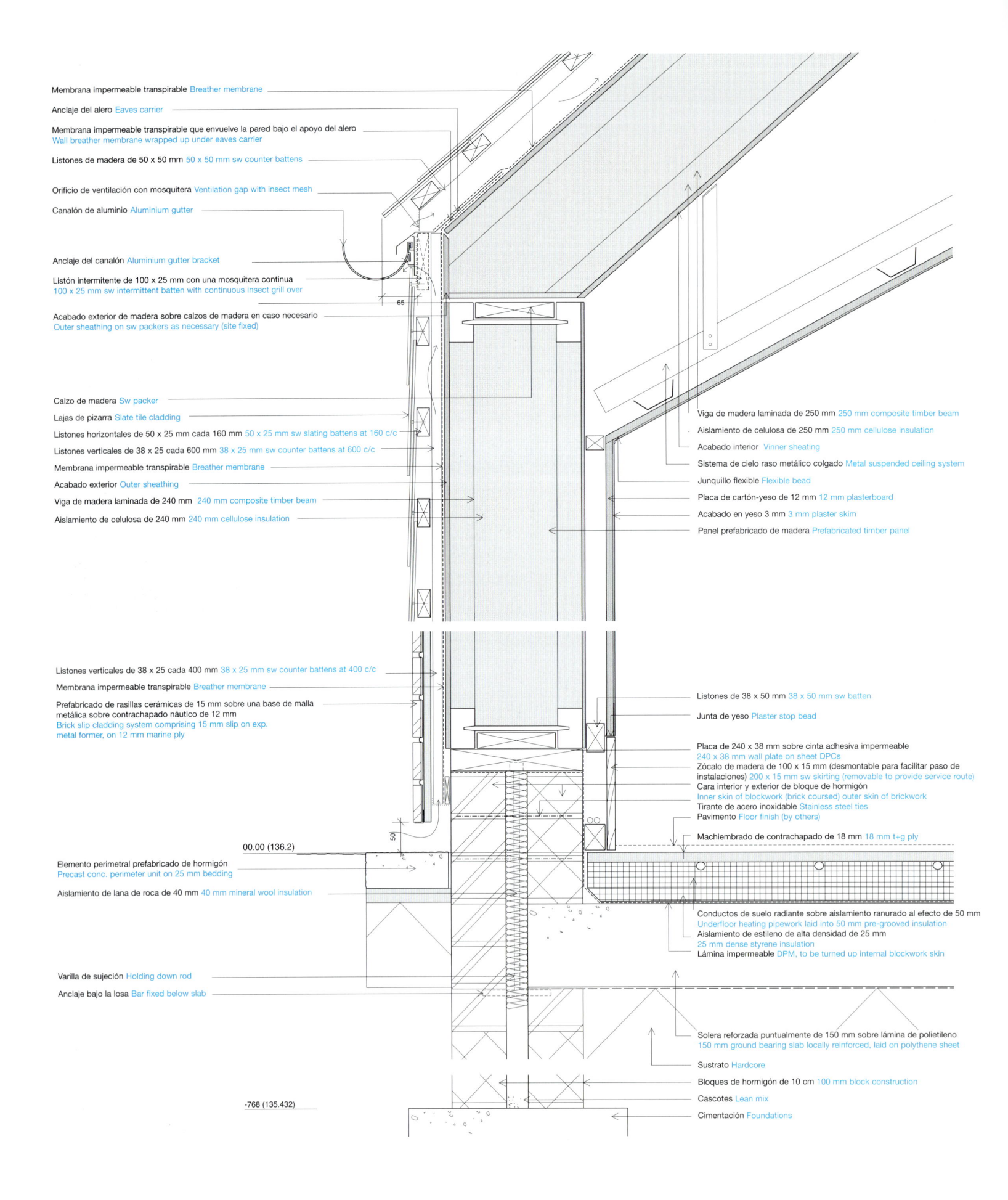

- Membrana impermeable transpirable Breather membrane
- Anclaje del alero Eaves carrier
- Membrana impermeable transpirable que envuelve la pared bajo el apoyo del alero
  Wall breather membrane wrapped up under eaves carrier
- Listones de madera de 50 x 50 mm 50 x 50 mm sw counter battens
- Orificio de ventilación con mosquitera Ventilation gap with insect mesh
- Canalón de aluminio Aluminium gutter
- Anclaje del canalón Aluminium gutter bracket
- Listón intermitente de 100 x 25 mm con una mosquitera continua
  100 x 25 mm sw intermittent batten with continuous insect grill over
- Acabado exterior de madera sobre calzos de madera en caso necesario
  Outer sheathing on sw packers as necessary (site fixed)
- Calzo de madera Sw packer
- Lajas de pizarra Slate tile cladding
- Listones horizontales de 50 x 25 mm cada 160 mm 50 x 25 mm sw slating battens at 160 c/c
- Listones verticales de 38 x 25 cada 600 mm 38 x 25 mm sw counter battens at 600 c/c
- Membrana impermeable transpirable Breather membrane
- Acabado exterior Outer sheathing
- Viga de madera laminada de 240 mm 240 mm composite timber beam
- Aislamiento de celulosa de 240 mm 240 mm cellulose insulation
- Listones verticales de 38 x 25 cada 400 mm 38 x 25 mm sw counter battens at 400 c/c
- Membrana impermeable transpirable Breather membrane
- Prefabricado de rasillas cerámicas de 15 mm sobre una base de malla metálica sobre contrachapado náutico de 12 mm
  Brick slip cladding system comprising 15 mm slip on exp. metal former, on 12 mm marine ply
- Elemento perimetral prefabricado de hormigón
  Precast conc. perimeter unit on 25 mm bedding
- Aislamiento de lana de roca de 40 mm 40 mm mineral wool insulation
- Varilla de sujeción Holding down rod
- Anclaje bajo la losa Bar fixed below slab

- Viga de madera laminada de 250 mm 250 mm composite timber beam
- Aislamiento de celulosa de 250 mm 250 mm cellulose insulation
- Acabado interior Vinner sheating
- Sistema de cielo raso metálico colgado Metal suspended ceiling system
- Junquillo flexible Flexible bead
- Placa de cartón-yeso de 12 mm 12 mm plasterboard
- Acabado en yeso 3 mm 3 mm plaster skim
- Panel prefabricado de madera Prefabricated timber panel
- Listones de 38 x 50 mm 38 x 50 mm sw batten
- Junta de yeso Plaster stop bead
- Placa de 240 x 38 mm sobre cinta adhesiva impermeable
  240 x 38 mm wall plate on sheet DPCs
- Zócalo de madera de 100 x 15 mm (desmontable para facilitar paso de instalaciones) 200 x 15 mm sw skirting (removable to provide service route)
- Cara interior y exterior de bloque de hormigón
  Inner skin of blockwork (brick coursed) outer skin of brickwork
- Tirante de acero inoxidable Stainless steel ties
- Pavimento Floor finish (by others)
- Machiembrado de contrachapado de 18 mm 18 mm t+g ply
- Conductos de suelo radiante sobre aislamiento ranurado al efecto de 50 mm
  Underfloor heating pipework laid into 50 mm pre-grooved insulation
- Aislamiento de estireno de alta densidad de 25 mm
  25 mm dense styrene insulation
- Lámina impermeable DPM, to be turned up internal blockwork skin
- Solera reforzada puntualmente de 150 mm sobre lámina de polietileno
  150 mm ground bearing slab locally reinforced, laid on polythene sheet
- Sustrato Hardcore
- Bloques de hormigón de 10 cm 100 mm block construction
- Cascotes Lean mix
- Cimentación Foundations

Casas pareadas, Stevenage Semi-detached houses, Stevenage

Viviendas, Hackney, Londres
Urban housing, Hackney, London

1999-2002

El proyecto de esta casa pretendía desarrollar una imagen de vivienda que se adecuase a una situación urbana. El edificio plasma en gran parte las pragmáticas técnicas constructivas de principios del siglo XIX de las viviendas contiguas y de los almacenes cercanos. Pero, despojado de los detalles y las proporciones clásicas, el nuevo edificio evita heredar cualquiera de las significaciones que se asocian a las formas arquitectónicas previas. En su lugar, parte del edificio comunica su uso contemporáneo y el carácter democrático de los espacios y apartamentos, para situarlo en el marco de una preocupación más conceptual por la atmósfera y la presencia a partir de materiales y formas conocidos. Otros materiales y formas presentes en el edificio hacen referencia a la arquitectura más reciente de la década de 1970, que es la que define a los edificios situados enfrente. Con estas referencias, el edificio actúa como mediador entre las distintas tipologías que conforman esta parte de la ciudad. El programa exigía tres viviendas: un dúplex adaptado para minusválidos ubicado en las plantas baja y semisótano, y dos apartamentos situados en las plantas primera y segunda. Al igual que las casas en hilera contiguas del siglo XIX, cuya planta se curvaba y quebraba para adaptarse al trazado de la calle, el presente edificio amplía esta morfología urbana respetuosa con el entorno y da como resultado un paralelepípedo sutilmente distorsionado y ligeramente descentrado.

La planta de los apartamentos se desarrolló a partir del centro, con las habitaciones distribuidas en el perímetro. Las salas de estar y las cocinas intercomunicadas mediante puertas se alinean con los grandes ventanales abatibles (con abertura hacia el interior) que miran al parque que se encuentra debajo. El resultado es una relación flexible y cambiante entre las habitaciones, y unas vistas cruzadas a través de los espacios que incrementan la sensación general de amplitud de las viviendas.

La estructura del edificio está concebida como una cáscara, o como una caja de madera vacía que hay que llenar; consta de los forjados y un muro central de carga divisorio en el interior. Los paneles de madera prefabricados se produjeron en taller y las placas de paredes, forjados y cubierta se transportaron hasta el solar, proporcionando una envoltura estructural altamente aislante que estuvo lista en cinco días. El revestimiento exterior es de ladrillo prefabricado duro, de color marrón oscuro con juntas a tope; se ha pigmentado el mortero para que armonice con el color del ladrillo. En las plantas sótano y baja, el ladrillo calcáreo de color claro indica el tamaño del dúplex y aumenta la reflexión de la luz en los patios ingleses.

La fachada de ladrillo está concebida como un abrigo pesado sobre la estructura de madera, confiriendo un carácter formal y urbano al edificio. La envolvente de ladrillo oculta los elementos de madera que en el interior del edificio cubren las paredes para proteger las superficies más expuestas. En el exterior sólo quedan a la vista los marcos de madera de las ventanas y el ensamblado de contrachapado que forma el porche de entrada. Sólo en esos puntos se interrumpe el revestimiento de ladrillo y se puede apreciar su canto.

El ladrillo está aparejado con juntas abiertas cada 90 cm en horizontal y cada 75 en vertical. Esta distribución de las juntas verticales facilita la ventilación de la cámara de aire y está en concordancia con las válvulas de entrada de ventilación pasiva situadas dentro de la estructura de madera. A su vez, refuerzan el aspecto cambiante de los alzados, donde la colocación de los huecos de las ventanas se adaptan a las necesidades de los espacios interiores, antes que con la pretensión de conferir una simetría al exterior.

En el interior, el revestimiento de placas de yeso está separado de la estructura para crear una zona de servicios. En ciertos puntos, los revestimientos se extienden para adaptarse a la tubería vertical de mayor diámetro, aumentado así la geometría suave y sutilmente distorsionada de cada habitación. Los zócalos altos de tablero de fibras de densidad media de las paredes, los rodapiés y los antepechos se utilizan con profusión para proteger esquinas, juntas y superficies muy expuestas, formando un código de superficies cuya altura o anchura puede adaptarse según su ubicación y la protección necesaria.

The design of this large city house was concerned with developing a suitable image of housing appropriate to an urban situation. The building embodies much of the pragmatic construction practice evident in the early-19th-century housing adjacent to it and warehouses nearby, but by being stripped of applied detail and classical proportions the new construction avoids inheriting any associated meaning attached to the previous architectural forms. Instead the building communicates something of its contemporary use and the egalitarian character of shared dwellings and places it within a more conceptual concern for the atmosphere and presence generated by materials and known forms. Other forms and materials evident in the building make reference to the more recent architecture of the 1970s opposite and in this way the building acts as a mediator between the varied typologies that make up this part of the city.

The brief required three dwelling units: a fully wheelchair-accessible maisonette located on the ground and lower-ground floors, and two apartments located on the first and second floors. Like the adjacent 19th-century terraces on the street, which are modified and cranked to suit the curvature of street, the building extends this tolerant urban morphology, resulting in a subtly distorted parallelepiped form, just off square.

The plans for the apartments are developed from the centre with habitable rooms arranged expediently around the perimeter. Living rooms and kitchens with interconnecting doors align with large inward-opening casement balcony windows opening out to the park below. The result is an adaptable and changing relationship between rooms and extended views across spaces, which add to a sense of overall generosity to the apartments.

The building structure was conceived of as a shell or empty wooden box waiting to be filled, providing simple floorplates with a central

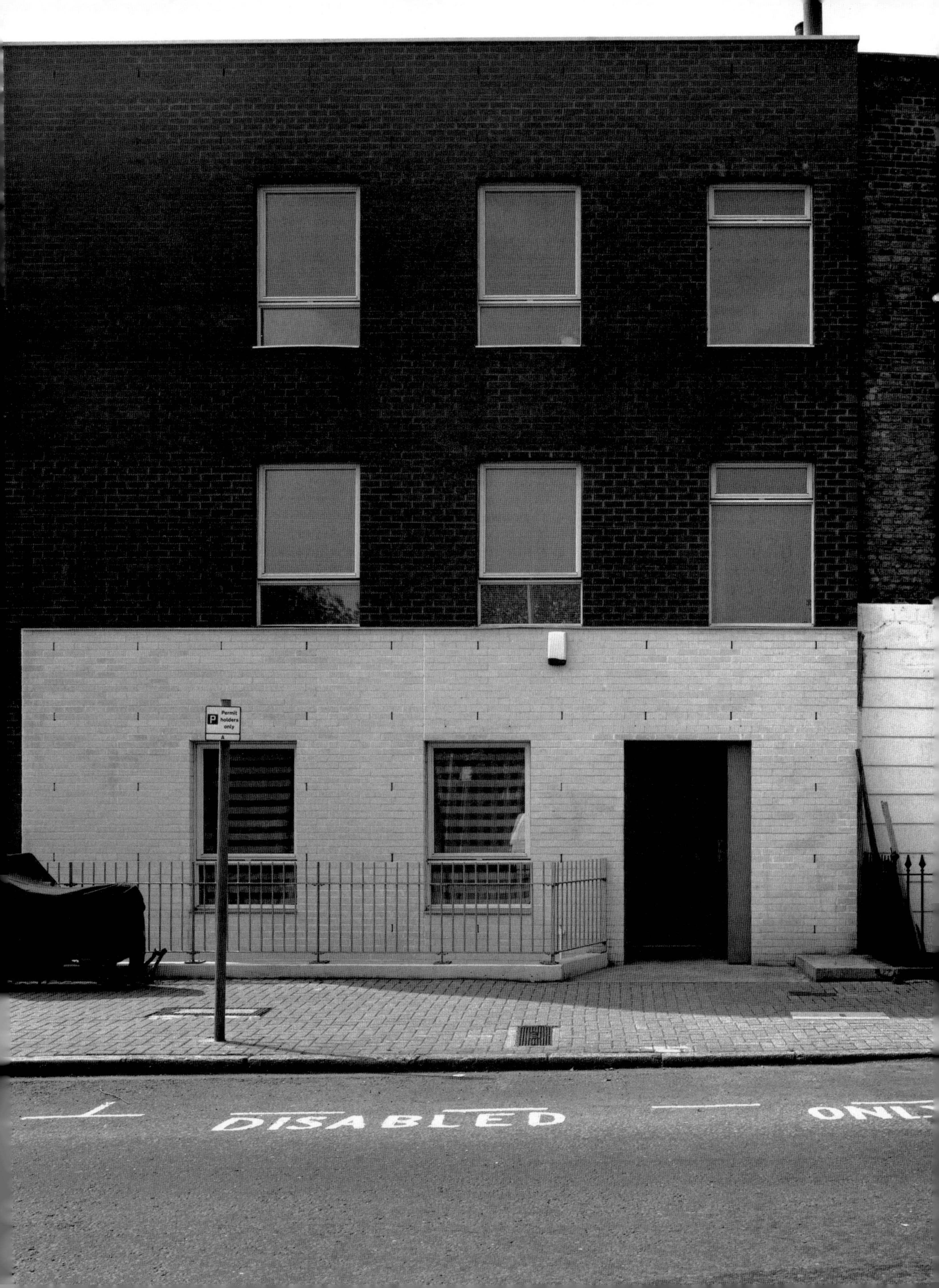
P
Permit
holders
only
DISABLED

internal load-bearing division. The prefabricated timber panel construction adopted was factory-produced and wall, roof and floor cassettes were delivered to site and provided a highly insulated structural envelope within 5 working days.

The external cladding is of hard brown-black engineering brick with flush mortar joints pigmented to match the brick. At ground and lower-ground level a light calcium silicate brick identifies the extent of the maisonette and increases light reflectance in the "areas". The brick facade is conceived as a weighty overcoat to the wooden shell, which gives a formal and urban character to the building. The brick wrapping removes from view the wooden elements of the building which are now experienced from the inside, by extensive wall linings used to protect exposed surfaces. Only the timber-framed windows and the plywood assembly forming the entrance porch are revealed externally. At these points the brick is visibly stopped short and the thickness of the brick revealed.

The brick surfaces are overlaid with a net of open perpends laid out at 90 cm horizontal and 75 cm vertical centres. This layout of vertical slots, which increase ventilation to the cavity behind and are co-ordinated with passive ventilation inlet valves located within the timber structure, add to the shifting nature of the elevations with window openings primarily located to suit the needs of the interior spaces rather than provide visual symmetry from the outside. Internally, plasterboard linings are spaced off the structure to provide a zone for service runs. At certain points the linings increase to accommodate a larger-diameter vertical service pipe, thereby adding to the soft and subtly distorted geometry of each room. Medium-density fibreboard dado high wall linings, skirtings and architraves are used extensively to protect corners, junctions and exposed surfaces. These form a surface language, which can adapt in height or width depending on their location and the need to protect.

Proyecto de concurso (primer premio, en colaboración con Rooff Ltd) Competition project (first prize, in collaboration with Rooff Ltd) | Emplazamiento Location **Hackney, Londres, Reino Unido/London, UK** | Proyecto y construcción Project and construction **1999-2002** | Cliente Client **Asociación de vivienda New Islington & Hackney/New Islington & Hackney Housing Association** | Usuario User **Cooperativa de viviendas Shepherdess Walk/NIHHA/Shepherdess Walk Housing Co-operative/NIHHA** | Colaboradores Collaborators **Mark Tuff (arquitecto encargado del proyecto/project architect), Johanna Backas, Nicolaj Bechtel, Andrew Davy, Jessica Zarges** | Intermediario del cliente Employers agent **Chandler KBS** | Estructura Structural engineers **Price & Myers** | Contratista Contractor **Rooff Ltd** | Presupuesto Construction cost **£ 350.000 (505.000 €)** | Superficie total Gross floor area **325 m²** | Fotografías Photography **David Grandorge (color/colour), Ioana Marinescu (blanco y negro/black & white)** | Premios Awards **Finalista en los Brick Development Awards 2001 y 2002, finalista en los Civic Trust Awards 2001/Brick Development Awards Shortlist 2001 and 2002, Civic Trust Awards Shortlist 2001**

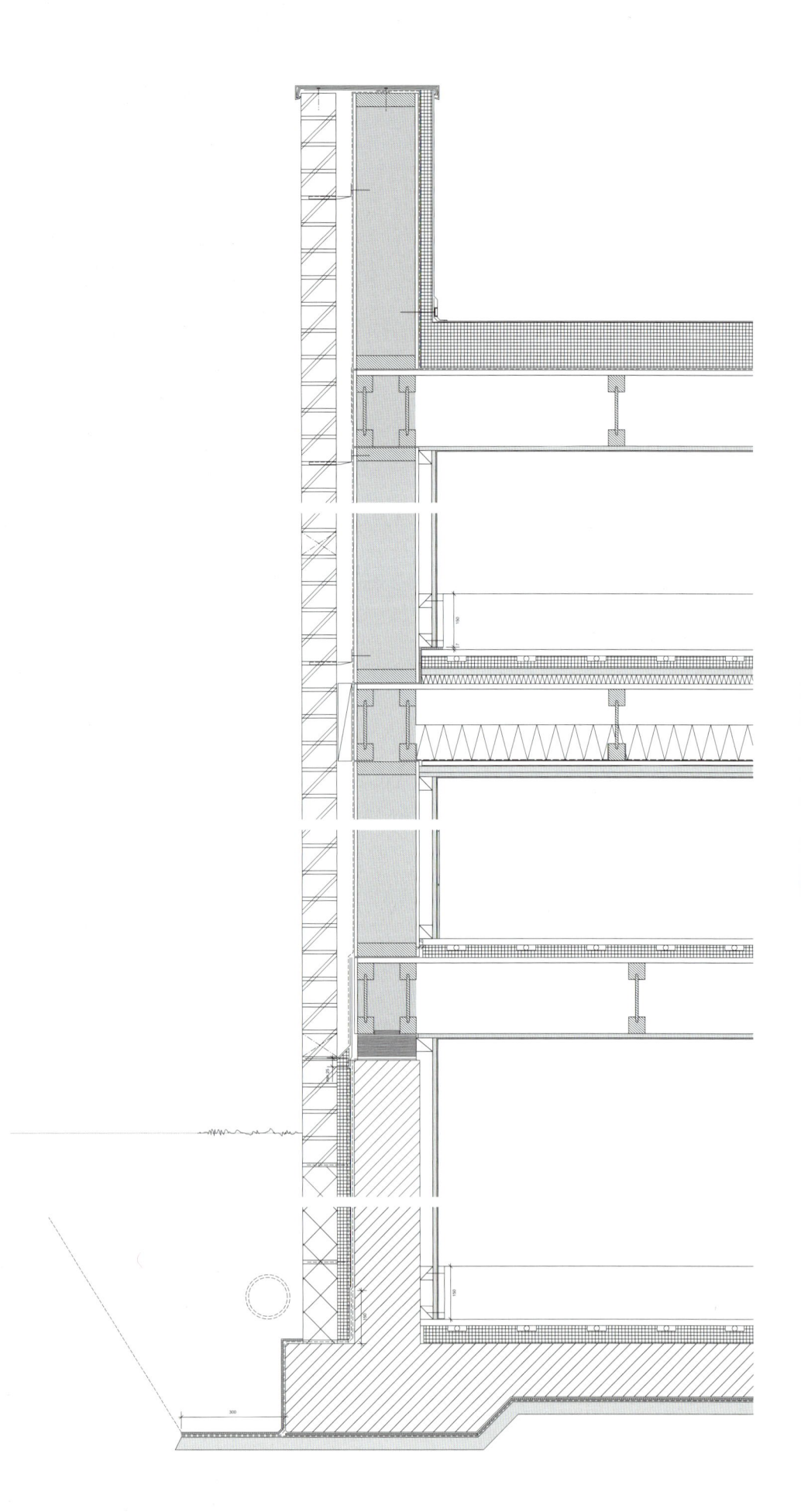

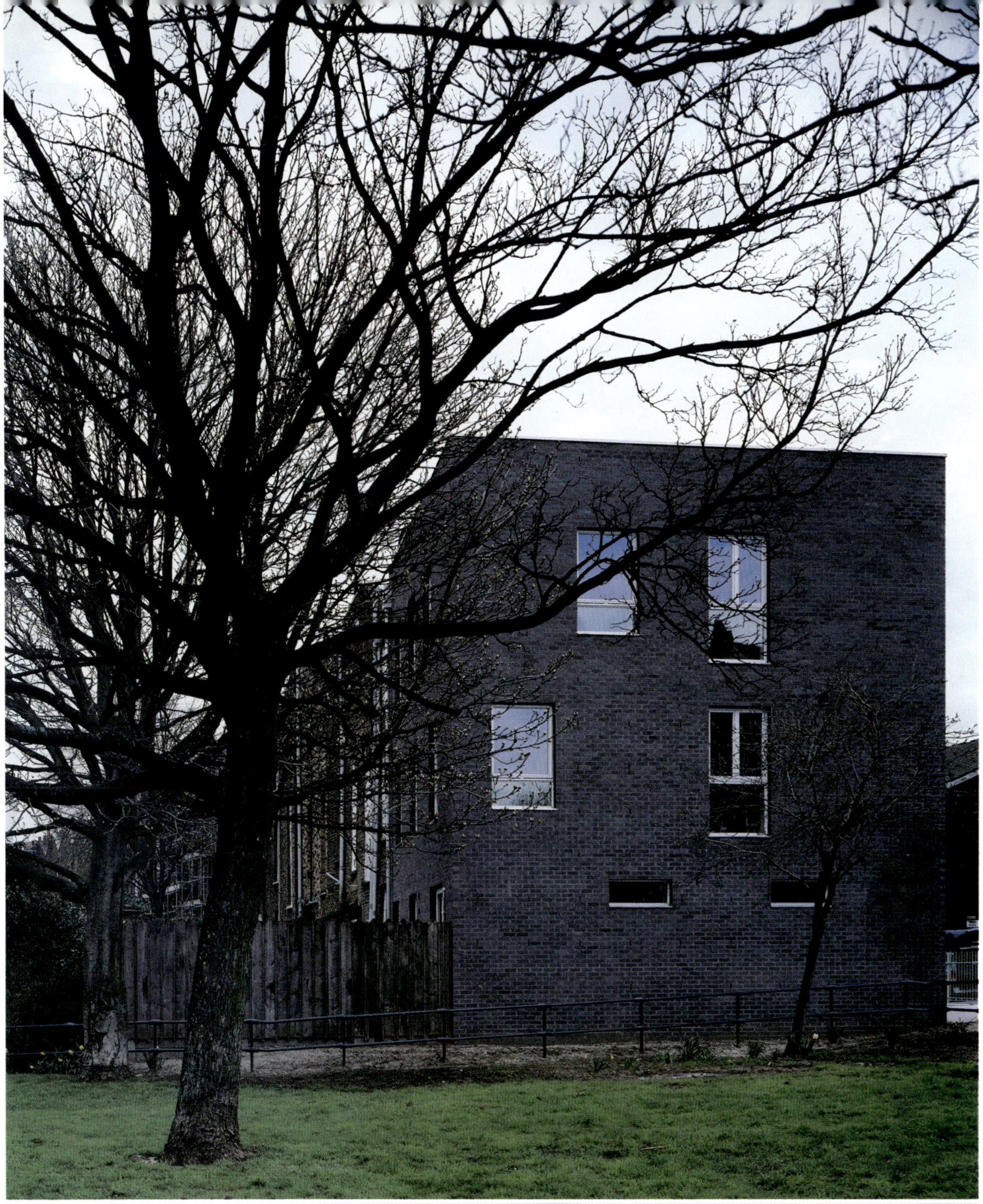

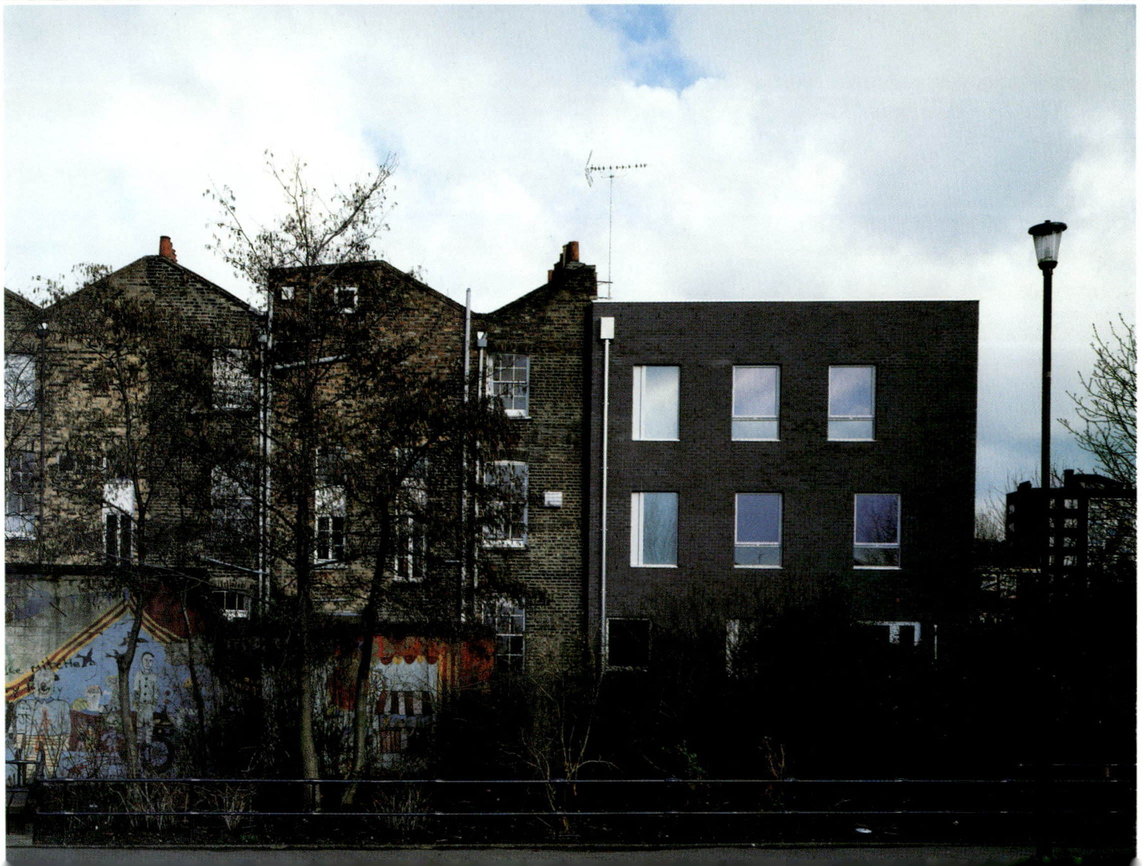

Planta primera.
First floor.

Planta segunda.
Second floor.

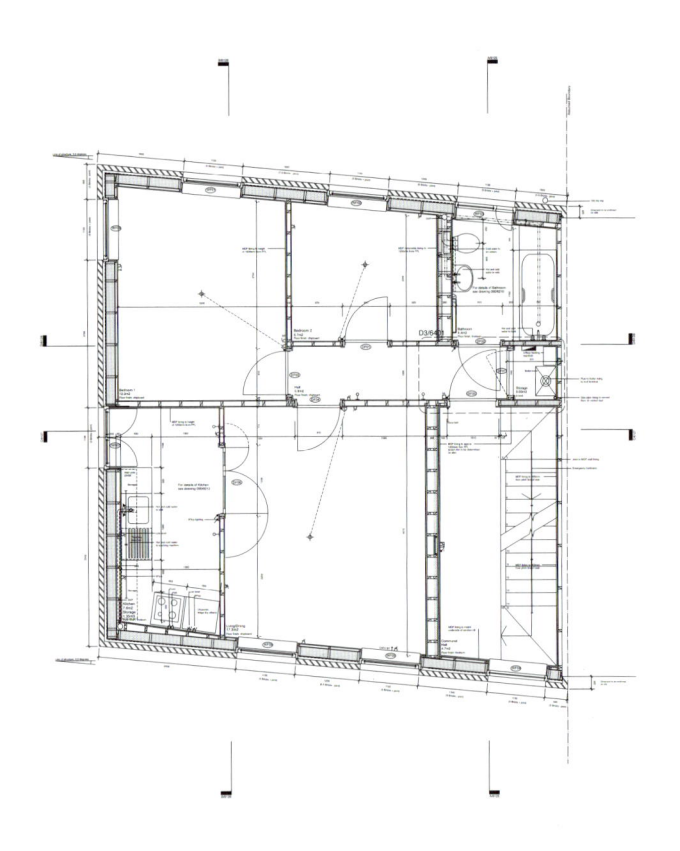

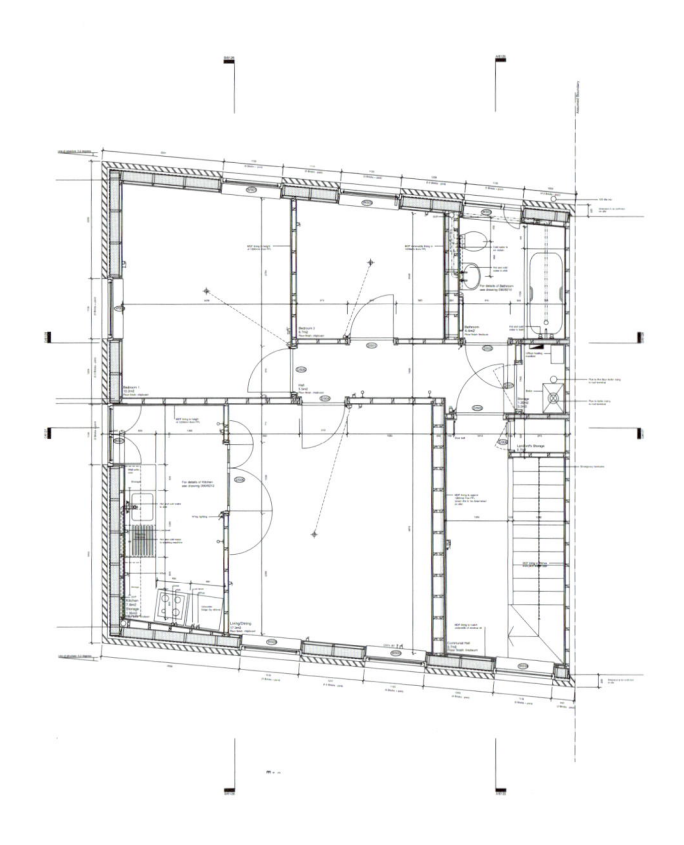

Sótano.
Basement.

Planta baja.
Ground floor.

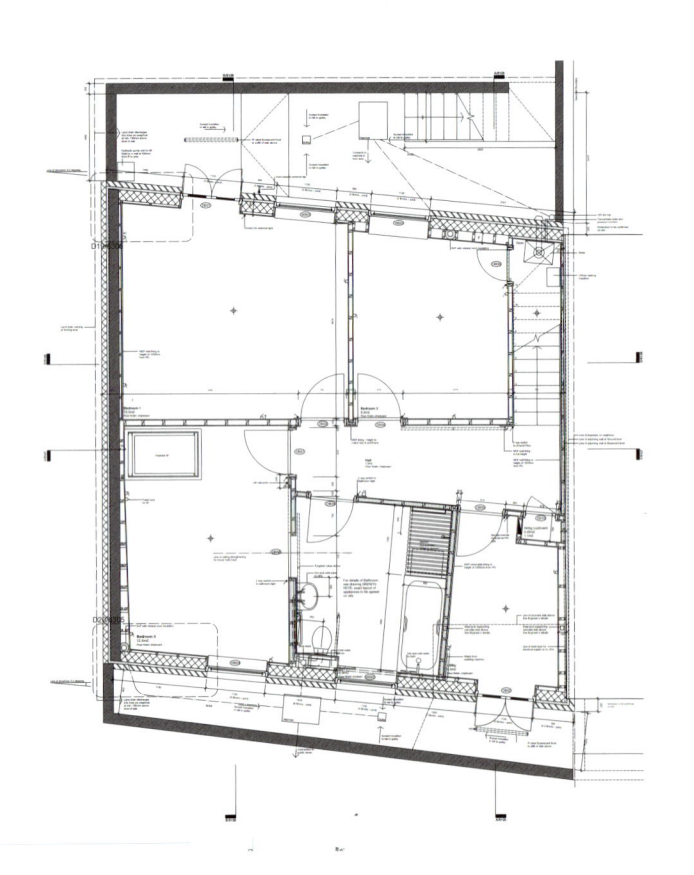

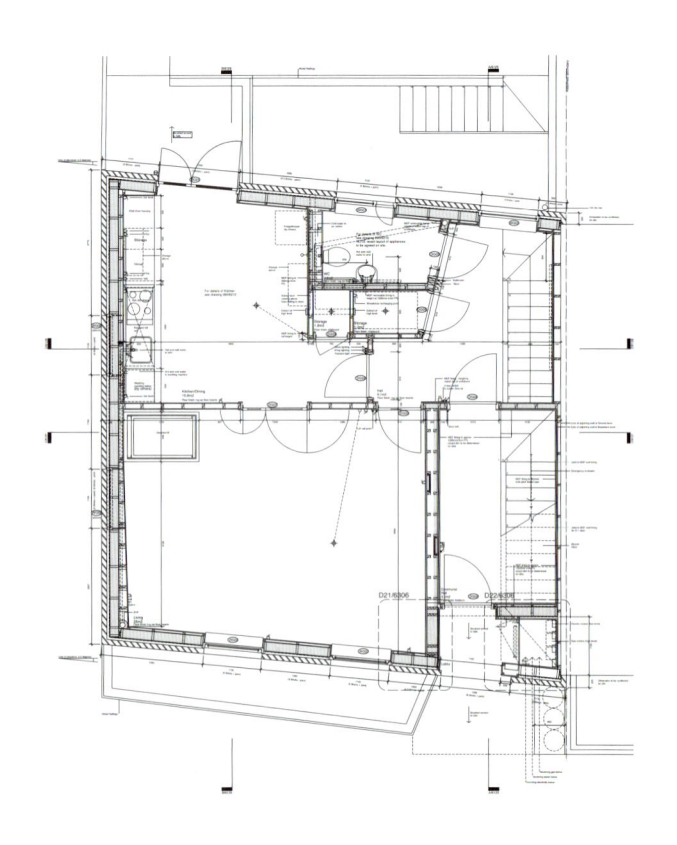

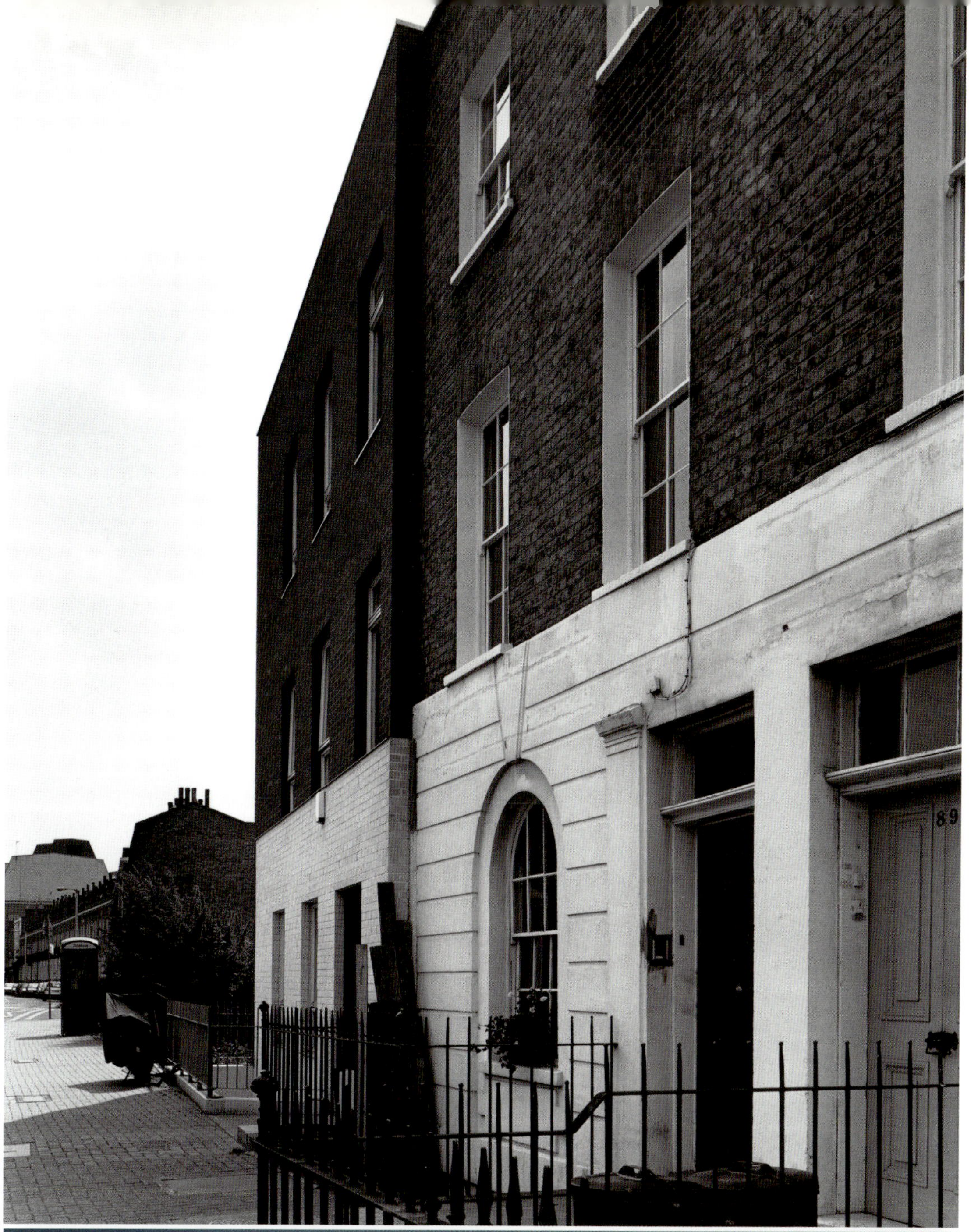
89

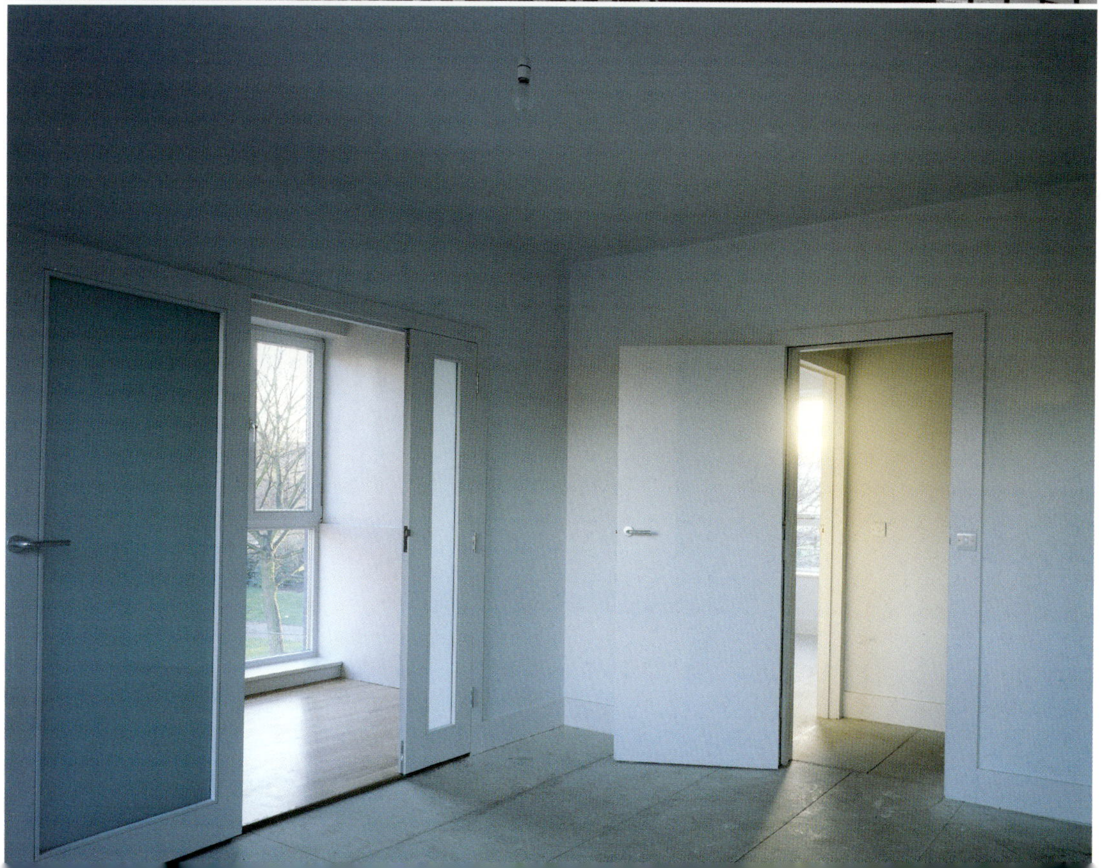

Complejo de usos múltiples, Wandsworth, Londres
Mixed-use development, Wandsworth, London

1999-2004

El proyecto suponía la demolición parcial, así como la reforma y ampliación, de una serie de edificios conocidos como los Talleres de Wandsworth, al suroeste de Londres. Los edificios habían albergado originalmente una fábrica de pinturas situada a orillas del río Wandle y Garratt Lane, y, más recientemente, sesenta espacios de trabajo para pequeñas industrias ligeras, desde imprentas a relojeros. La fábrica se construyó a lo largo de la calle y, por ello, los bloques cambiaban de dirección en su sentido longitudinal, para adaptarse a la geometría variable del solar. Construido en la década de 1930, el edificio pertenece a la época heroica del movimiento moderno. La horizontalidad de las ventanas corridas y de las franjas horizontales se ve potenciada por la forma sinuosa de la superficie del edificio, que le confiere una carácter único.

El enfoque que se adoptó para la transformación de esta fábrica fue crear una gran envolvente para espacios de estudio y oficina de entre 85 y 200 m² de superficie. La mayor parte de las paredes interiores se suprimieron y se añadieron algunas nuevas para dividir las distintas unidades y para crear una zona central donde se situaron los servicios para los aseos y las escaleras. Se han restaurado las fachadas de los edificios existentes de la forma más conveniente, y se han pintado todas las superficies con un nuevo color gris terroso que unifica los dos bloques e integra los nuevos elementos en la estructura existente.

En la azotea de los edificios existentes se ha añadido una estructura de madera que ocupa toda la superficie disponible de la cubierta y que se parece a una gran estera extendida y recortada para adaptarse al contorno anterior. Este nuevo espacio es habitable, dispone de once apartamentos de uno y dos dormitorios, y se apoya en una estructura metálica. La entrada a los apartamentos se realiza desde un corredor cubierto con pavimento de madera (al que se accede en ascensor), que se extiende de extremo a extremo del edificio. Aunque el corredor esté cubierto, no está cerrado lateralmente y ofrece amplias vistas hacia el oeste, el este y el norte. Unos pequeños patios abiertos se conectan con el corredor mediante cancelas de madera y sirven de acceso a cada uno de los apartamentos. Las ventanas de la cocina y del baño se abren a este espacio que les proporciona intimidad, luz natural y ventilación. Las habitaciones se disponen alrededor de un vestíbulo central conectado con los patios abiertos. La sala de estar y los dormitorios cuentan casi siempre con un balcón privado orientado al oeste, que está cubierto y cerrado en tres de sus lados y da la sensación de que se trata de una habitación parcialmente abierta.

La experiencia de encontrarse en un corredor abierto que conecta todos los apartamentos y cuya longitud se ve rota por súbitos giros y cambios de dirección, queda acentuada por el uso del mismo material en paredes, suelos y techos. Los paneles de alerce crean un recinto de madera, salpicado por rayos de luz y vistas, que proporcionan una impresión única de domesticidad urbana.

En el extremo sur del solar se ubica un nuevo edificio de apartamentos de seis plantas de altura, con un total de veinte apartamentos, cuatro por planta, y dos locales para talleres en la planta baja. Como si fuera un bloque esculpido y extruido, las cualidades formales del edificio intentan complementar el carácter industrial de los talleres existentes y mediar

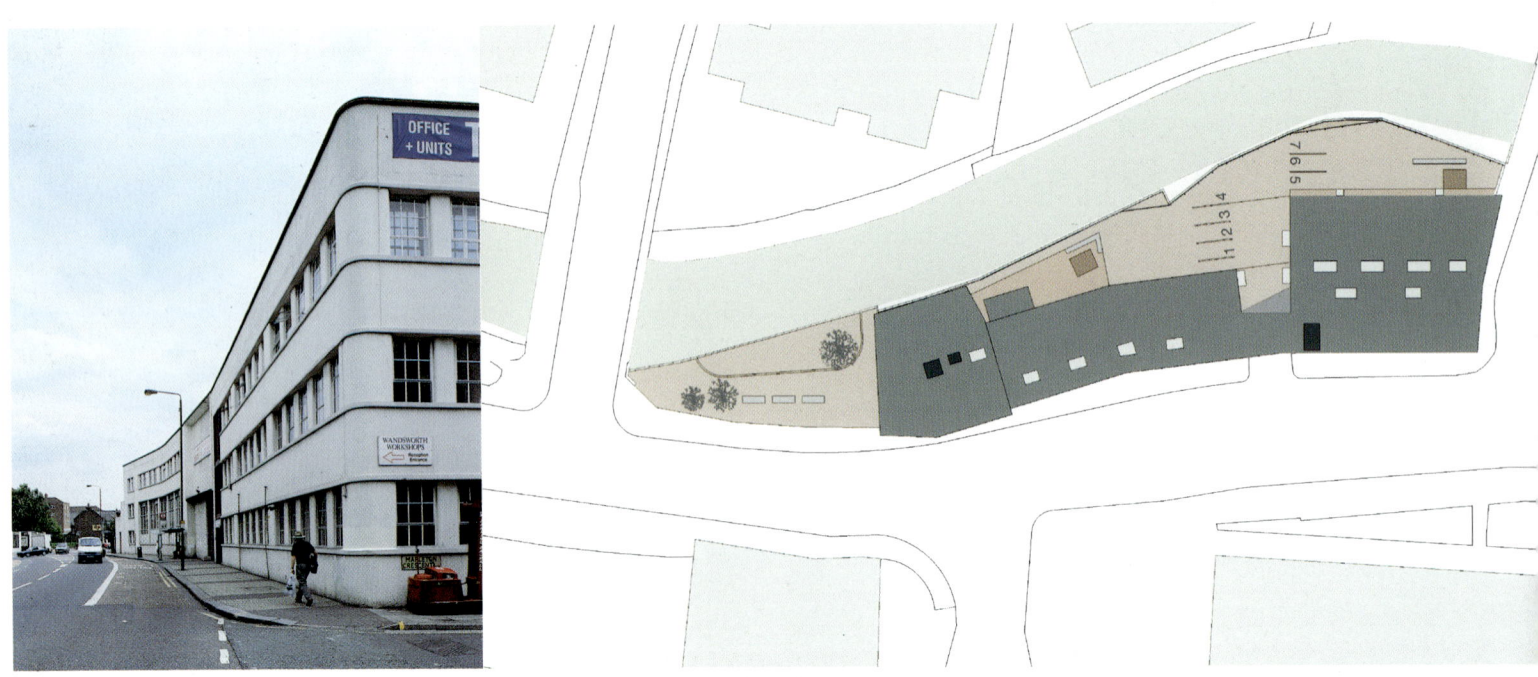

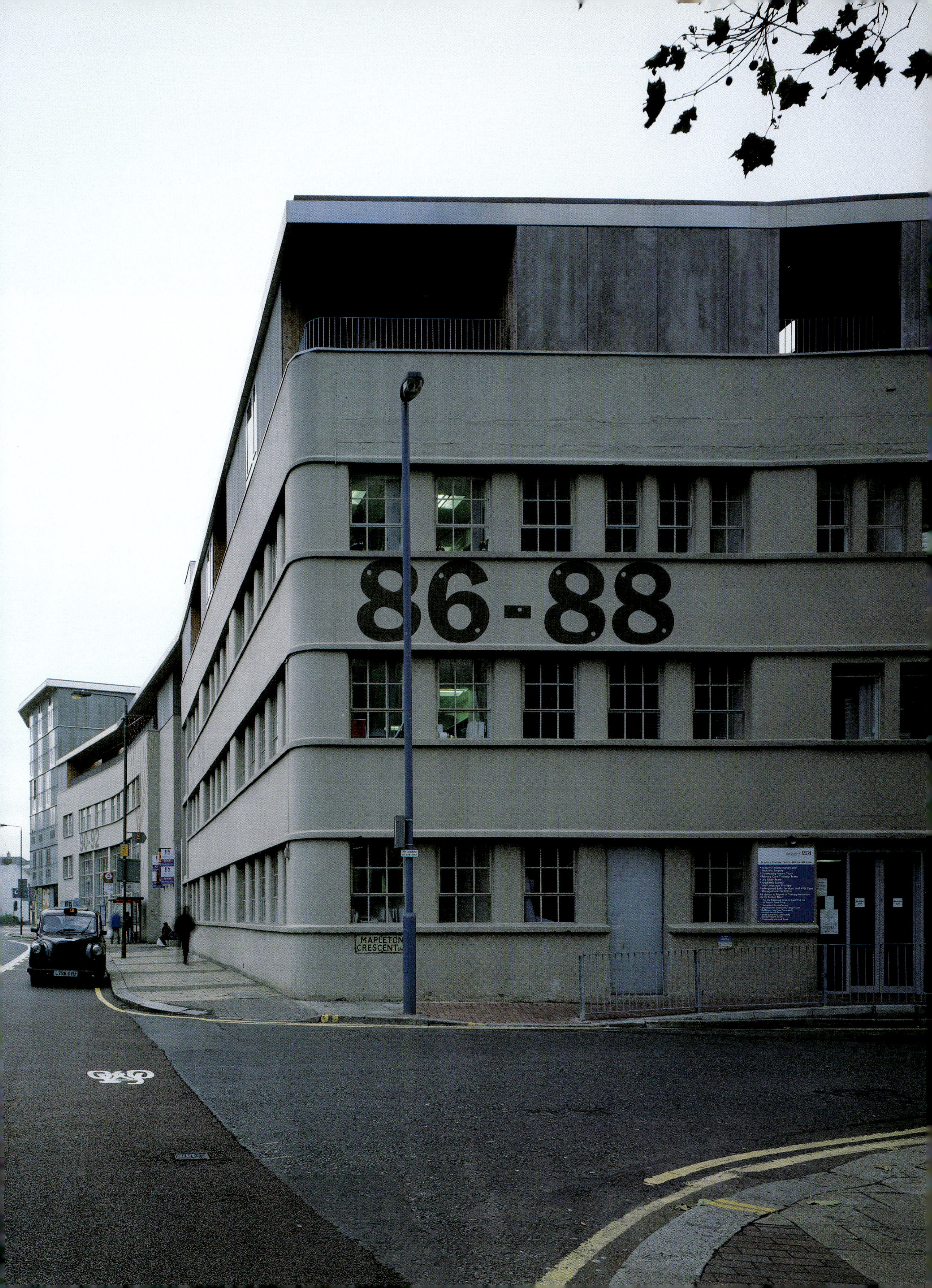
86-88
MAPLETON
CRESCENT

con los edificios de las décadas de 1950 y 1960 de los alrededores.

La estructura de pilares y losas de hormigón tiene una planta quebrada para adaptarse a los límites del solar, y las facetas anguladas de los alzados crean líneas de visión oblicuas que otorgan un énfasis vertical al edificio a pesar de su planta poligonal. La composición de los alzados se organiza mediante raíles metálicos galvanizados de una planta de altura que corren a lo largo del edificio, reflejando la técnica constructiva y subrayando el carácter de las paredes como elementos no portantes. La posición de los grupos de ventanas a toda altura varía de una planta a otra, creando una composición variable que refleja las diferencias dentro de un esquema de planta repetida y superpuesta.

The project involved the partial demolition, refurbishment and extension of existing buildings, known as Wandsworth Workshops, in southwest London. The buildings had originally been a paint factory sited alongside the fast-flowing River Wandle and Garratt Lane and more recently had provided sixty light-industrial workspaces for modest-sized local businesses ranging from printers to watchmakers. The factory building was built along the boundary line to the street and as such the blocks shift direction along their length, thereby accommodating the changing site geometry. Built in the 1930s, the building conforms to a Modern Movement heroic style. The horizontality of the ribbon glazing and string courses is further emphasised by the meandering form of the building surface which gives the building a unique character.

The approach to the transformation of the factory was to provide large shell studio-office spaces of between 85-200 m². Most of the internal walls are removed with some new walls added to form unit division and a service core of toilets and stairs. The facades of the existing buildings have been refurbished in the most expedient ways and all surfaces are painted a new colour of earthy grey, which unifies the two building blocks and integrates new infill elements with the existing fabric.

A timber-framed extension is added on top of the existing buildings. Occupying the complete area available on the roof, the new storey resembles a great mat that has been laid down and trimmed to suit the form of the existing footprint. Supported on a steel transfer structure, the new accommodation comprises eleven one and two-bed apartments. Entry to the apartments is from a timber-decked, covered walkway accessed by lift, which extends from one end of the building to the other. The walkway is protected but open to the elements and offers high-level views to the west, east and north. Small open-air courtyards, with wooden gates, connect with the walkway providing access to each apartment. Windows from the kitchen and timber-lined bathroom open into this space giving privacy, daylight and ventilation. Rooms are arranged around a central hall connected to the open-air courtyards. The principal living and sleeping spaces generally open towards the west to a private balcony that is enclosed by walls on three sides and roofed over to give the sense of an open-sided room.

The experience of being on the open-air walkway, connecting all apartments, with its length broken by sharp twists and changes of direction, is intensified by using the same material surface on the walls, floors and ceilings. Timber (larch) panels create a total enclosure of wood, punctuated by light shafts and open views giving a unique impression of urban domesticity.

A new six-storey apartment building is located at the southern end of the site. Twenty apartments are arranged, four per floor, with two work units on the ground floor. As a carved, extruded block, the formal qualities of the building seek to complement the industrial character of the existing workshops and mediate with the surrounding buildings from the 50s and 60s. The concrete flat slab and column structure is cranked in plan to follow the boundary of the site and the consequent angled facets of the elevations create oblique sightlines, giving a vertical emphasis to the building, despite its polygonal footprint. The composition of the elevations is organised by storey-height horizontal galvanised metal rails that run around the building, which reflect the process of construction, emphasising the wall as a non-load-bearing element. The position of full-height window assemblies varies from floor to floor giving a shifting composition that reflects the possibility of difference within a repeatedly stacked plan.

Emplazamiento Location **Wandsworth, Londres, Reino Unido/*London, UK*** | Proyecto y construcción Project and construction **1999-2004** | Cliente Client **Baylight Properties PLC** | Colaboradores Collaborators **Mark Tuff (arquitecto encargado del proyecto/*project architect*), Nicolaj Bechtel, Andrew Davy, Guy Derwent, Aidan Hodgkinson, Tim Rettler, Juliette Scalbert, Joanna Sutherland, Jessica Zarges** | Consultor financiero Cost consultants **Smith Turner** | Estructura Structural engineers **Price & Myers** | Ingeniería medioambiental Environmental engineers **Max Fordham & Partners** | Control de planificación Planning supervisors **Smith Turner** | Diseño gráfico Graphic designer **JANE** | Contratista Contractor **Rooff Ltd** | Presupuesto Construction cost **£ 4.500.000 (6.500.000 €)** | Superficie total Gross floor area **4.665 m²** | Fotografías Photography **Hélène Binet, David Grandorge** | Premios Awards **Housing Design Award 2004**

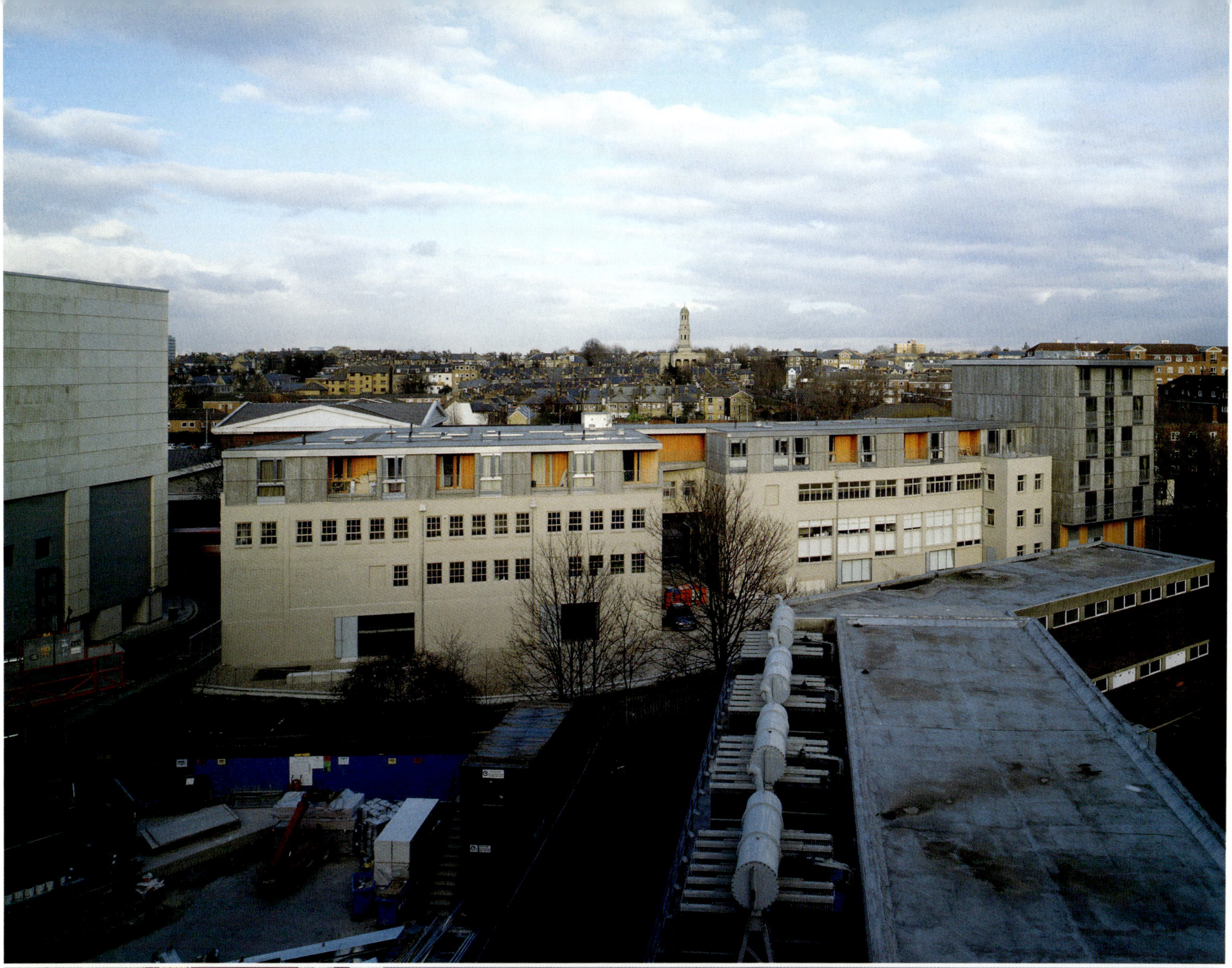

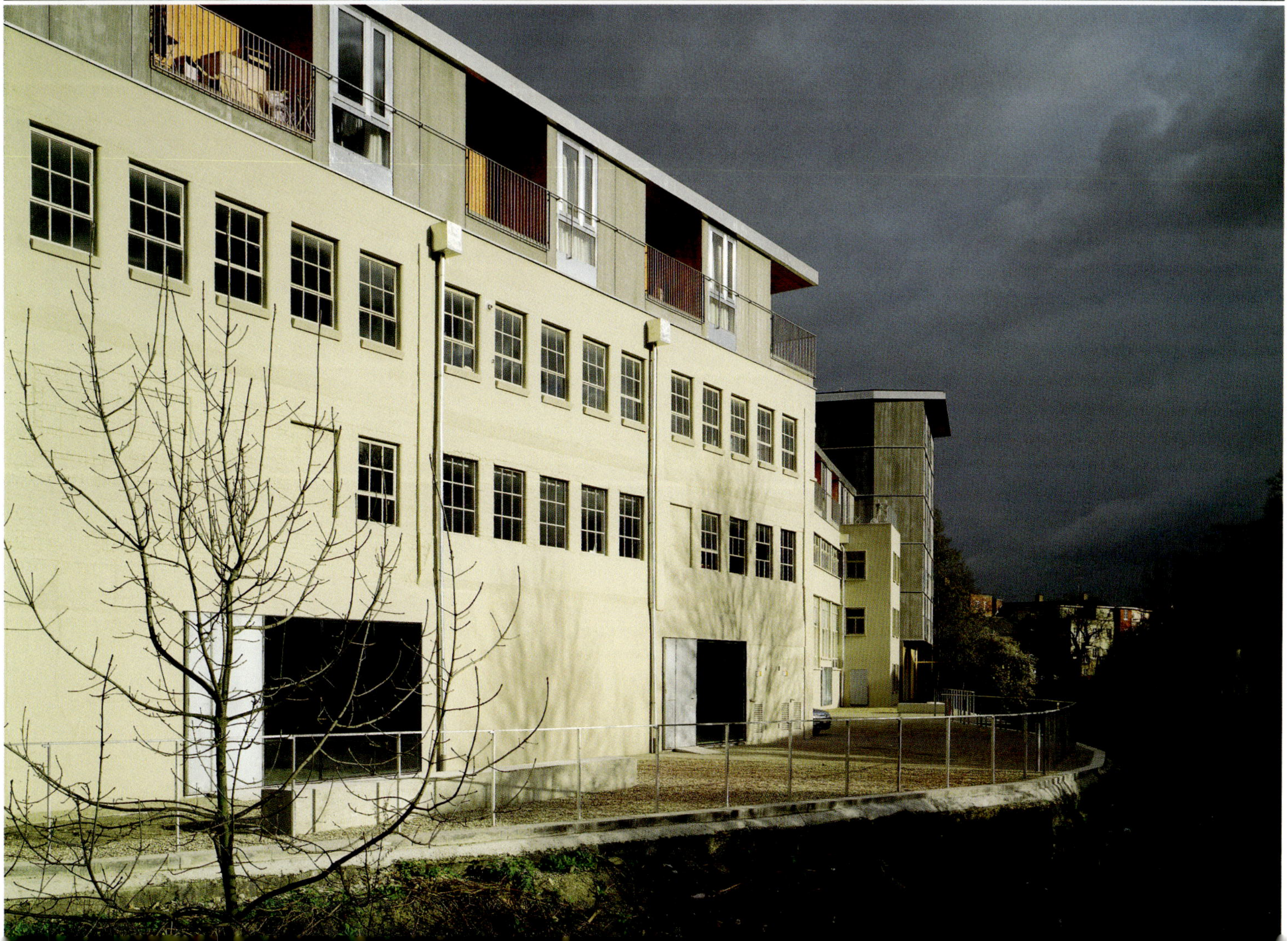

Planta quinta.
Fifth floor.

Planta tercera.
Third floor.

Planta primera.
First floor.

Planta baja.
Ground floor.

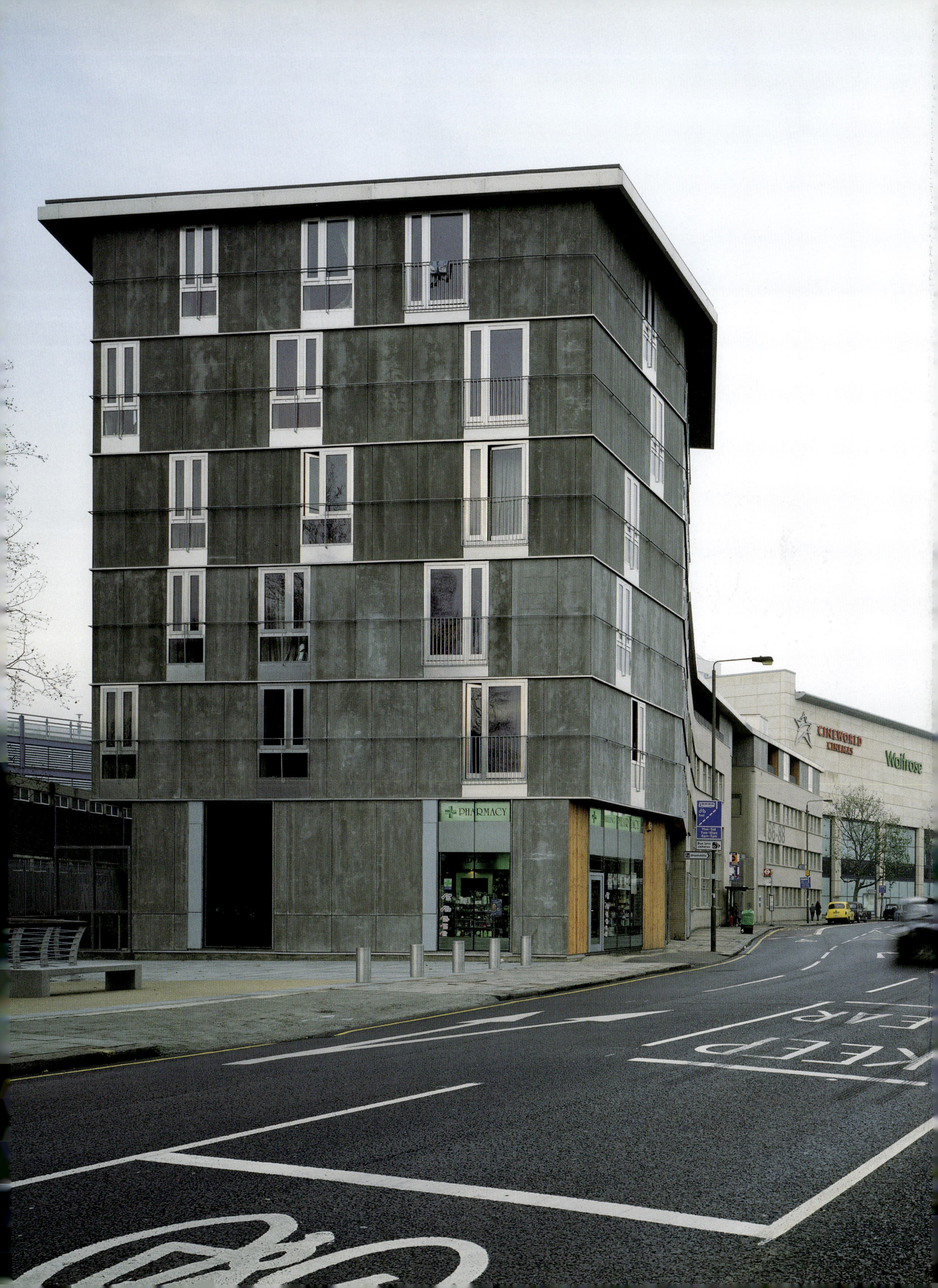
PHARMACY
CINEWORLD
CINEMAS
Waitrose
KEEP

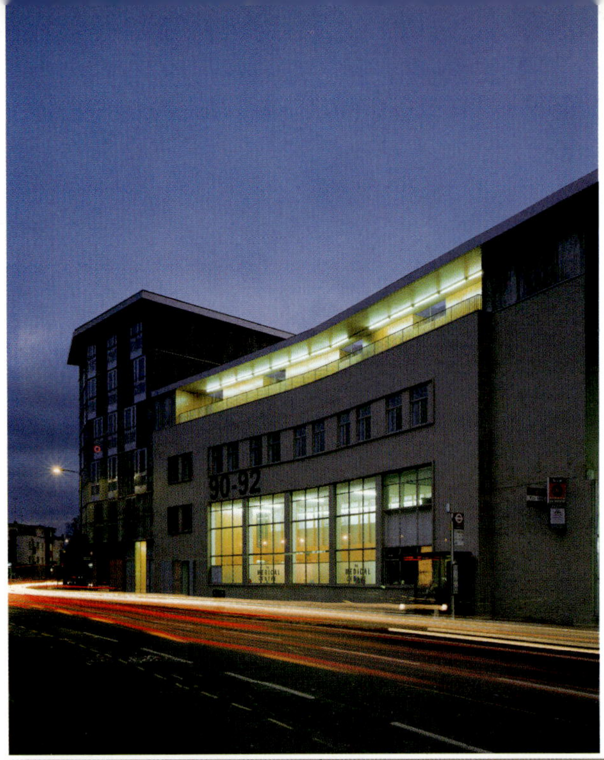

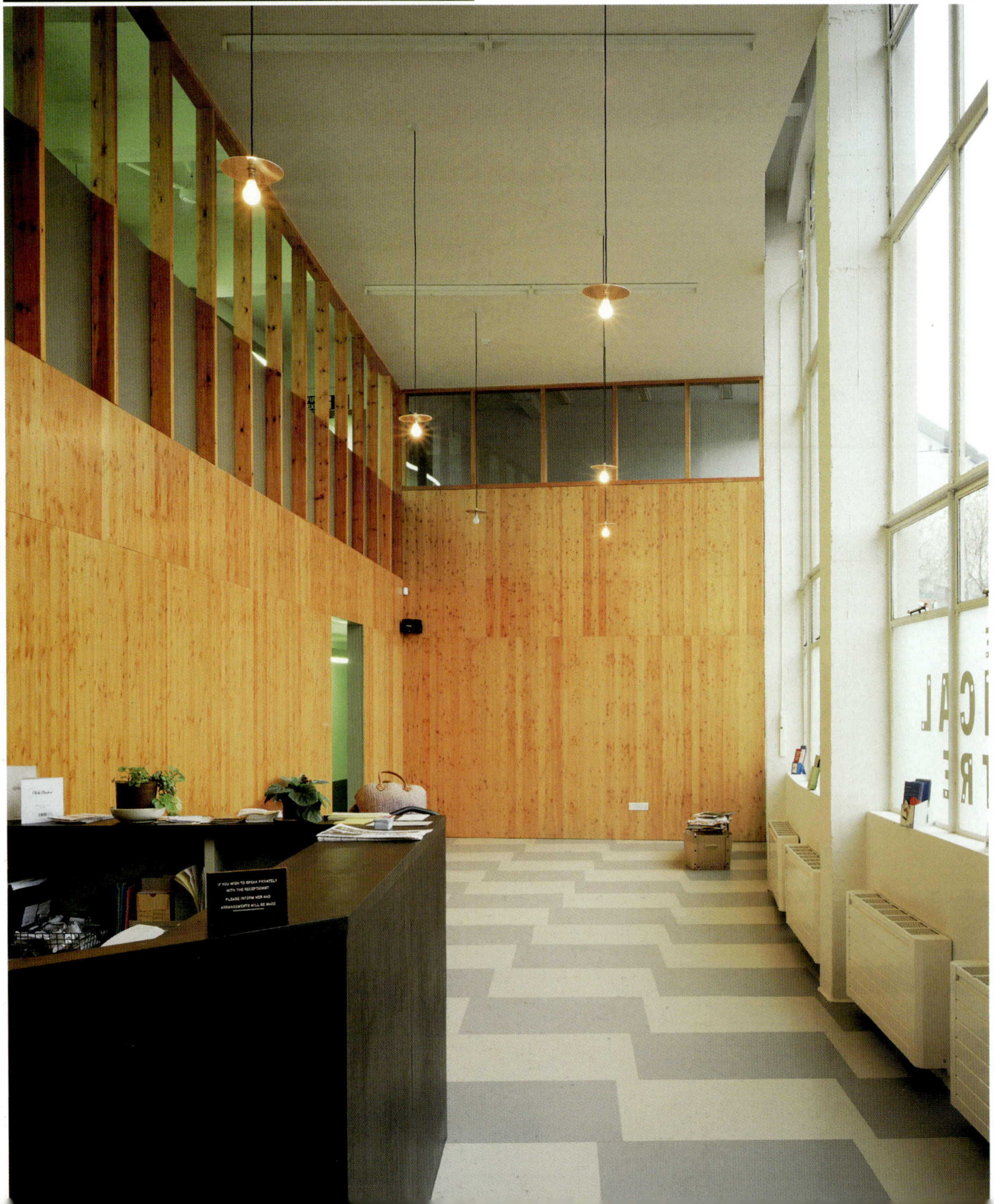

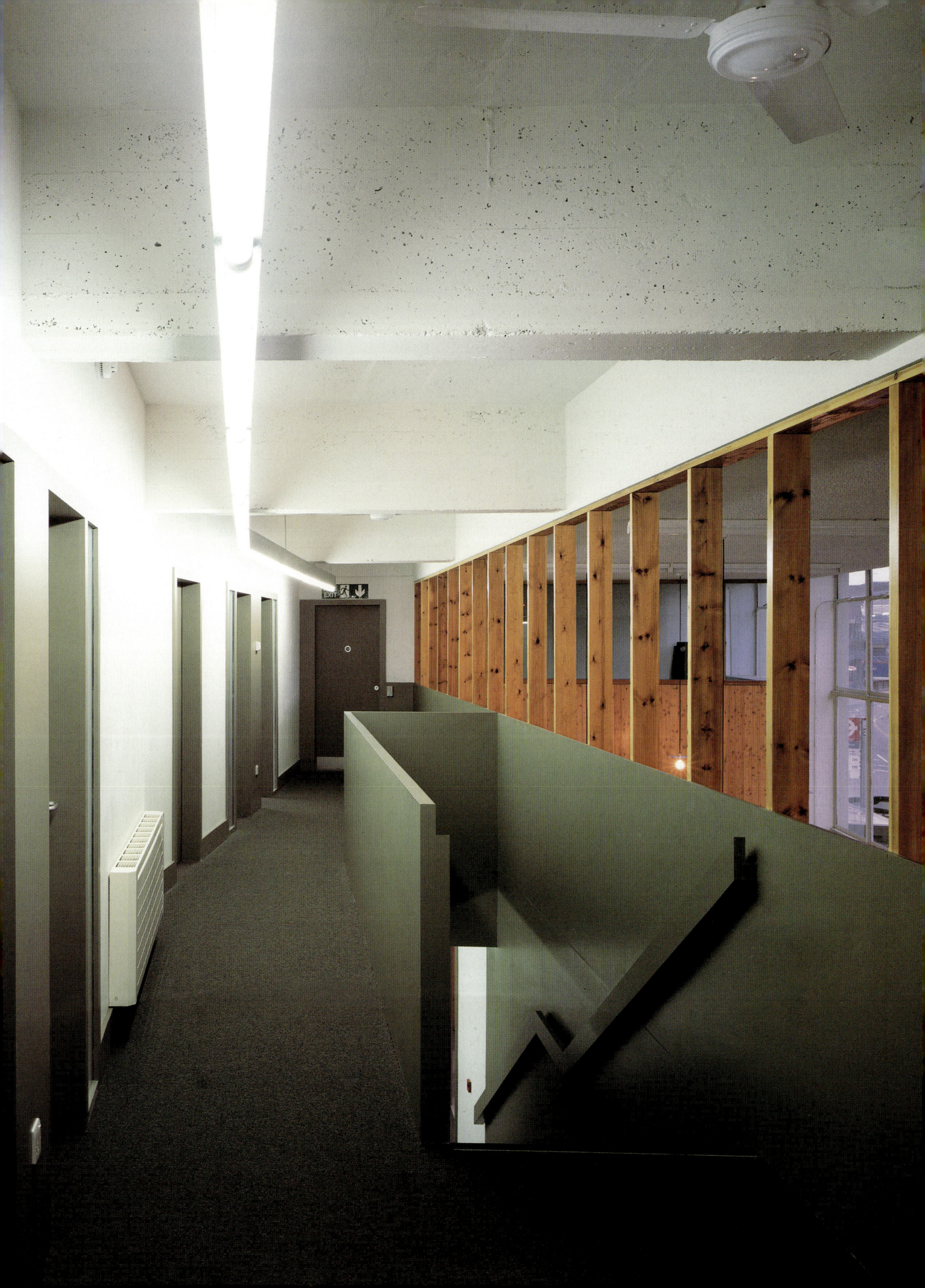
EXIT

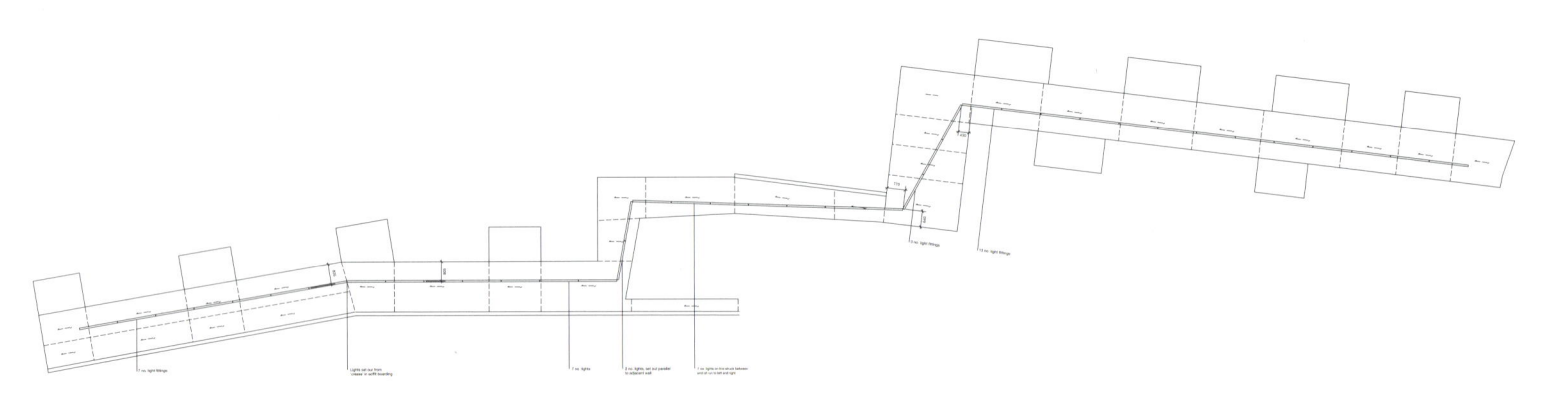

Corredor de la planta tercera.
Third floor corridor.

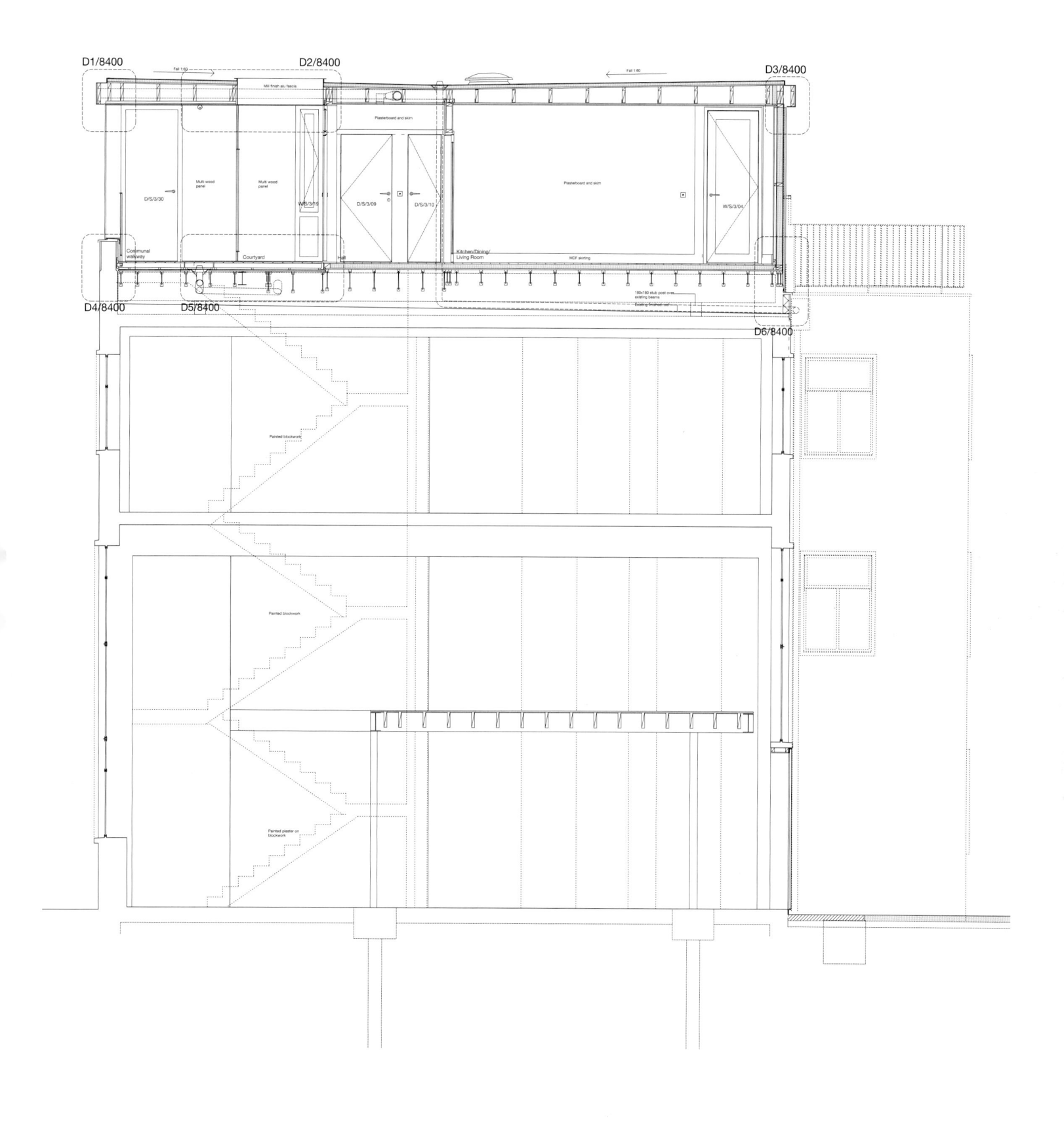

Complejo de usos múltiples, Wandsworth, Londres
Mixed-use development, Wandsworth, London

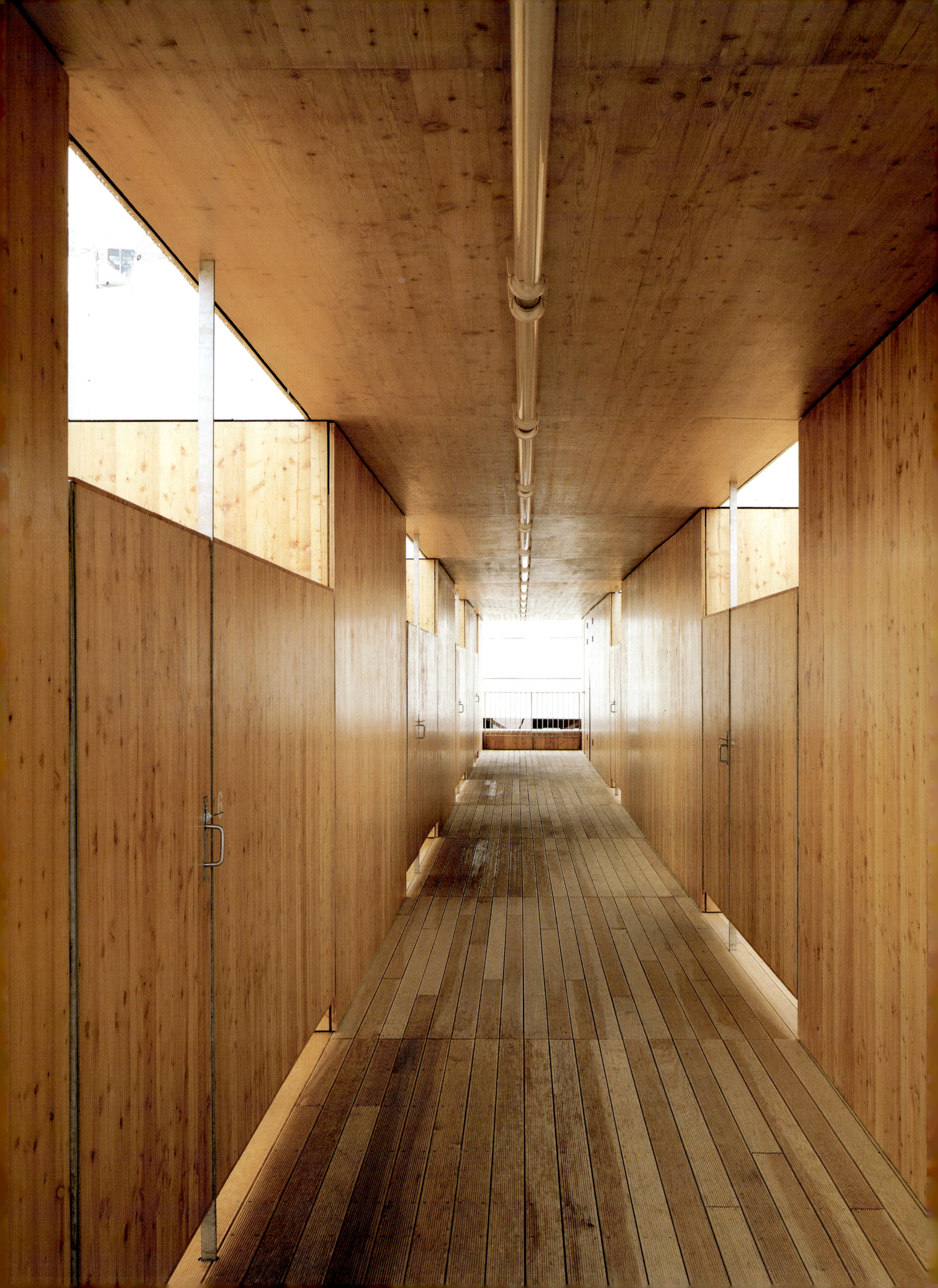

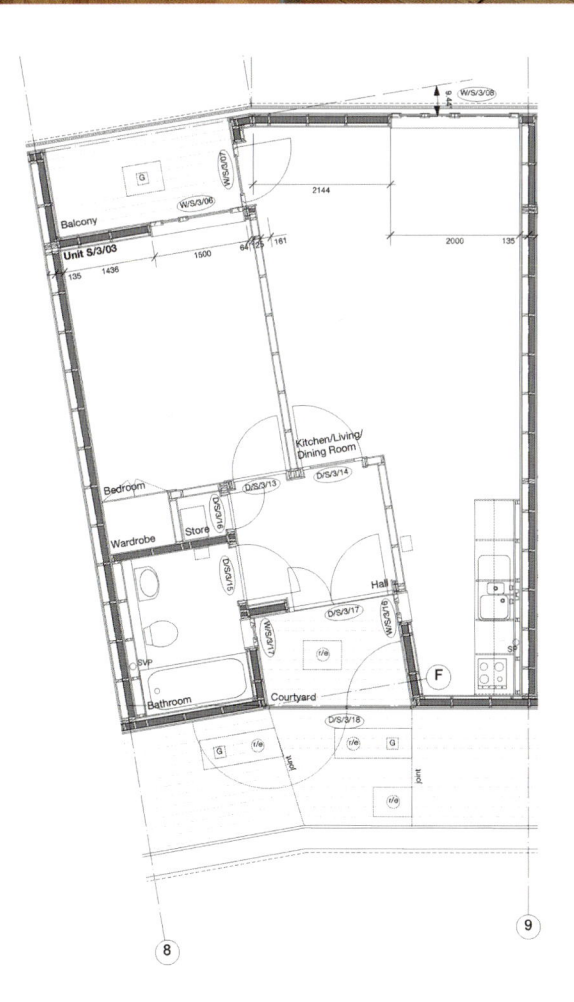

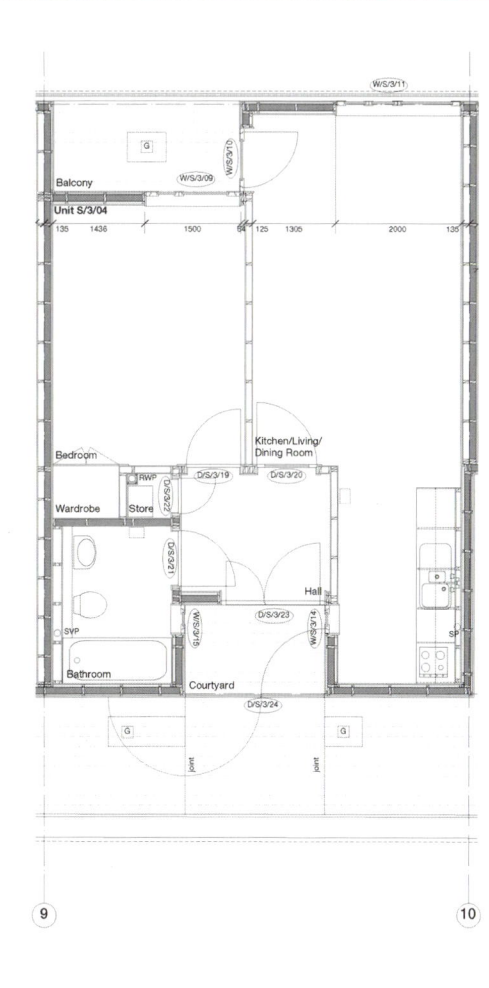

Dos apartamentos tipo de la planta tercera.
Two standard apartments on the third floor.

Casa estudio, Bethnal Green, Londres
Studio house, Bethnal Green, London

2000-2004

Situado en una zona del este de Londres —que antes tenía un uso parcialmente industrial y que actualmente ha adoptado un carácter denso y fragmentado—, el solar ocupa un terreno abandonado en una calle con edificios de industria ligera y grandes bloques de viviendas anteriores a la II Guerra Mundial. Las exigencias del programa eran complejas e incluía cuatro esquemas distintos —dos apartamentos, un estudio para un artista y un espacio para una consulta de reumatología—. El propósito era que ninguno de ellos se anunciase de manera inmediata. Puede interpretarse como una casa urbana o como un pequeño edificio industrial, y su forma se genera, fundamentalmente, a partir del extraordinario contorno del solar (4,5 m de anchura por 20 m de longitud) y las restricciones urbanísticas municipales que definen el volumen construible y la altura reguladora. En el interior, el cliente proponía una distribución laberíntica de habitaciones interconectadas y cambios de nivel, muy semejantes en su naturaleza a los espacios de la casa Kettle's Yard, en Cambridge, así como una definición muy lasa del uso de las habitaciones. Todo ello con el objetivo de conferir un carácter cambiante y espontáneo al interior.

La entrada al edificio desde la calle se realiza a través de un porche abierto en uno de los lados, con una pantalla de rejilla metálica que proporciona seguridad y una intimidad parcial. Las escaleras, con tramos largos, se han ubicado longitudinalmente en uno de los lados, y las habitaciones están distribuidas alrededor de un patio central abierto. La parte trasera del edificio sólo tiene una planta de altura y sobre ella se ha dispuesto una terraza. El espacio más importante del la planta superior es un ático situado bajo una cubierta a dos aguas muy inclinada; el dormitorio se sitúa en la parte delantera, orientado a la calle, con un escalón descendente en la parte más baja de la cubierta. Desde la ventana corrida baja es posible contemplar la copa de un viejo plátano: el único árbol en toda la calle.

La estructura de madera permite la superposición de distintos volúmenes espaciales dentro de una forma compacta. La expresividad de la estructura de abeto Douglas se convierte en un elemento importante del lenguaje arquitectónico, ya que los montantes quedan a la vista en los huecos de las ventanas y en las habitaciones interiores (como, por ejemplo, los baños). Los revestimientos exteriores y las ventanas están concebidos como capas añadidas a la estructura, y se hacen visiblemente más complejos debido al desfase de alienación que existe entre la estructura y el revestimiento, y por el uso de vidrio semirreflectante que cubre tanto las zonas macizas como los huecos. Como material principal para los revestimientos se ha elegido el ladrillo, un material muy común en la arquitectura modesta londinense. Sin embargo, en este caso el ladrillo se ha concebido y tratado como un envoltorio tosco mediante la aplicación de una lechada de cemento. La técnica constructiva para el revestimiento de dos de las fachadas fue un sistema con ladrillos cortados, donde, en secciones muy finas, éstos se pegan en franjas, ensamblándose como si se tratase de un machihembrado. El carácter contradictorio de la fachada —monolítica y delicada a la vez— le confiere una torpeza contenida y una imperfección que la conecta con el heroísmo imperfecto de los edificios industriales cercanos. De esta forma, el edificio aumenta el realismo de la naturaleza urbana como algo "encontrado tal cual".

Located in a previously semi-industrial area of East London which is now dense and fragmented in character, the site occupies a piece of derelict land on a street of light-industrial buildings and large prewar housing blocks. The complex requirements of the brief with four different programmes; two apartments, a studio for an artist and a space for a joint therapy practice, suggested a form that did not immediately announce its purpose. It can be read as an urban house or a small industrial building and its form is generated, in the most part, by the extraordinary site footprint of 4.5 m wide by 20 m long and the constraints given by the planning department on massing and sightlines. Internally, the client's wishes suggested a labyrinthine arrangement of interconnected rooms and changes of level much like the spatial qualities of Kettle's Yard, Cambridge, and a relaxed definition of the use of rooms which gave a changeable and spontaneous character to the building interior.

Entry to the building from the street is via a porch, open on one side with a mesh screen providing security and semi-privacy. Staircases are placed along one side in long flights and rooms are arranged around a central courtyard which is exposed to the sky. The rear of the building is a single storey with a roof terrace above it at first-floor level. The principal space in the top-floor apartment is attic-like with a high pitched roof overhead, and the bedroom is placed at the front towards the street with a step down where the pitch is at its lowest. From the low strip window in this space views are possible of the leaf canopy of an old plane tree, the only tree planted on the street.

The timber-framed structure allows for the stacking of a variety of spatial volumes within a compact form. The expression of the softwood frame becomes an important element within the architectural language, as vertical Douglas-fir studs become visible within the structural openings of windows and internal rooms (such as the bathrooms). External claddings and windows are detailed as added layers to the framed structure and become visibly more complex by the misalignment of structure and cladding and the use of semi-reflective glass that cover solid and void alike. Brick was chosen as the primary cladding, a material which is common to the modest architecture of London. However, in this situation it is treated and detailed as a coarse wrapping with a mortar slurry washed over the surface. The construction method adopted on two walls was a brick slip system where thinly cut bricks, bonded to rebated strips are slotted together in the manner of ship-lap boarding to achieve a surface cladding. The contradictory character of the wall, as both monolithic and delicate, gives it a quiet awkwardness and imperfection which connects it with the flawed heroism of nearby industrial buildings. In this way the building adds to the realism of the city condition "as found".

Emplazamiento Location **Bethnal Green, Londres, Reino Unido/London, UK** | Proyecto y construcción Project and construction **2000-2004** | Colaboradores Collaborators **Matthias Amman, Rebecca Behbahani, Sigalit Berry, Guy Derwent, Angela Hopcraft, Dieter Kleiner, Merethe Kristensen, Patrick Macleod, Juliette Scalbert, Joanna Sutherland, Mark Tuff, Jessica Zarges** | Estructura Structural engineers **Greig-Ling** | Contratista Contractor Blake Building Contractors | Presupuesto Construction cost **£ 270.000 (392.000 €)** | Superficie total Gross floor area 208 m² | Fotografías Photography **Ioanna Marinescu**

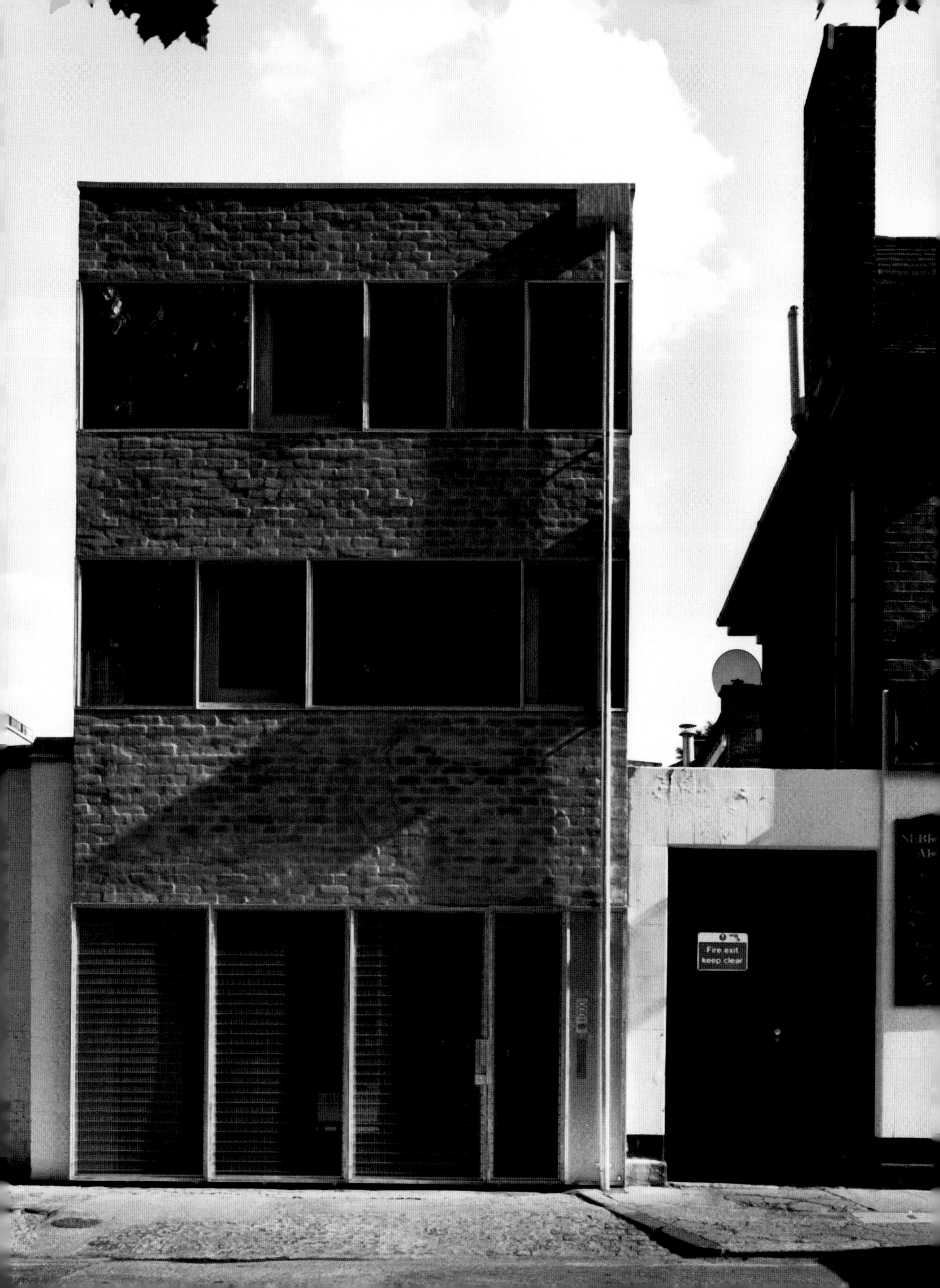
Fire exit
keep clear

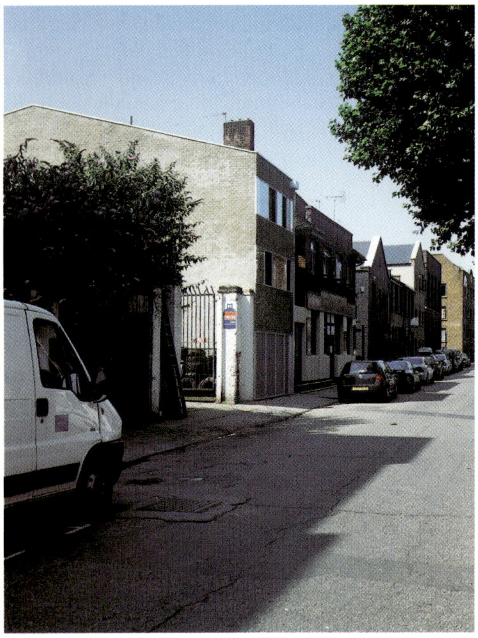

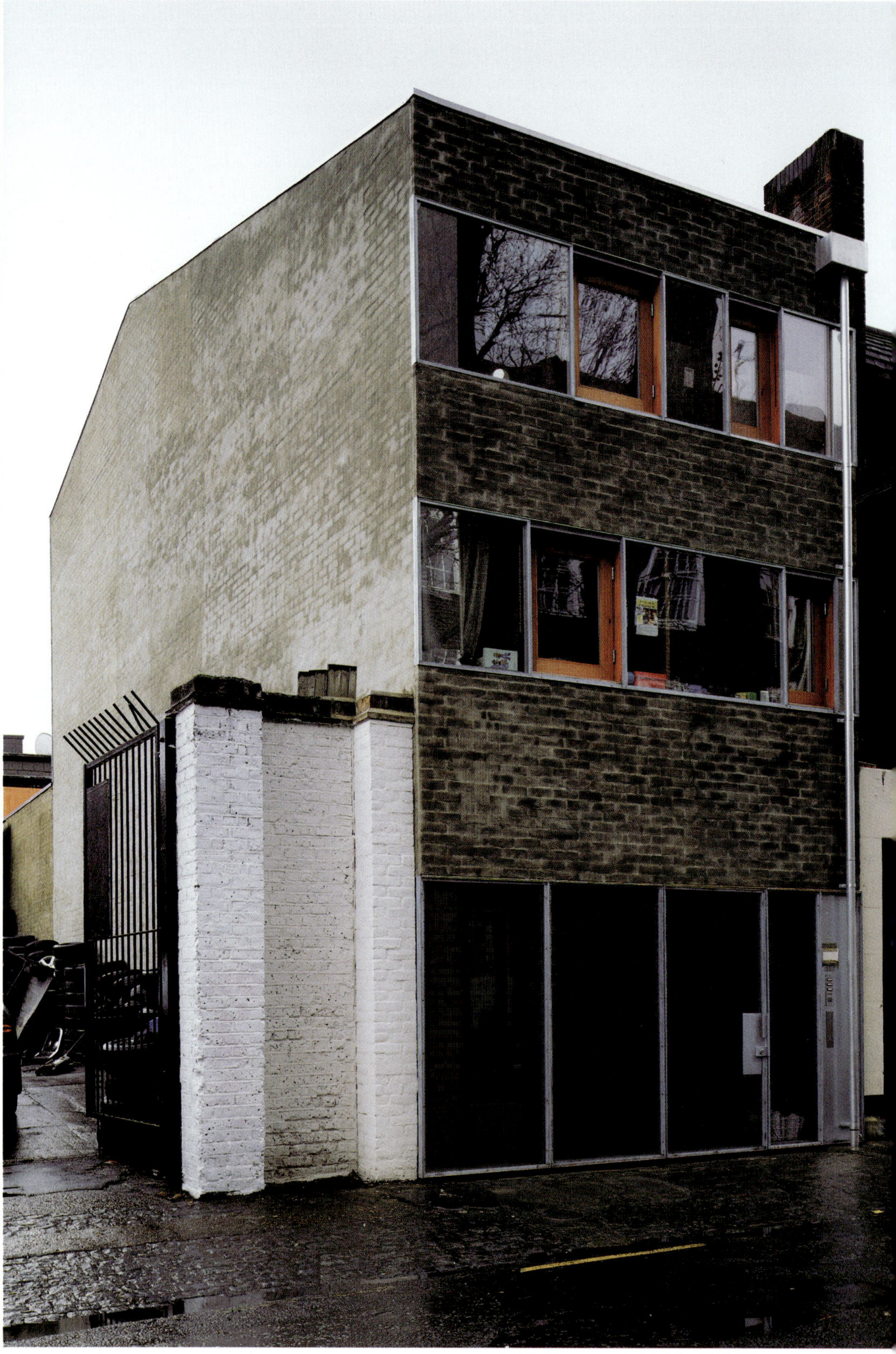

Casa estudio, Bethnal Green, Londres — Studio house, Bethnal Green, London

Planta segunda.
Second floor.

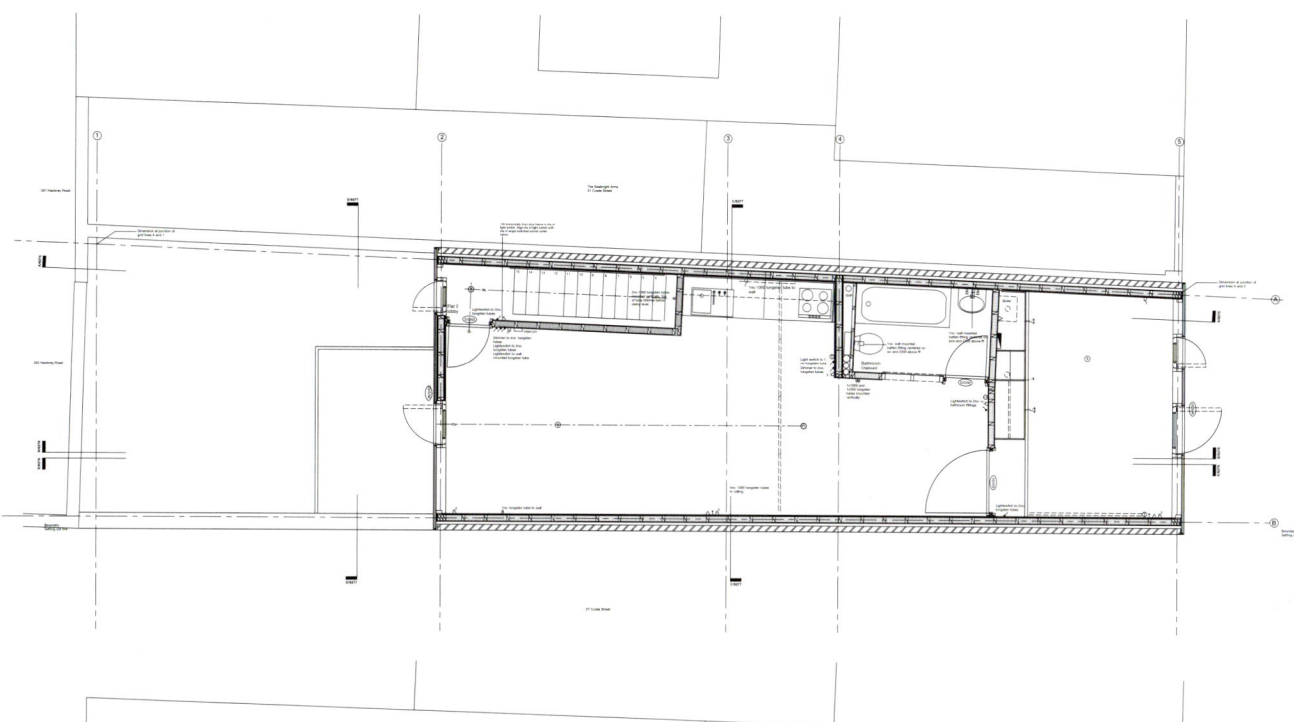

Planta primera.
First floor.

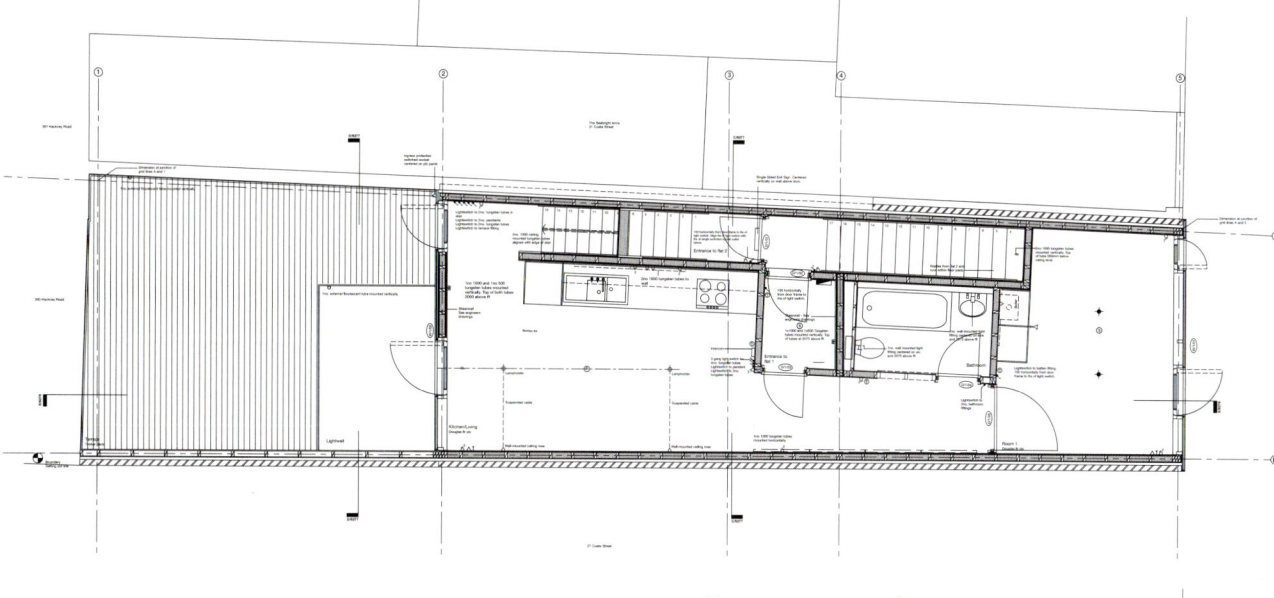

Planta baja.
Ground floor.

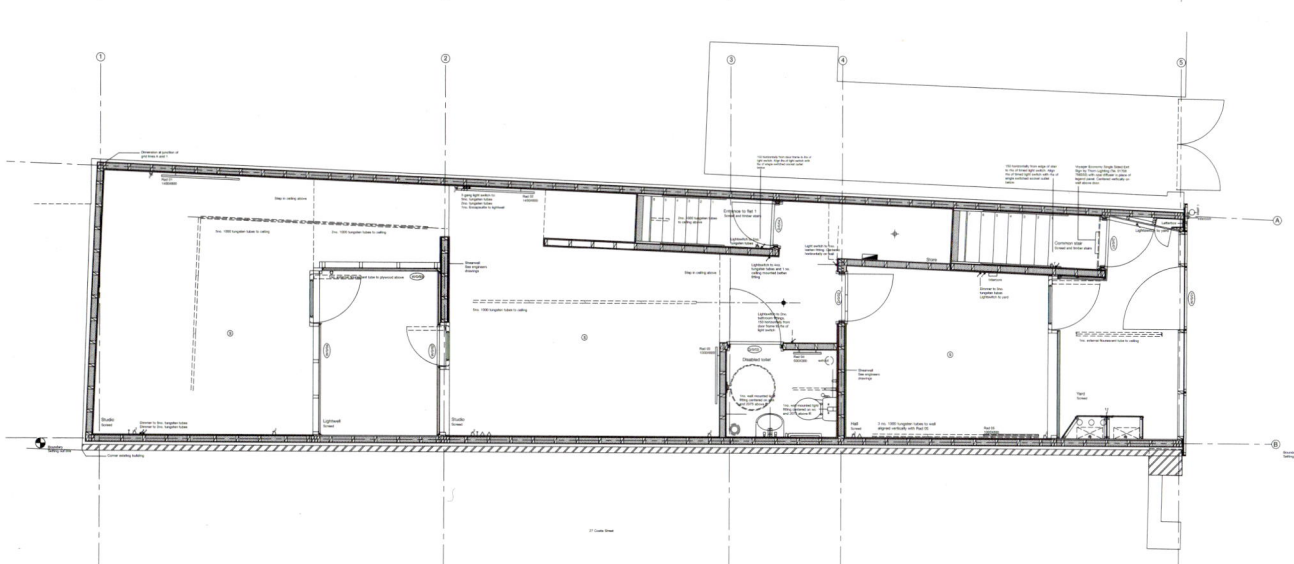

58

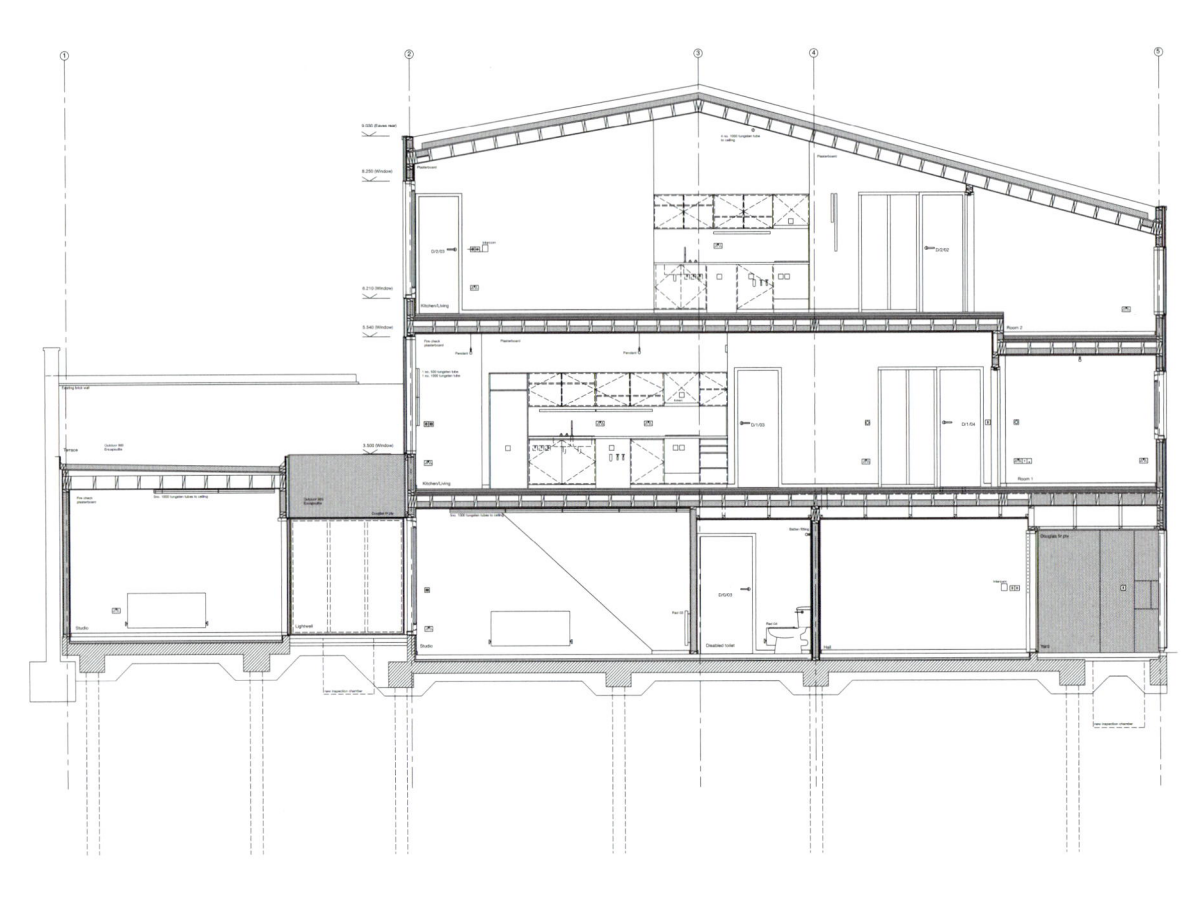

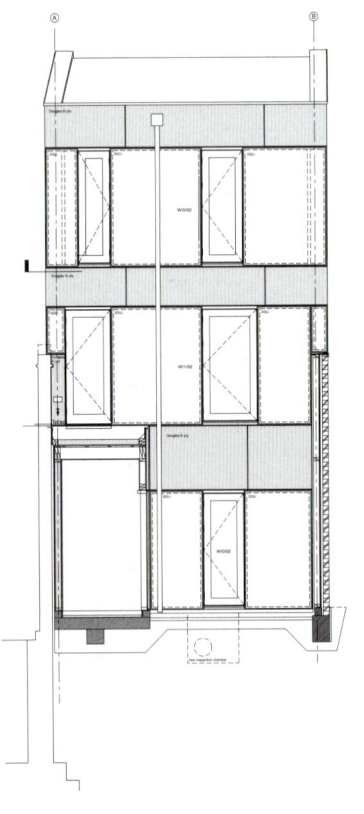

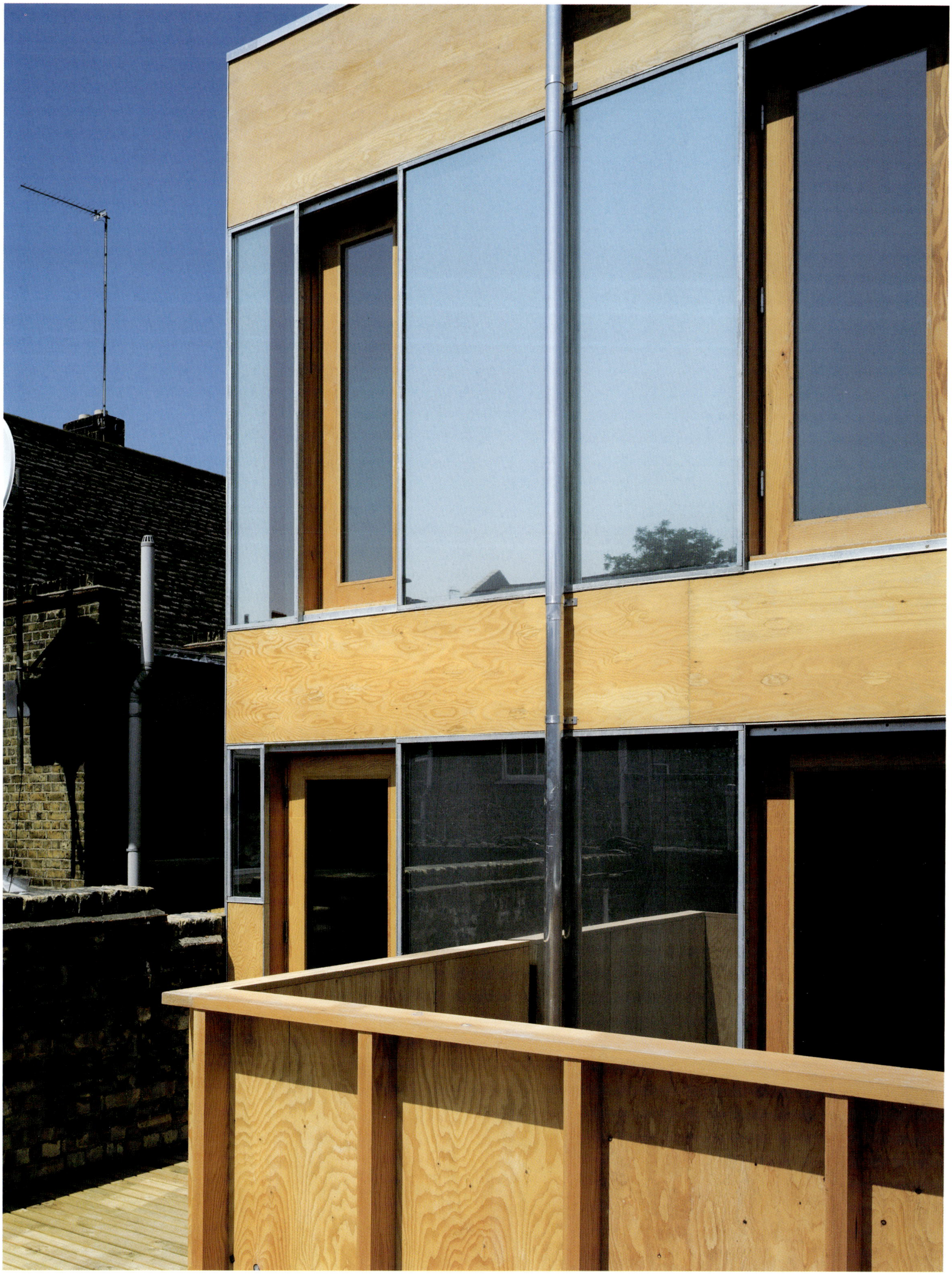

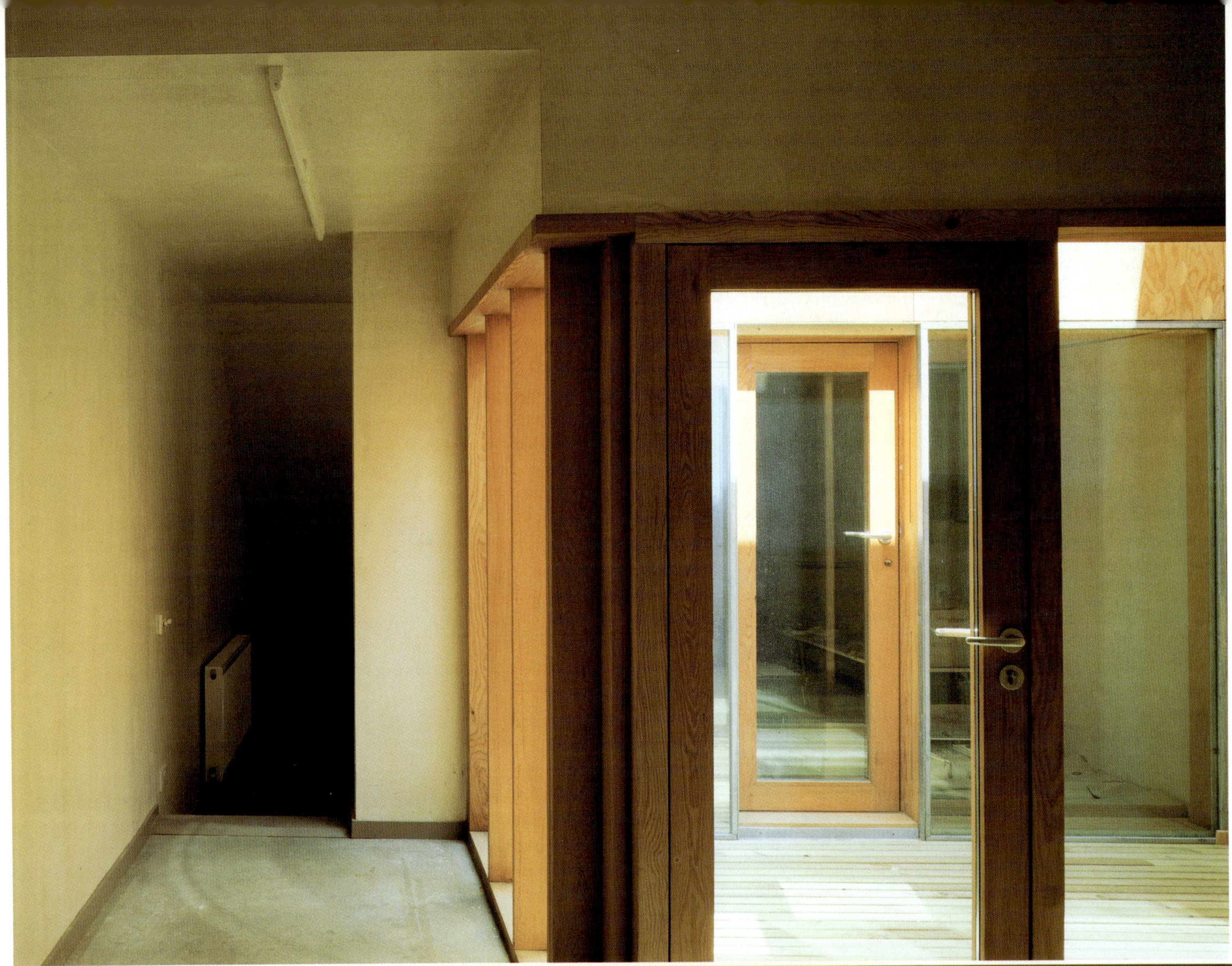

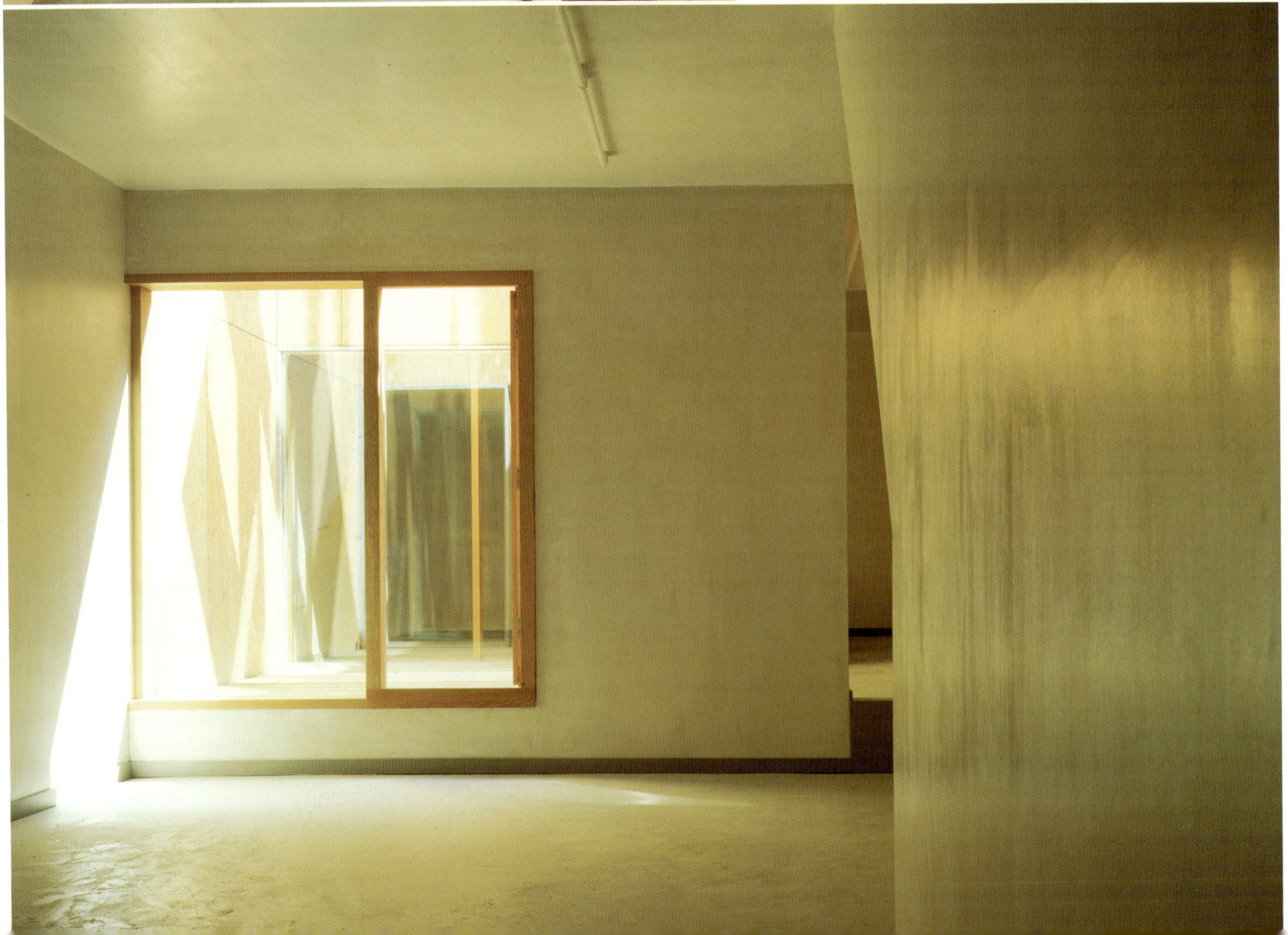

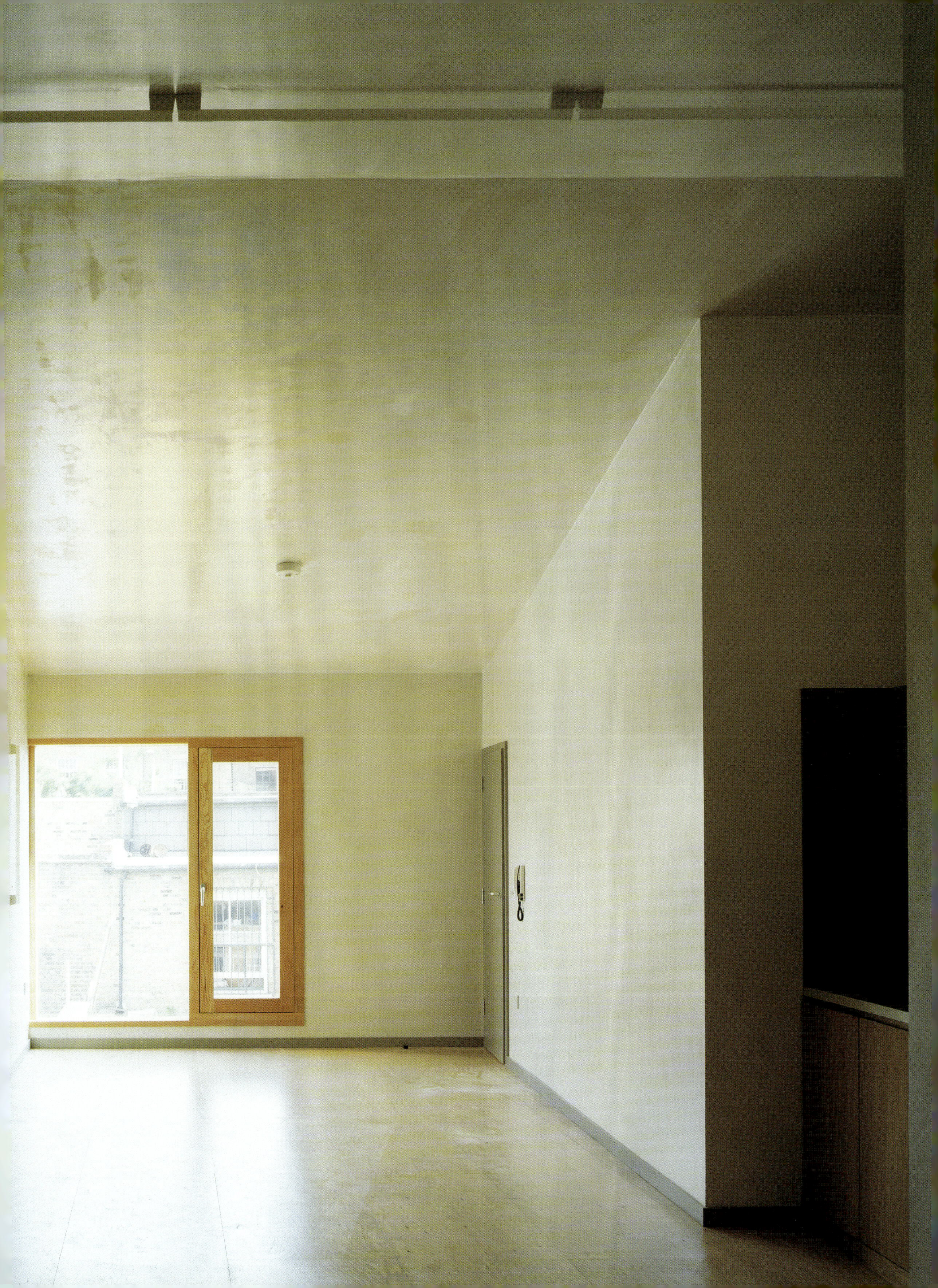

Tres aularios, Bedfordshire
Three school buildings, Bedfordshire

2001-2003

En el año 2000, el departamento de Educación Británico estableció un plan piloto de ámbito nacional para explorar formas distintas y estimulantes de llevar a cabo la tarea educativa. Se creó el concepto "aulas del futuro" para reevaluar el entorno educativo (el aula) con el fin de actualizarlo y ofrecer un espacio adaptable que respondiera a la creciente sofisticación de los métodos de enseñanza y a la necesidad de utilizar las nuevas las nuevas tecnologías. El emplazamiento para cada uno de los aularios se encuentra junto a los edificios de tres escuelas ya existentes, generalmente en un extremo o en el límite del paisaje o de un campo deportivo.

Los nuevos edificios —escuela primaria Mapple Tree, escuela media Burgoyne y escuela superior Sandy Upper— se conciben como piezas de un paisaje ocupado; un apéndice de cada una de las escuelas que se extiende hasta introducirse en el paisaje del entorno. Pueden compararse con los "flecos de una alfombra", puesto que los flecos crean un límite suave y perforado entre el suelo y la capa añadida de la propia alfombra. Aunque de formas distintas, cada pabellón, todos con cubierta vegetal, potencia la presencia del paisaje y crea nuevas relaciones y posibilidades en los espacios que existen entre los edificios. Los tres edificios tienen una estructura de *balloon frame* con refuerzos de acero para conseguir la luz, el tamaño de las ventanas y los espacios libres de pilares necesarios.

Para expresar su carácter de edificio en el paisaje, todos tienen un revestimiento de madera realizado de forma que las capas de la estructura sean claramente visibles. El tableado horizontal de madera dura se parece a una cortina que envuelve las complejas formas de la plantas. En los lugares donde la cubierta vuela para crear un porche o una zona de juego cubierta, el tableado se ha reemplazado por grandes paneles de contrachapado pintados con colores intensos.

Las distribuciones de la plantas no son ortogonales, sino que crea una variedad de espacios y confirien al espacio principal un carácter

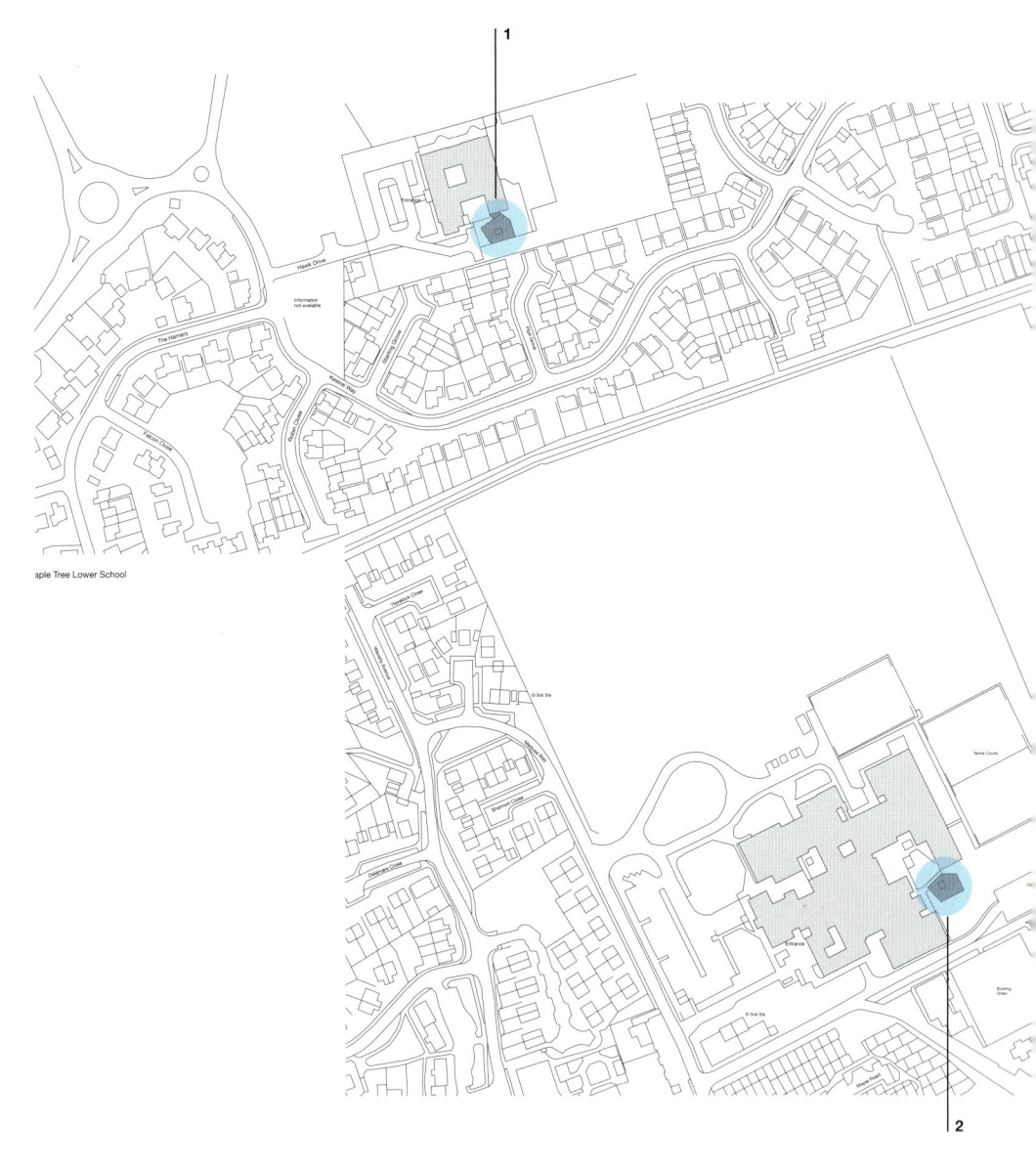

1. Escuela primaria Maple Tree.
   Maple Tree Lower School.
2. Escuela superior Sandy.
   Sandy Upper School.
3. Escuela media Burgoyne.
   Burgoyne Middle School.

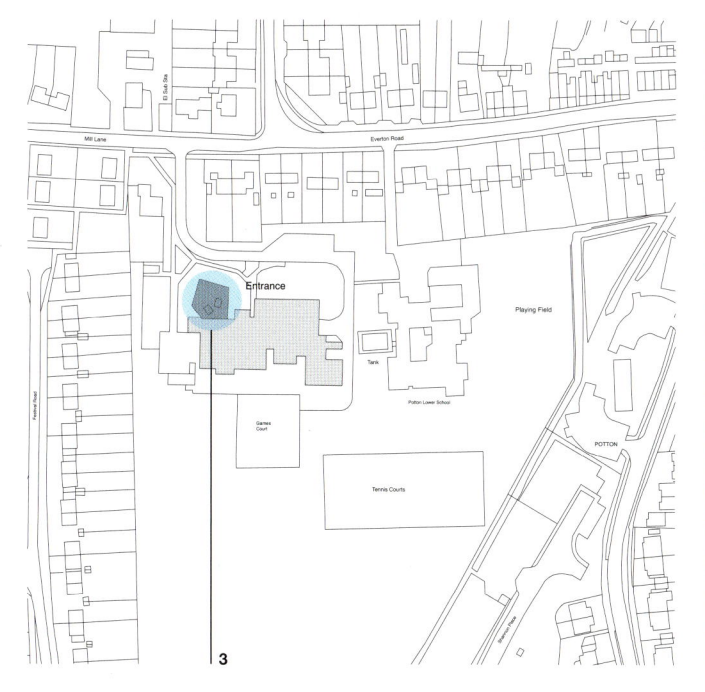

multidireccional. La forma en planta fomenta el uso creativo del espacio por parte del profesorado y una mayor conciencia del entorno por parte de los alumnos. La forma facetada de los edificios también establece conexiones con cada uno de los emplazamientos en lo que se refiere a las vistas, la alineación con los edificios existentes y el paisaje.

El espacio principal de docencia se parece a un vestíbulo o estudio con habitaciones próximas, más pequeñas, situadas en el perímetro. La luz entra desde un lucernario en cubierta y desde varias ventanas o puertas de vidrio de mayor tamaño. Existe la posibilidad de dejar totalmente a oscuras el espacio principal y regular la iluminación artificial. Los espacios interiores están también conectados con una zona de juego exterior de amplias dimensiones que, al estar cubierto, favorece un uso más frecuente de lo habitual durante el horario lectivo. Las instalaciones son vistas y se disponen en conductos registrables por el suelo, o bien en dobles paredes o bandejas y canales articulados en el techo, y proporcionan conexión con las redes de suministro energético e informático a través de una distribución equilibrada en los distintos espacios.

Los materiales de las superficies interiores están tratados como capas añadidas, como "revestimientos o materiales duraderos".

El rodapié convencional se ha agrandado para formar zócalos en las puertas y en los antepechos en las ventanas, y están realizados de tal forma que se funden con ellas para crear una superficie dura y fácil de limpiar en la zona de contacto. En los espacios de carácter más privado se ha utilizado un revestimiento de fieltro de colores para paredes y techos, de este modo se consigue una atmósfera acústica suave, mientras que todo el pavimento del espacio principal es de baldosas de linóleo en damero, con el fin de activar aún más el entorno docente.

In 2000 the Department for Education and Skills (DfES) set up a nationwide pilot scheme to explore different and inspiring ways of delivering education. The concept of "Classrooms of the Future" was established to re-assess the teaching environment: the classroom, in order to update it and to provide adaptable space, in response to the growing sophistication of teaching methods and the increasing use of technology.

The site for each classroom building is alongside three existing school buildings, generally at an edge or at a threshold with landscape or playing field.

The new buildings—Maple Tree Lower School, Burgoyne Middle School and Sandy Upper School—are conceived as pieces of occupied landscape; an appendage to each school which extends itself into the adjoining landscape setting. They may be likened to "tassels of a carpet" in the way that tassels create a soft and perforate edge between the floor and the added layer of carpet itself. In different ways each grass-roofed pavilion adds to the presence of the landscape and creates new relationships and possibilities in the spaces that already exist between buildings. The structure of each building is of a balloon frame with steel enhancement to achieve the span, size of window and column-free space required.

As an expression of a building in the landscape, buildings are clad in wood and detailed such that the layers of construction are clearly visible. The horizontal hardwood boarding resembles a screen which wraps itself around the complex plan forms. Where the roof cantilevers to form a porch or covered play area, the boarding is replaced with large plywood panels painted in strong colours.

The plan layouts are non-orthogonal, creating a variety of spaces and a multi-directional quality to the main space. This plan form encourages a creative use of space by the teacher and a growing awareness of the surroundings by the pupils. The facetted forms of the buildings also make connections to each site in terms of views, alignment to existing buildings and landscape.

The principal teaching space resembles a hall or studio with smaller rooms in close proximity around it. Daylight enters from the roof lantern and from a variety of windows or larger glazed doors. The main space has the facility to be completely blacked out and general lighting is dimmable. Interior spaces are also connected to a generous external covered play area which encourages more regular use in teaching time than is the convention.

A visible service infrastructure has been incorporated into the classroom buildings, either as accessible floor ducts, serviced wall linings or articulated slots and channels in the ceiling. These provide power, data and IT supplies in an even distribution across the spaces.

Surface materials to the interior are treated as added layers or "linings and wearings". Conventional skirtings are extended to form dados and architraves to door and window and are detailed to merge with these to form a robust and easily cleanable wearing surface close to touch. In the more intimate spaces, coloured felt linings are used on walls and ceilings to give a soft acoustic atmosphere whilst on the floor throughout, chequer-board linoleum panels are used in the main space to further activate the teaching environment.

Proyecto de concurso por currículo (primer premio) Competition project (first prize in competitive interview) | Emplazamiento Location **Bedfordshire, Reino Unido/UK** | Proyecto y construcción Project and construction **2001-2003** | Cliente Client **Bedfordshire County Council** | Colaboradores Collaborators **Joanna Sutherland (arquitecta encargada del proyecto/project architect), Rebecca Behbahani, Guy Derwent, Sophie Maree, Mark Tuff** | Consultores financieros Cost consultants **Smith Turner** | Estructuras Structural engineers **Greig-Ling** | Ingeniería medioambiental Environmental engineers **Arup** | Control de planificación Planning supervisors **Smith Turner** | Diseño gráfico Graphic designer **JANE** | Contratista Contractor **Neville Construction Ltd** | Presupuesto Construction cost **£ 1.400.000 (2.040.000 €)** | Superficie total Gross floor area **570 m²** | Fotografías Photography **Hélène Binet**

64 Escuela primaria
Maple Tree.
**Maple Tree Lower
School.**

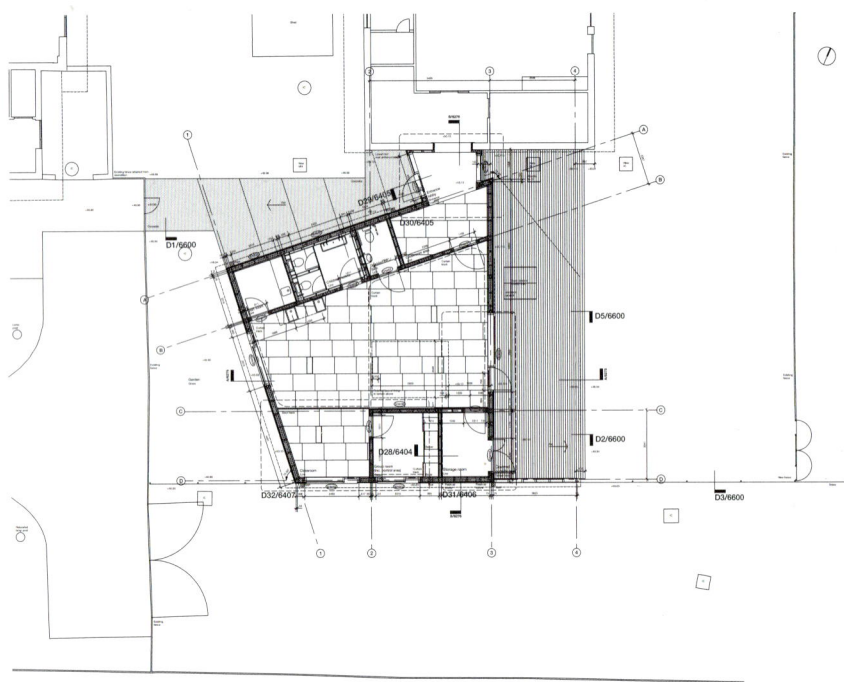

Tres aularios, Bedfordshire   Three school buildings, Bedfordshire

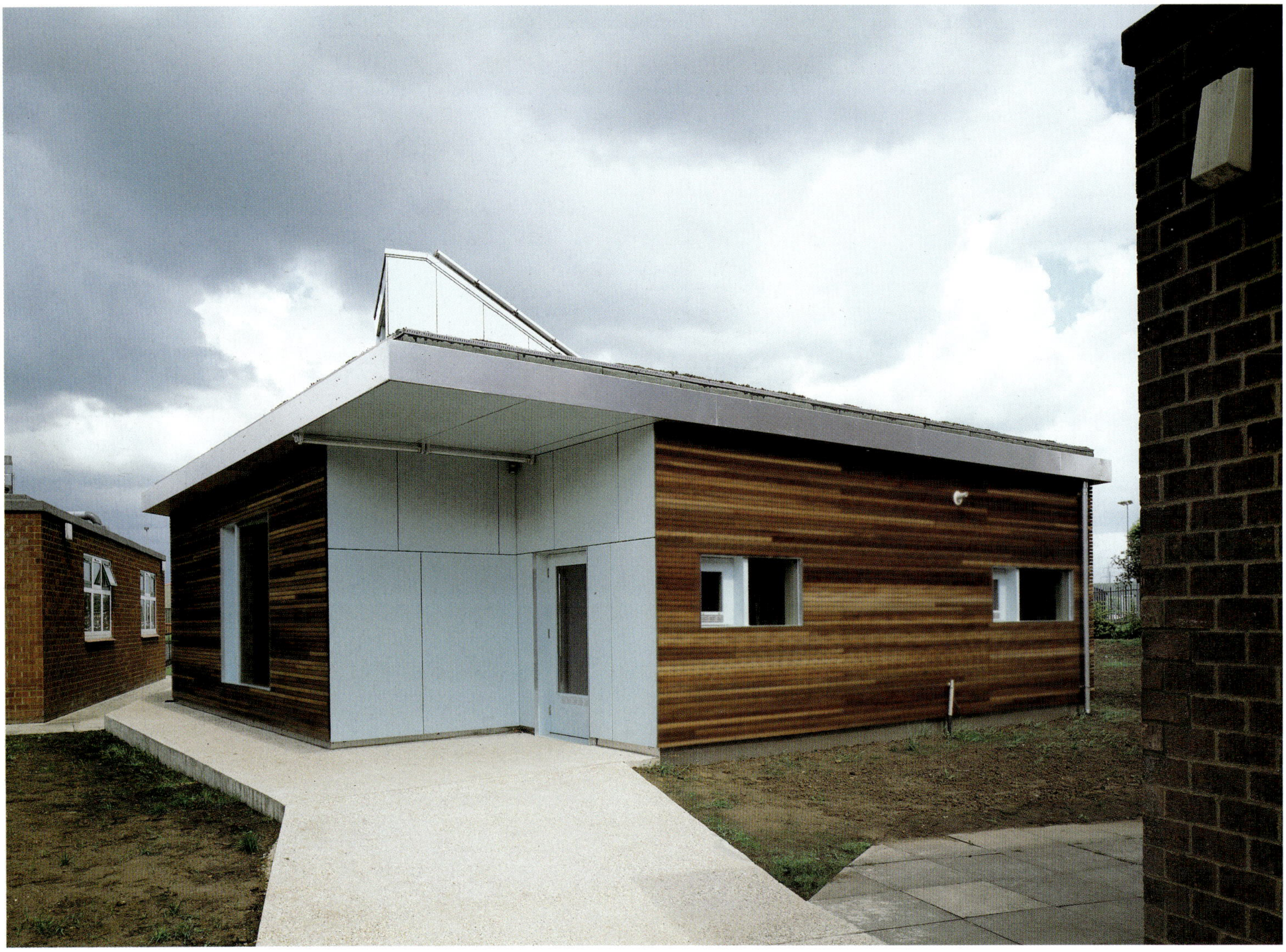

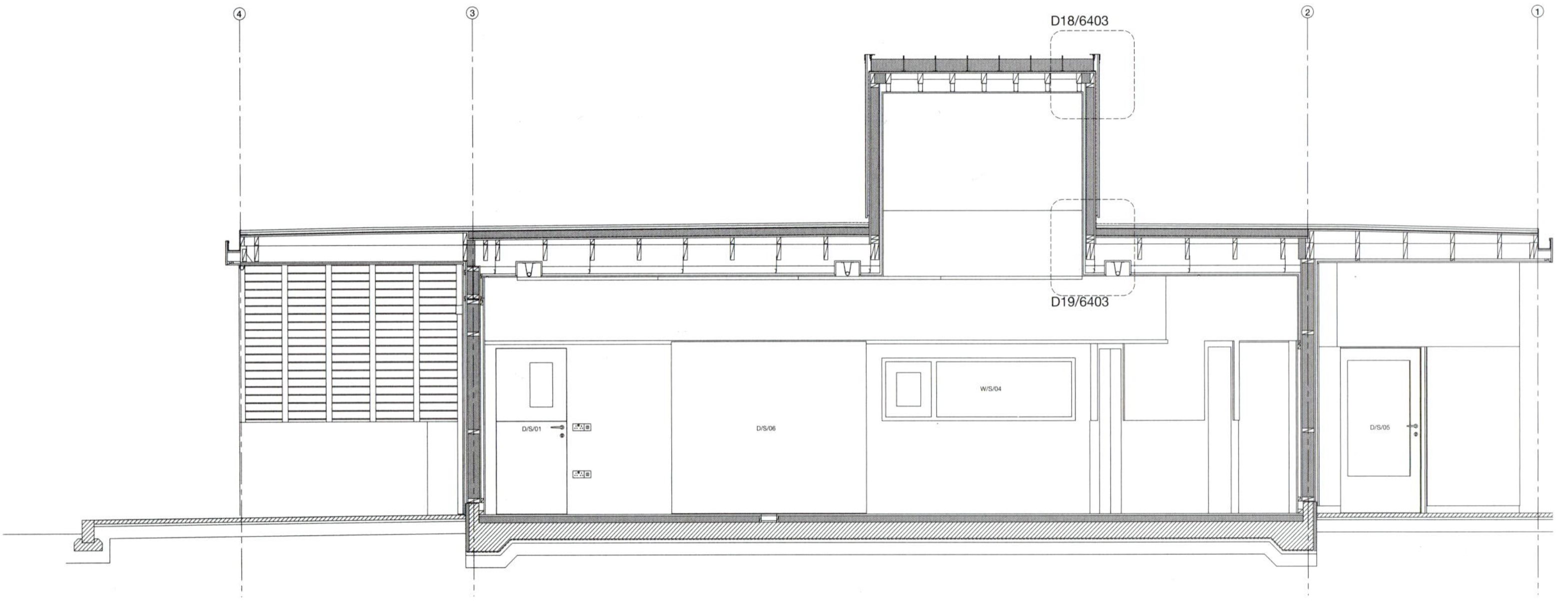
D18/6403
D19/6403
4
3
2
1

Tres aularios, Bedfordshire

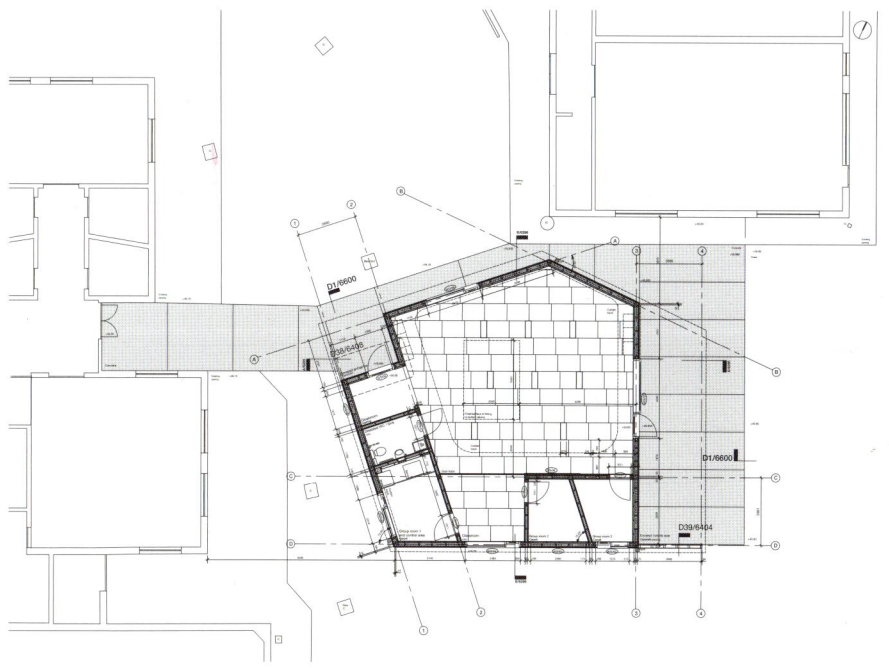

Three school buildings, Bedfordshire

Escuela superior Sandy.

Sandy Upper School.

Escuela media Burgoyne.
Burgoyne Middle School.

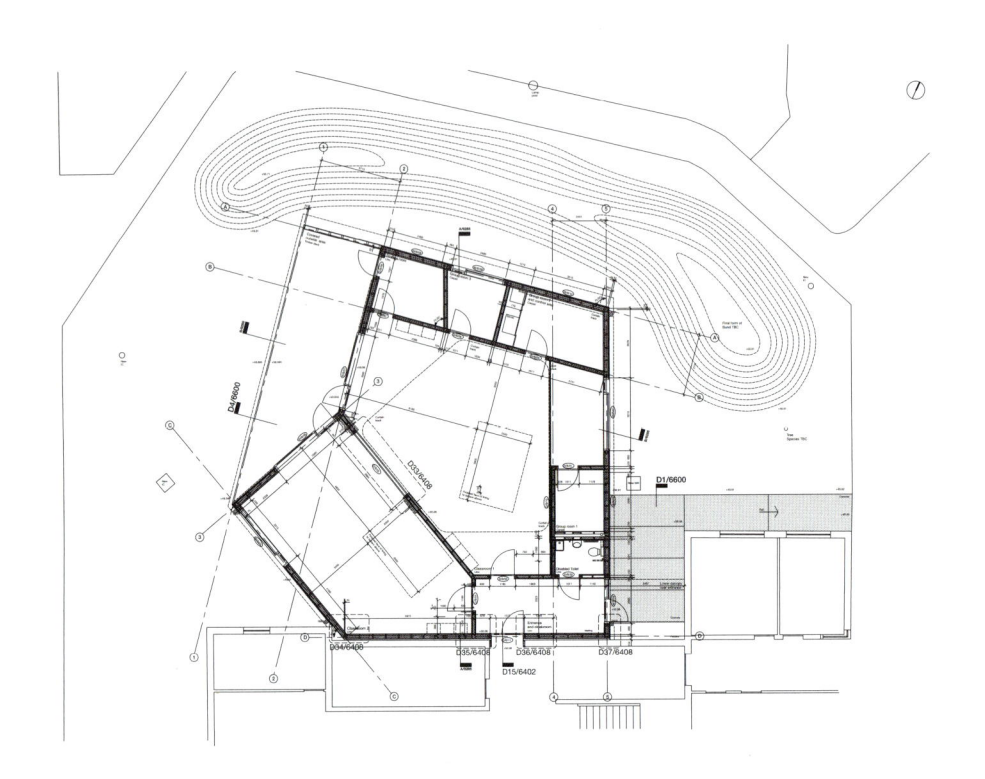

Tres aularios, Bedfordshire   Three school buildings, Bedfordshire

Viviendas sociales, Tilbury
Assisted self-build housing, Tilbury

2001-2003

El complejo de viviendas sociales Broadway comprende unas 500 viviendas, fundamentalmente de propiedad municipal, en Tilbury, Thurrock, en el Thames Gateway. Las viviendas albergan a la población más pobre de la zona, que cuentan con unos niveles de desempleo muy elevados y donde sus habitantes dependen en gran medida de los servicios sociales. El complejo está formado fundamentalmente por viviendas en hilera de la década de 1960 —con dos plantas y cubierta plana—, que van de norte a sur y de este a oeste, situadas alrededor de un gran espacio ajardinado central con tres torres que marcan el extremo norte. Los espacios entre los edificios están formados por calles, caminos, callejones y solares abandonados y llenos de basura. Como es habitual en urbanizaciones sociales de este tipo, ni la propiedad del territorio ni la división entre los espacios públicos, semipúblicos o privados están claras. Esto ha provocado una ambivalencia general de los espacios situados en el exterior de las viviendas, que dependen de las autoridades locales para su mantenimiento y, por tanto, para el control de su expresión material y espacial.

El nuevo edificio representa la primera etapa de un programa de regeneración de la comunidad por medio de la introducción de viviendas para jóvenes. El solar se ubica en el extremo occidental del complejo; un lugar que se escogió para ocupar una zona de campo abierto que se había convertido en un atajo peligroso y que, al no estar a la vista, favorecía el vandalismo.
El edificio fue parcialmente construido por los futuros ocupantes, quienes han trabajado junto al contratista. Se esperaba que con su contribución física y emocional al proyecto, los jóvenes ocupantes desarrollarían habilidades e independencia, y gracias a la colaboración mutua, cierto sentido comunal de propiedad. El programa respondía a la gran demanda de pequeños apartamentos en la zona, y dispone de un total de diez: ocho de un dormitorio (para dos personas) y dos de dos dormitorios (para tres personas). El edificio se sitúa dentro de un patio con una galería abierta que sigue la alineación y completa la hilera de casas contigua. Este patio, un espacio semiprivado, conforma un territorio para el intercambio, pero sin permitir ambigüedades en lo que a los límites y a la propiedad se refiere. Dos puertas permiten acceder a la estación de ferrocarril cercana, situada en el extremo suroeste, y a una zona de aparcamiento situada en el extremo noreste. La galería de madera de la primera planta y una plataforma elevada, también de madera, en la planta baja reflejan la ocupación múltiple del edificio y ponen de manifiesto la existencia de los espacios sociales principales que quedan expuestos a la vista. Se esperaba que los residentes identificaran y adoptaran estos espacios —con una gran cubierta en voladizo, la ventaja de su orientación oeste, una vista que domina parte del complejo y vistas más lejanas de la zona pantanosa de Tilbury, que llega hasta los muelles situados a la orilla del río— como una prolongación de sus propios apartamentos.

La "caja de madera", cuya estructura es de madera semiprefabricada, se levantó ligeramente del suelo mediante vigas de hormigón que quedan a la vista en la base del edificio. Las paredes exteriores están revestidas en tres de los lados por una cámara ventilada con paneles de hormigón ligeramente pintados, pero que, por lo demás, se han dejado en su estado natural. El dibujo creado por las sales y el polvo de cemento hace que cada panel sea diferente pero que, sin embargo, la fachada tenga un carácter continuo, con profundidad visual y cierto grado de diversidad orgánica. En la fachada de la galería, las paredes están compuestas por un tableado de alerce que se dobla para formar el falso techo de la marquesina en voladizo. La forma de las vetas y los nudos de la madera, la planeidad de la superficie y el cerramiento íntegramente de madera pueden asociarse a un entorno protegido, característica muy apropiada para un lugar así.

The Broadway Estate comprises just under 500 primarily council-owned homes in Tilbury, Thurrock, within the Thames Gateway. The estate houses some of the poorest people in the area and there are extremely high levels of unemployment and benefit dependency. The estate comprises a majority of two-storey flat-roofed buildings forming terraces running north-south and east-west. The buildings date from the 1960s and are sited around a central

green space with three tower buildings marking the northernmost edge. The spaces between buildings consist of open roads and pavements, alleyways and leftover scrub spaces. Typical of many estates designed in this way, there is no clear ownership of this territory or defined threshold between very public, group-shared, and more private spaces. This has led to a general ambivalence to spaces outside the home with reliance on the local authority to maintain them and therefore control their material and spatial expression.
The new building represents the first stage of a regeneration programme for the community, by introducing accommodation suitable for young people. The site lies at the western edge of the estate and was chosen to remove an area of open ground that had become a hazardous shortcut and suffered from a lack of visibility making it prone to vandalism.
The building was partly constructed by the future residents working alongside the contractor (known as assisted self-build). It was hoped

that by physically and emotionally contributing to the project, the young residents would develop skills, independence and, through mutual participation, a communal sense of ownership in the project. The brief reflected the demand for small apartments prevalent in the area. Ten apartments are provided with eight one-bed, two-person flats and two two-bed, three-person flats.

A courtyard is established into which a building with an open veranda is placed to align and complete the adjacent housing terrace. The courtyard is a semi-private space marking out a territory for exchange and unambiguous in its ownership and limits. Two gates provide access to the nearby railway station at the southwestern corner and to a parking area at the northeastern corner. The timber veranda at first-floor level and a raised boardwalk at ground level reflect the building's multiple occupancy and display the principal social spaces to view by others. With a large overhanging roof, the benefit of a western aspect, an overview of part of the estate and distant views across Tilbury marshes to the riverfront docks, it was hoped residents would identify and adopt these spaces as an extension of their own apartments.

The "wooden box" construction of part-prefabricated timber frame was raised slightly from the ground by concrete beams that are visible at the base of the building. External walls are clad on three sides with a rainscreen of cement panels, lightly washed but otherwise left in their natural state. The pattern of salts and cement dust make each panel different and yet, as a whole, create an overall facade of visual depth and organic variety. On the veranda side, walls are clad with a rainscreen of larch-faced timber boards which extend to form the soffit of the overhanging canopy. The configuration of grain and knots, the flatness of the surface and the total enclosure of wood may be associated with a protected environment which feels appropriate here.

Emplazamiento Location **Tilbury, Thurrock, Reino Unido/UK** | Proyecto y construcción Project and construction **2001-2003** | Cliente Client **Asociación de viviendas New Islington & Hackney/New Islington & Hackney Housing Association** | Colaboradores Collaborators **Tim Rettler (arquitecto encargado del proyecto/project architect), Matthias Amman, Andrew Davy, Aidan Hodgkinson, Mark Tuff** | Consultores financieros Cost consultants **Dwb** | Estructura Structural engineers **Price & Myers** | Control de planificación Planning supervisors **Dwb** | Contratista Contractor **Rooff Ltd** | Presupuesto Construction cost **£ 625.000 (900.000 €)** | Superficie total Gross floor area **554 m²** | Fotografías Photography **David Grandorge** | Premios Awards **Housing Design Award 2003; Wood Award 2003**

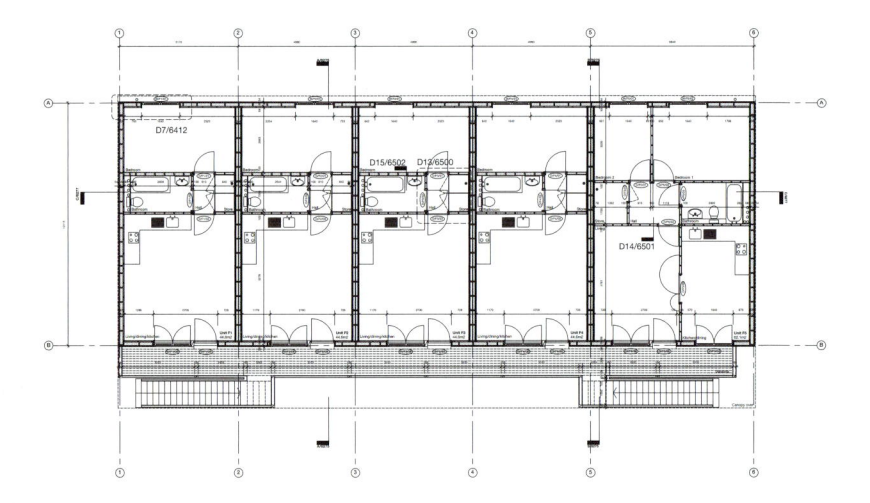

Planta superior.
Upper floor.

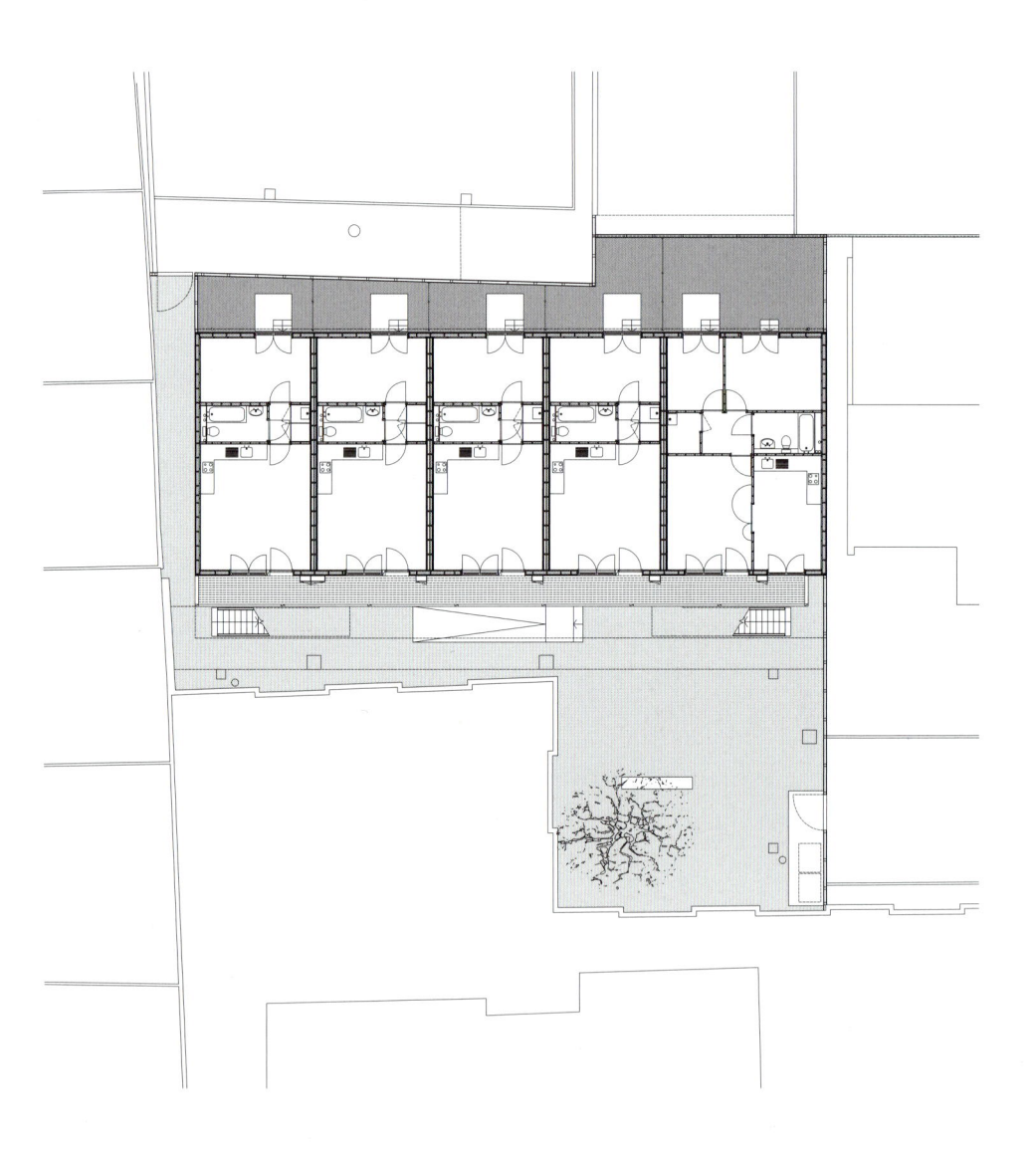

Planta baja.
Ground floor.

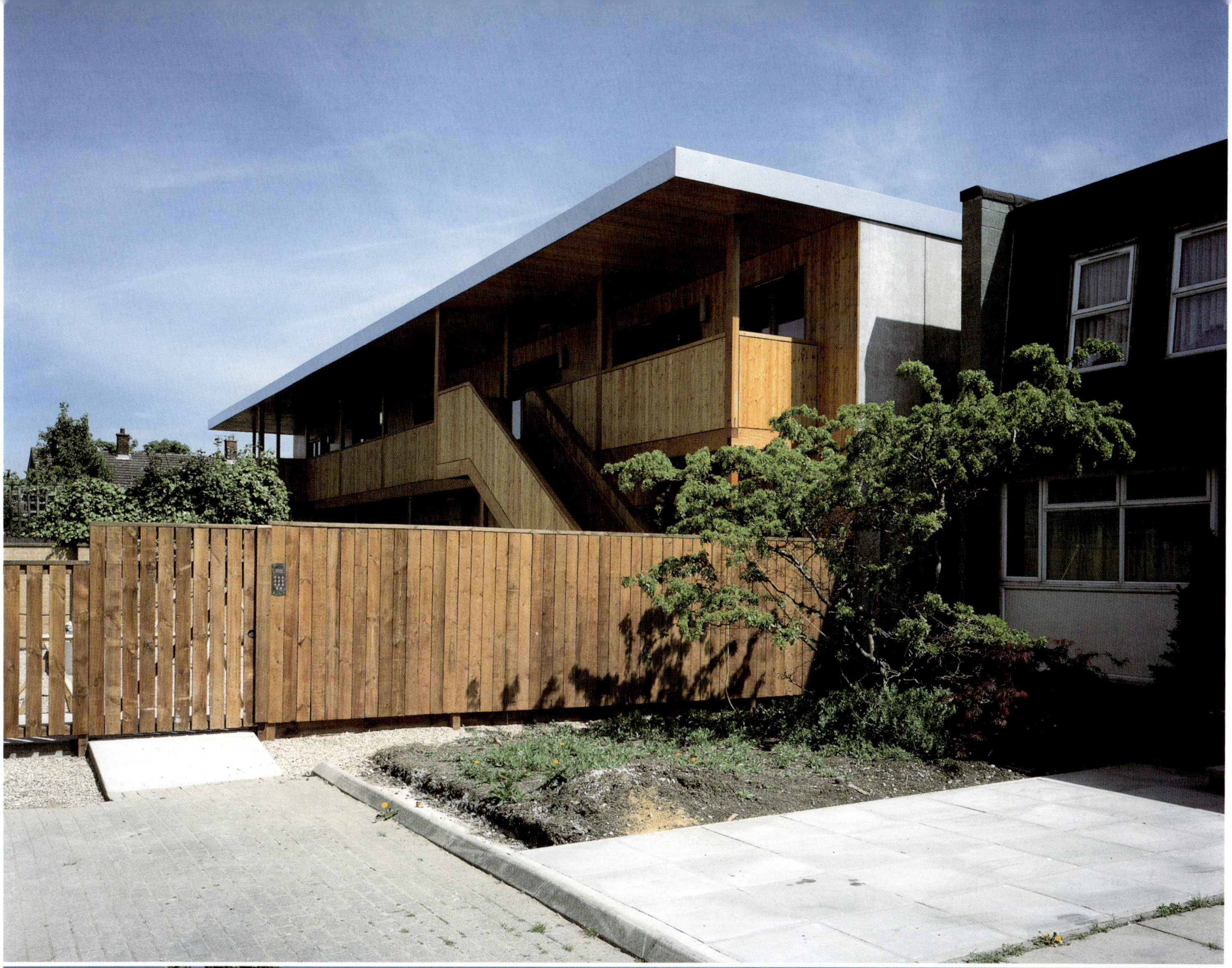

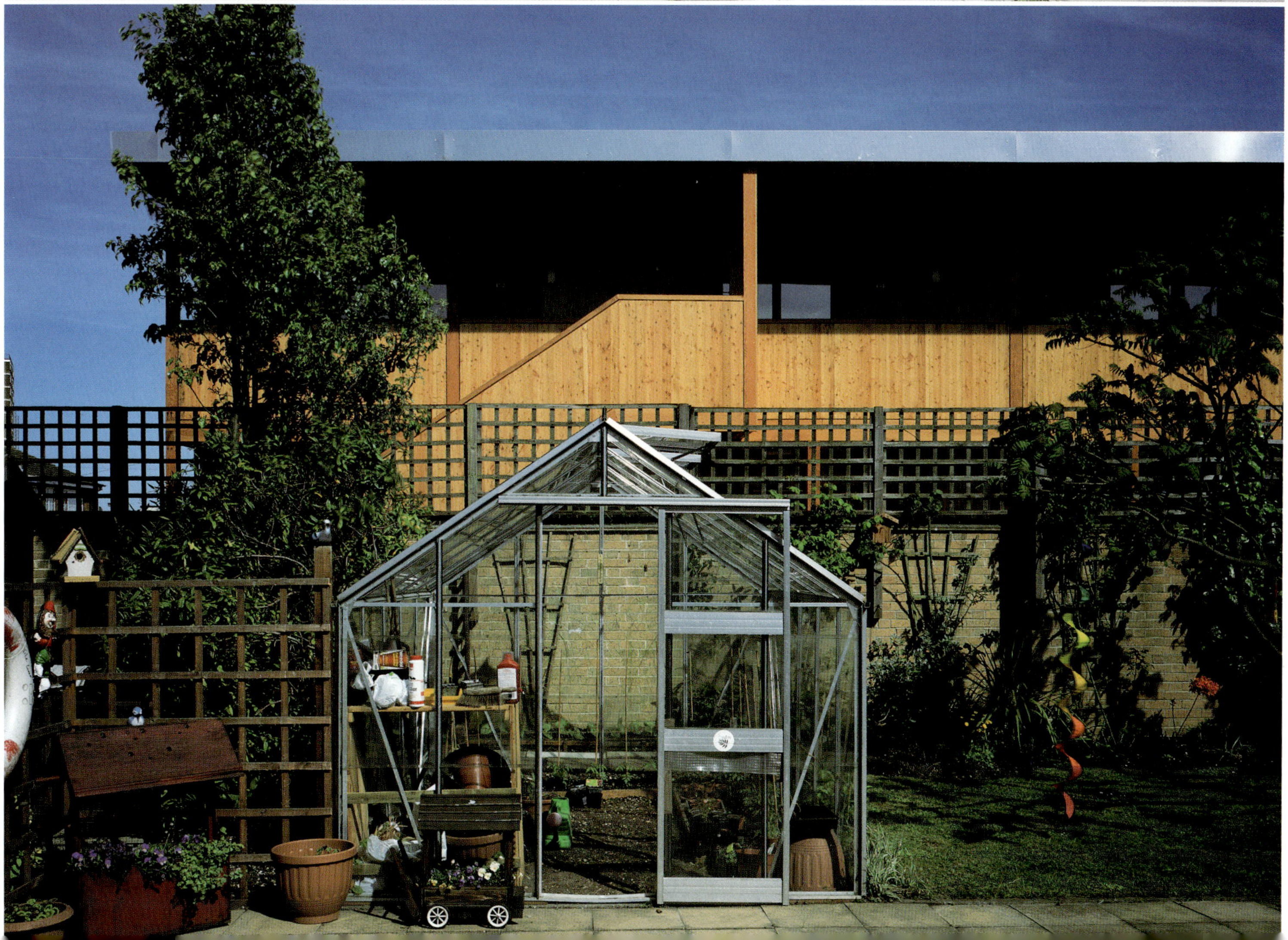

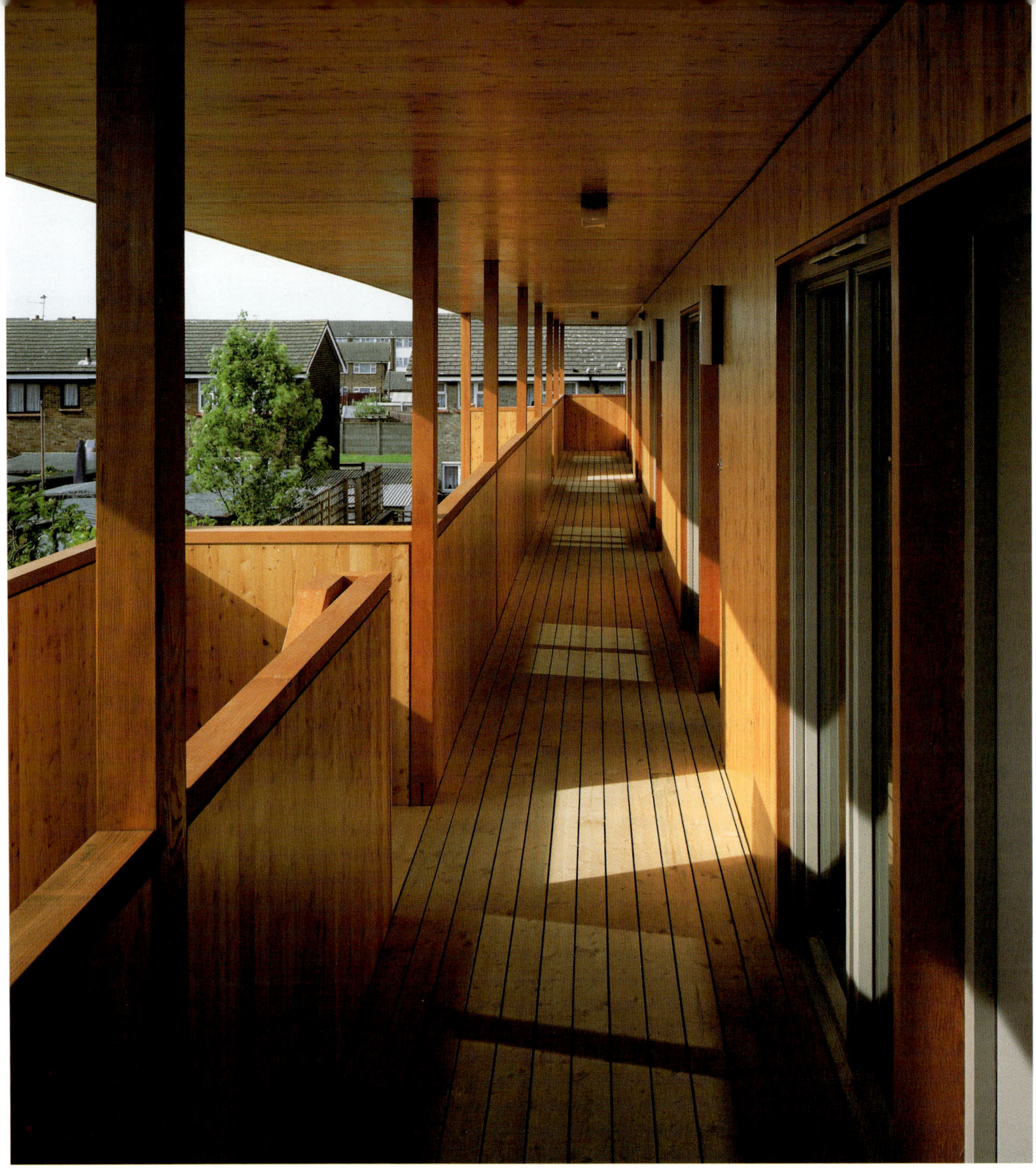

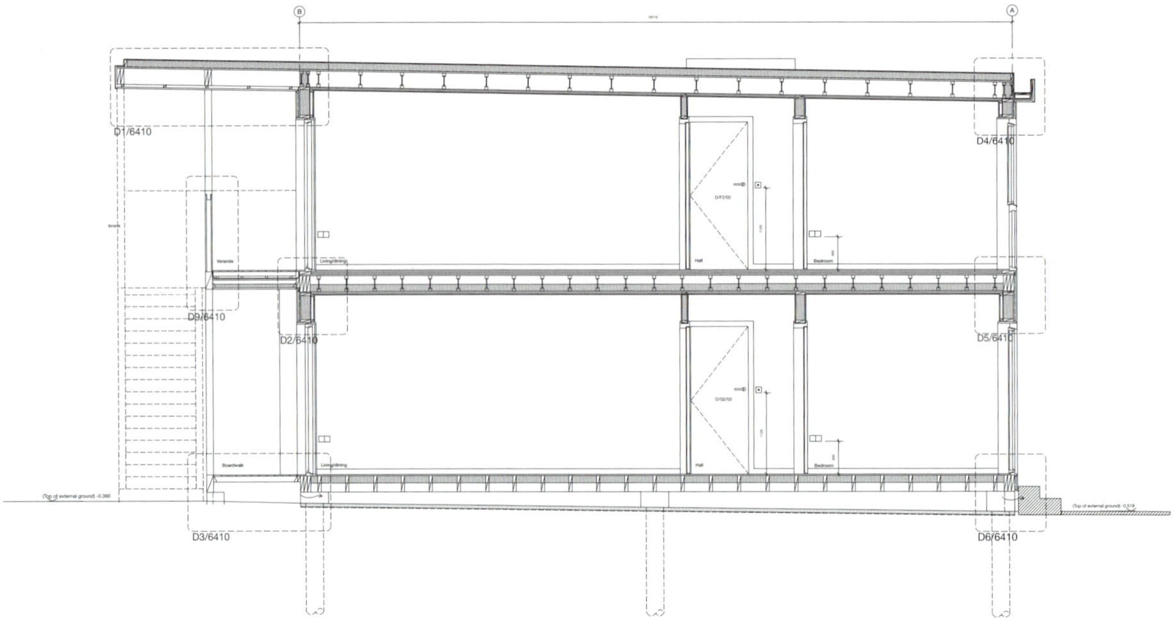
D1/6410
D4/6410
D9/6410
D2/6410
D5/6410
D3/6410
D6/6410

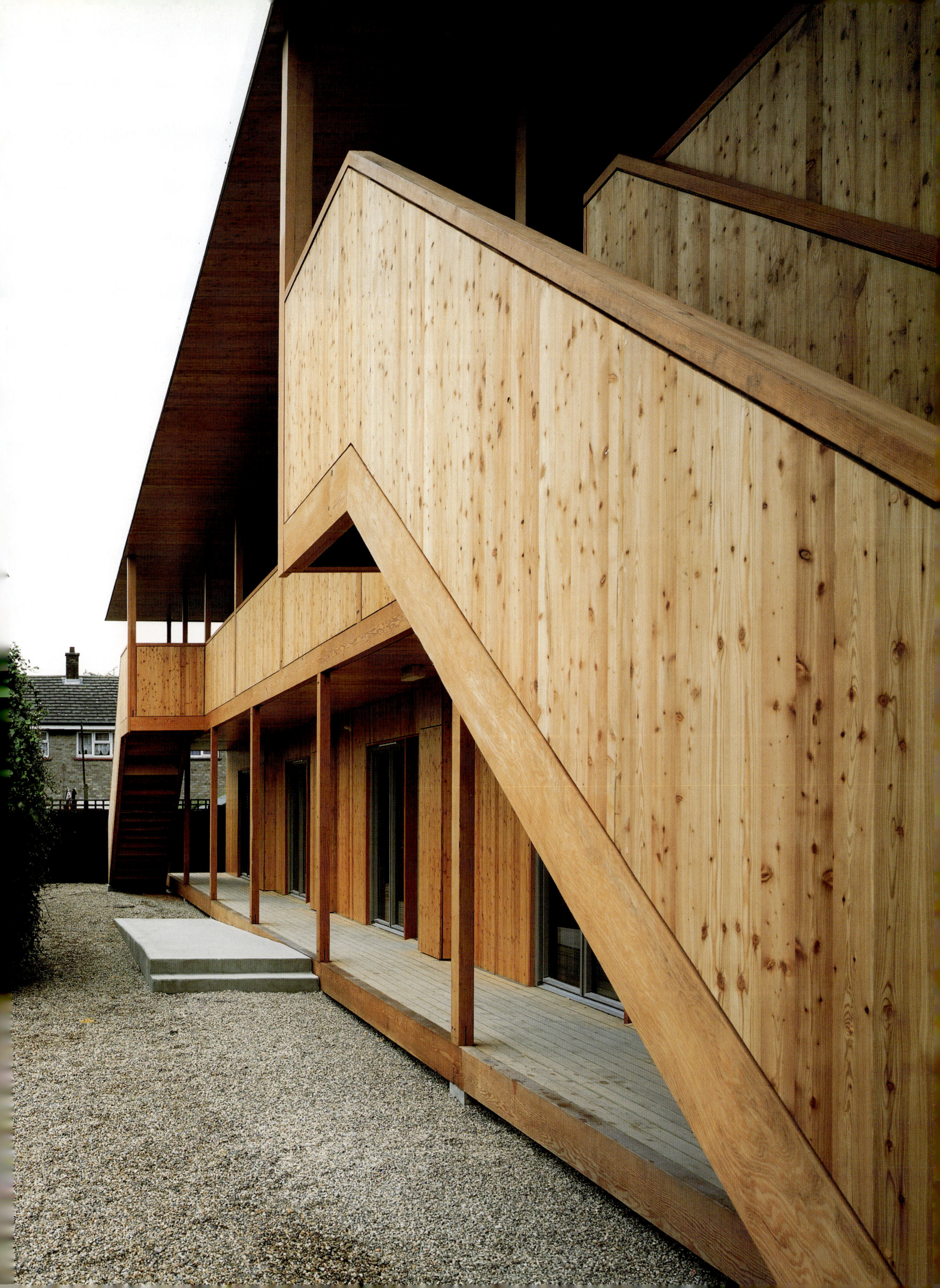

El confort de lo extraño
The Comfort of Strangeness

"¡Abajo el confort! Lo humano comienza allí donde se acaba el confort".[1] (Adolf Behne)

Como la mayoría de los arquitectos sensatos, Sergison Bates quieren que los habitantes de las viviendas que ellos proyectan se sientan realmente en casa. ¿Quiere esto decir que desean que sean cómodas? El mero hecho de formular esta pregunta nos arrastra a uno de los territorios más turbulentos del debate arquitectónico. Demasiado confort y se corre el riesgo de caer en lo *kitsch*; demasiado poco, y lo más probable es que los habitantes de las casas se vean a sí mismos —como le sucedió a la pobre Edith Farnsworth, cliente de Mies van der Rohe— como víctimas del sadismo y la crueldad del arquitecto. En 1919, el crítico alemán Adolf Behne consideraba —y hablaba en nombre de muchos de los primeros arquitectos modernos— que el "confort" era algo degenerado. Para él, la tarea del arquitecto era eliminar la crisálida en la que se había encerrado la burguesía decimonónica, aislándose, como decía Behne, "en un estado vegetativo y embotado de confort viscoso". La burguesía había perdido el contacto con su entorno y entre ellos mismos: sólo eliminando las capas de aislamiento sería posible lograr que la gente despertara a la conciencia social. Muchos de los primeros arquitectos del movimiento moderno simpatizaban con este punto de vista —Gerrit Th. Rietveld, por ejemplo, fue criticado por el sistema de calefacción totalmente inadecuado que instaló en una casa, a lo cual respondió: "Creo que no sentir frío en invierno y calor en verano es, desde luego, algo muy poco sano"—.[2]

Si la mortificante austeridad que hizo célebre a la arquitectura del movimiento moderno le granjeó pocos amigos, los arquitectos posteriores se han resistido a compensar en exceso esa austeridad, ya que podría interpretarse fácilmente como un amaneramiento. Por ello, no resulta sorprendente que los arquitectos hayan preferido hablar

"Away with comfort! Only where comfort ends does humanity begin."[1] (Adolf Behne)

Like most reasonable architects, Sergison Bates want the inhabitants of the dwellings they design to feel at home. Does that mean they would like them to be comfortable? Just asking this question immediately sucks us into one of the more turbulent areas of architectural debate. Too much comfort, and you run the risk of kitsch. Too little, and the inhabitants are all too likely to see themselves—as did poor Edith Farnsworth, Mies's client—as victims of the architect's sadism and cruelty. For the German critic Adolf Behne, writing in 1919—and he spoke for many of the first modern architects—"comfort" was degenerate. To him, the task of the architect was to strip off the cocoon in which the 19th-century bourgeoisie had encased itself. Insulated, as Behne put it, within "a dull vegetative state of jelly-like comfort," they had lost touch with their surroundings, and each other: only by stripping away the layers of padding would people be shocked into social re-awakening. Many early modernist architects sympathised with this point of view — for example, the Dutch architect Gerrit Th. Rietveld, when criticised for the patently inadequate heating apparatus he had provided in a particular house, replied "I think it is indeed very unhealthy in winter not to feel the cold and in summer not to feel the heat."[2]

If the mortifying austerity for which modern architecture became notorious won it few friends, later architects have been wary of overcompensating by providing an excess of comfort, because it could so easily be interpreted as camp. As a result, it is hardly surprising that architects have preferred to talk about other things over which they felt in greater command, like "space" and "transparency", and left discussions of "comfort" to the heating engineer. Yet taboo though comfort may have become within architectural discourse, it remains nonetheless an issue at the heart of housing.

ADRIAN FORTY es profesor de Historia de la Arquitectura en el Barlett University College de Londres, donde dirige el programa de máster en Historia de la Arquitectura. Es autor de *Objects of Desire* (Thames & Hudson, Londres, 1986) y de *Words and Buildings: A Vocabulary of Modern Architecture* (Thames & Hundson, Londres, 2000). Actualmente trabaja en un libro sobre la iconografía del hormigón.

ADRIAN FORTY is Professor of Architectural History at the Bartlett University College, London, where he directs the Master's programme in Architectural History. He is the author of *Objects of Desire* (Thames & Hudson, London, 1986) and of *Words and Buildings: A Vocabulary of Modern Architecture* (Thames & Hudson, London, 2000). He is currently working on a book about the iconography of concrete.

de otras cosas sobre las que se sienten más seguros como el "espacio" y la "transparencia", y hayan dejado a los técnicos de calefacción las discusiones acerca del "confort". Pero, a pesar de que el confort se haya convertido en un tabú dentro del discurso arquitectónico, sigue siendo una cuestión fundamental de la vivienda.

Lo que complica aún más el debate sobre el confort es no poder afirmar ya que la importancia de lo que actualmente entendemos por "confort" haya sido siempre igual. Para nosotros, el confort es un estado físico en el que el cuerpo se encuentra en equilibrio con su entorno: existe cuando no sentimos ni mucho frío ni mucho calor, el movimiento del aire no es ni demasiado rápido ni demasiado lento, la luz no es ni demasiado intensa ni excesivamente tenue; o cuando nuestro cuerpo no ejerce una presión excesiva sobre la superficie que lo sustenta. Es evidente que en otros tiempos el confort significaba algo bastante distinto: un estado mental, estar a bien con dios o con el prójimo: el equilibrio era espiritual, no corporal. El "no confort" era un estado de pesadumbre y melancolía, no de desequilibrio físico. Más que la búsqueda del "confort" en el sentido moderno, el "refinamiento" y el decoro guiaban el comportamiento de las personas y las decisiones de los consumidores.[3]

Una de las consecuencias del hecho de conferir una importancia relativamente mayor a la tranquilidad corporal que a la espiritual, tal como sucedió a partir de principios del siglo XIX, es el cuestionamiento de la versión convencional de la historia del interior. Puesto que, por regla general, se ha afirmado que la fuerza que impulsaba el desarrollo del interior doméstico era la búsqueda de la intimidad y el confort: desde el gran salón medieval hasta el apartamento moderno se ha presentado como un relato de la transición hacia un entorno más íntimo y confortable. Pero, si se admite el hecho de que antes del siglo XIX el confort físico importaba poco o nada, este particular relato se pone en tela de juicio y tenemos la necesidad de buscar otra vía de explicación de los cambios tan significativos que han experimentado los interiores domésticos a lo largo de los siglos. Una ulterior objeción a lo que podría denominarse "historia convencional del interior" es que la noción moderna del confort aparece dentro de la misma como algo normativo: se sobreentiende que se trata de un estándar o que está limitada por una serie de valores cuantificables a los que todos aspiramos y que, una vez alcanzados, no necesitan de un posterior desarrollo. Esto resulta absurdo, ya que es casi imposible creer que el interior doméstico posea un estado final determinado y que, cuando se alcance, cesará cualquier transformación posterior.

Una línea de análisis más prometedora se abre al reconocer que el "confort" es, de por sí, un valor variable. Si ahora no es lo que fue en un pasado, entonces sería razonable esperar a que se convierta en algo diferente en el futuro. No sabemos cuál será el futuro del confort, pero la obra de Sergison Bates abre algunas posibilidades, porque, aunque no han olvidado la atención por el entorno físico, su compromiso les lleva a pensar que el confort es diferente al mero bienestar corporal, diferente a un estado neutro entre el dolor y el placer. Las dos casas pareadas experimentales en Stevenage para el Sutton Trust, utilizan un "muro de respiración" que disipa el aire húmedo por las paredes, igualando la humedad del exterior y el interior sin comprometer el rendimiento térmico.[4] Pero aunque los ocupantes agradezcan poder vivir en una atmósfera cálida, sin que resul-

What further complicates the discussion of comfort is that we cannot assume that what we now understand by "comfort" has always mattered to people as much as it does now. For us, comfort is a physical state in which the body is in equilibrium with its surroundings: it is present when we feel neither too hot nor too cold, the movement of air is neither too rapid, nor insufficiently slow, the light is neither too strong nor too dim, our body does not press too hard upon the surface that supports it. Yet it is clear that in previous times comfort meant something rather different, a mental state of being at one with God or with one's companions: the equilibrium was spiritual, not bodily. To be "comfortless" was a state of sorrowfulness and melancholy, not of physical disequilibrium. Rather than the pursuit of "comfort", in our modern sense, what guided people's behaviour and consumer choices was "gentility" and decorum.[3]

Among the implications of this relatively greater importance attached since the beginning of the 19th-century to a bodily, rather than a spiritual, state of ease, is that the conventional account of the history of the interior is cast into doubt. As it has generally been described, the motivating force behind the development of the domestic interior has been the pursuit of privacy and comfort: from the medieval great hall to the modern apartment is presented as a story of the transition to a more private and comfortable environment. Yet if before 1800 physical comfort mattered less, or not at all, this particular narrative is called into question, and we need to look for some other way of accounting for the very considerable changes that have taken place in domestic interiors over the centuries. A further objection to what we might call the conventional story of the interior is that the modern notion of comfort appears within it as normative: it is understood to be a standard, or to lie within a limited range of measurable values, to which we all aspire, and which once achieved would make all further development unnecessary. This is absurd, for we can hardly be expected to believe that the domestic interior has an end condition, and that when this is reached, all further change would cease.

A more promising line of discussion comes from acknowledging that "comfort" is itself a changeable value. If comfort is not now what it was in the past, then we might reasonably expect that it could yet again turn into something different in the future. As to what the future of comfort might be, we do not know, but Sergison Bates's work does open up some possibilities, because although they have not neglected attention to the physical environment, they are committed to thinking of comfort as something other than simply bodily ease, other than a neutral state between pain and pleasure. The pair of experimental semi-detached houses in Stevenage for the Sutton Trust employ a "breathing wall" construction that diffuses moist air through the walls, equalising inside and outside humidity without compromising high thermal performance.[4] But although the occupants have appreciated living in an atmosphere that is warm without being stuffy, and free of draughts, Sergison Bates aspire to something other than this conventional sort of comfort. The comfort they want to create is not merely that of a stable thermal environment, nor that which comes from reproducing the known and familiar, but rather it is the kind of comfort that comes from the satisfaction of recognising something in life, in reality, that corresponds to a half-remembered dream. This is a comfort that is neither purely physical, nor wholly mental.

---

[1] Behne, Adolf, *Die Wiederkehr der Kunst*, Wolff, Berlín, 1919.

[2] *De 8 en Opbouw*, 25, 11 de diciembre de 1933; citado en Szénássy, Itsuan L. *et al.*, *g. rietveld architect*, Stedelijk Museum Amsterdam/Arts Council of Great Britain, Amsterdam, 1971, s. p.

[3] Crowley, John E., *The Invention of Comfort: Sensibilities and Design in Early Modern Britain and Early America*, Johns Hopkins University Press, Baltimore, 2001; especialmente págs. 69-78 y capítulo quinto.

[4] Véase *Architecture Today*, 96, marzo de 1999, págs. 14-15; y *Architecture Today*, 105, febrero de 2000, págs. 26-35

[1] Behne, Adolf, *Die Wiederkehr der Kunst*, Wolff, Berlin, 1919; (English version: "Review of Scheerbart's *Glass Architecture*", in Benton, Tim; Benton, Charlotte; Sharp, Dennis (eds.), *Form and Function: A Source Book for the History of Architecture and Design 1890-1939*, Granada Publishing, St Albans/London, 1975, p. 77.

[2] *De 8 en Opbouw*, 25, December 11, 1933; quoted in Szénássy, Istuan L. *et al*, *g. rietveld architect*, Stedelijk Museum Amsterdam/Arts Council of Great Britain, Amsterdam, 1971 [no pagination].

[3] Crowley, John E., *The Invention of Comfort: Sensibilities and Design in Early Modern Britain and Early America*, Johns Hopkins University Press, Baltimore, 2001, especially pp. 69-78 and chapter 5.

[4] See *Architecture Today*, 96, March 1999, pp. 14-15; and *Architecture Today*,105, February 2000, pp. 26-35.

Of all Sergison Bates's domestic work, the most oneiric is the house for three people in Bethnal Green, East London: not by conventional standards a "comfortable" house. Nor is this house like the dream houses of Gaston Bachelard that are situated deep in the countryside, and full of dark woodwork polished smooth by centuries of peasant wear —there is nothing traditional or conservative about this house. Behind a diminutive facade, not domestic at all, but more like an overly small office building—and so inconspicuous that I had not even noticed it when previously walking down the street—the house expands into an extraordinary cacophony of different ideas about inhabitation. The initial clients for the house, a couple who had been involved in an experimental theatre company, and who had previously lived in an unconverted industrial building, had some unusual, and contradictory, attitudes towards inhabitation. Their previous "home" had been at once living space, but also doubled as performance space, so that it might have 70 people jammed in there, creating a kind of atmosphere unattainable in a public venue. Never, in the whole ten years of their relationship, had they ever slept in a bedroom. The bath in their previous home had been right by the front entrance (and filled by a hosepipe from the kitchen sink), putting what is normally the most private part of the home in the most public position. Their inhabitation of this building they described as "a very crude, camping style of life." The architects to their credit

te agobiante, y libre de corrientes, Sergison Bates aspiran a algo más que este tipo de confort convencional. El confort que ellos quieren crear no se basa sólo en un entorno térmico estable, ni procede de la reproducción de lo conocido y familiar, sino que tiene que ver con el tipo de confort que procede de la satisfacción de reconocer en la vida, en la realidad, algo que se corresponde a un sueño que recordamos sólo a medias. Se trata de un confort que no es ni puramente físico ni totalmente mental.

De toda la obra residencial de Sergison Bates, la más onírica es su casa para tres personas en Bethnal Green, al este de Londres, y no es, en sentido convencional, una casa "confortable". Tampoco es como las casas de ensueño de Gaston Bachelard, situadas en medio del campo, con la carpintería de madera oscura pulida suavemente por el desgaste campesino de los siglos; no hay nada tradicional o conservador en esta casa. Tras una diminuta fachada, en absoluto doméstica, sino más bien parecida a la de una oficina —y tan discreta que ni siquiera la había visto al pasar antes por esa calle—, la casa se extiende creando una extraordinaria cacofonía de ideas sobre el habitar. Los primeros clientes de la casa —una pareja que formaba parte de una compañía de teatro experimental y que, anteriormente, había vivido en un edificio industrial sin reformar— mantenían una postura inusual y contradictoria respecto al habitar. Su anterior "casa" era a la vez una vivienda y un espacio para representaciones que podía reunir hasta setenta personas apretujadas en su interior, creando un tipo de ambiente imposible de conseguir en una sala pública. En los diez años que llevan viviendo juntos, sus habitantes nunca habían dormido en un dormitorio. En su anterior casa, el baño estaba situado frente a la entrada (el agua llegaba por una manguera conectada al fregadero de la cocina), de tal manera que la parte más íntima de una vivienda normal se encontraba en la posición más pública. Describieron su manera de habitar la casa como

Casa-museo Kettle's Yard, Cambridge, Reino Unido, siglos XVII-XVIII.
Kettle's Yard House Museum, Cambridge, UK, 17th-18th centuries.

© Ioana Marinescu

"un estilo de vida muy rudimentario, como el de un campamento". Los arquitectos, dicho sea en su honor, respetaron los requerimientos de los clientes respecto a la casa, que, más que confusas, eran distintas. Muchas de las ideas de los clientes parecen coincidir con el interés de los arquitectos por modificar el interior doméstico estándar, permitir una gran variedad de usos. Sergison Bates, por ejemplo, llevan tiempo intentando encontrar cómo pueden convertir los vestíbulos y accesos de los apartamentos y las casas en espacios habitables —una solución que suele estar prohibida por la normativa británica—. En los planos suelen evitar rotular el nombre de los espacios para evitar usos predeterminados. Los procesos de proyectación y posterior ocupación de este edificio resultaron enriquecedores tanto para los arquitectos como para los clientes. Estos últimos querían una casa donde la "sala de estar" se extendiera por toda la casa. Una de las referencias para esta casa fue la Kettle's Yard, en Cambridge, actualmente un museo pero, en su origen, habitada por el coleccionista Jim Ede. Éste utilizó todas las zonas de la casa, tanto los dormitorios como el vestíbulo, para exponer su colección; pero, además, sin una zona de cocina y comedor central, y sin ninguna jerarquía entre las distintas habitaciones; sólo una serie de espacios para descansar, leer, comer o, simplemente, estar. A Sergison Bates también les gustaban que los pasadizos y corredores puedan habitarse y utilizarse para algo más que como zona de tránsito. Querían un interior que, en sus propias palabras, "anticipara lo público, pero no fuera un espacio público", de manera que pueda satisfacer necesidades que no se corresponden necesariamente con lo que uno está haciendo en ese momento. Un lugar que, a la vez, pudiese albergar público, ser una oficina y una sala de estar. Pero, al mismo tiempo, afirmaron: "nos gustan las habitaciones"; y, desde luego, necesitan habitaciones y una privacidad absoluta, ya que uno de los clientes trabaja como terapeuta. Sin embargo, querían una disposición de las habitaciones que pudiese reconfigurar ligeramente la distribución y circulación tradicionales, de manera que, tras entrar por la puerta principal, uno fuera guiado a través del edificio sin ser capaz de saber dónde se encuentra, hasta llegar a una perspectiva o hueco que permita fijar la propia posición (una vez más, como en la casa Kettle's Yard).
Todo esto, y más, se esconde tras la diminuta fachada de la calle. En un solar diminuto, encontramos una casa que no tiene una escalera, sino dos; una aparente extravagancia que aumenta el carácter laberíntico que los clientes deseaban. Incluso en un edificio tan pequeño, todavía es posible perderse: puedes subir por una escalera y bajar por otra; y hasta que no lo haces no te das cuenta de dónde estás. El proyecto incluía a un tercer cliente, cuya llegada permitió la financiación del edificio, pero que necesitaba un espacio completamente separado. Situado en la planta superior, ocupa todo el espacio bajo la cubierta a dos aguas; una especie de ático con una habitación muy alta y otra muy baja, ambas muy diferentes a las habitaciones de las plantas inferiores.
La entrada a esta casa es una sorpresa. Desde la calle se pasa a través de una puerta de metal que protege un cobertizo para bicicletas; después, puedes escoger entre dos puertas, sin que ninguna de ellas te proporcione una pista sobre cuál tienes que tomar. De hecho, una se abre hacia una escalera que asciende directamente a las plantas superiores; si coges la otra, entras en lo que parece un dormitorio (aunque en realidad es una consulta); desde esta habitación, otra puerta

remained respectful of the clients' not so much confused, as disparate requirements for a house. Many of the clients' ideas seem to have coincided with the architects' interest in modifying the standard domestic interior so as to allow a greater diversity of uses; Sergison Bates have, for example, for some time been trying to find ways of making hallways and vestibules in flats and houses into inhabitable rooms—an arrangement normally forbidden by British building regulations—and they habitually avoid naming rooms on plans so as to avoid fixing their use. For both architects and clients it is clear that the processes of first designing and then occupying this building have been mutually enriching.
The clients wanted a home in which the "living room" was spread across the whole house. One of their references for this was Kettle's Yard House in Cambridge, now a museum, but originally inhabited by a collector, Jim Ede, who used every part of the house, bedrooms as well as entrance hall, for the display of his collection —but without a central kitchen/dining area, and with no hierarchy between the different rooms, just a series of spaces to lounge in, read in, eat in, or simply be in. They also liked passageways and corridors that could be inhabited, and used for other things than just passing through. They wanted an interior, as they put it, "that anticipates a public but is not a public place," so it could fulfil other agendas that do not necessarily fit with what one is doing at the present; a place that could in turn accommodate an audience, be an office, be a domestic living room. But at the same time, they say "we like rooms" —and indeed they need rooms, and absolute privacy, for one of the clients practices as a therapist. Yet they wanted an arrangement of rooms that would gently reconfigure traditional layout and circulation, so that after entering the front door you would be guided through the building without quite knowing where you are until you arrive at a perspective or an opening that allows you to fix your position —like Kettle's Yard House again.
All this, and more, is packed behind the diminutive street facade. On a tiny plot, we have a house with not one but two staircases, a seeming extravagance that adds to the labyrinthine quality that the clients wanted. Even in such a small building it is still possible to be lost —you can go up by one stair, and down by another, and not till you have done this do you start to understand where you are. The project included a third client, whose arrival made the financing of the building possible, but who needed entirely separate accommodation — which is located on the top floor, occupying all the space under the pitched roof, a kind of attic, in rooms one of which is very high, the other very low, and quite unlike the rooms below.
The entrance into the house is a shock: from the street, one goes through a metal gate which protects a covered bicycle store, and then, there's a choice: two doors, and not a clue as to which you should take. One in fact opens on to the stair, which goes straight up to the upper floors; take the other and you find yourself in what appears to be a bedroom (but is actually a consulting room); from this room, a further door connects with the ground-floor area, in which there is small glazed courtyard, bringing light in from above. This bizarre sequence corresponds to no dwelling type known to me, and illustrates admirably both the clients' and the architects' desire for spaces that are not designated by uses. At the back of the ground floor area, beyond the court, there is a space with a piano, and a bed

Casa estudio, Bethnal Green, Londres, Reino Unido, 2000-2004.
Studio house, Bethnal Green, London, UK, 2000-2004.

© Ioana Marinescu

El confort de lo extraño   The Comfort of Strangeness   Adrian Forty

conecta con la zona de la planta baja donde hay un pequeño patio acristalado cubierto que permite la entrada de luz cenital. Esta extraña secuencia no se corresponde con ningún tipo de vivienda que yo conozca, e ilustra admirablemente el deseo, tanto de los clientes como de los arquitectos, de espacios que no estén predeterminados por los usos. En la parte trasera de la planta baja, al otro lado del patio, hay espacio para un piano y una cama (aunque no se trate de un "dormitorio" en ninguna acepción convencional). No hay mejor ejemplo del tipo de vida nómada de sus ocupantes que la única alfombra que trasladan a distintas partes de la casa cuando desean convertir una zona determinada en "hogar". Nada está establecido en esta casa, nada es definitivo en lo que se refiere a su uso.

En una casa exigua y construida con un presupuesto bajo, las ventanas son, claramente, los elementos más "lujosos". Hechas a medida con madera de abeto Douglas, disponen de un aislamiento y un mecanismo de cierre de alto rendimiento. Las ventanas de esta casa son objetos valiosos; no hay muchas, sólo en la parte delantera y trasera, ya que el resto de fachadas son medianeras ciegas. La forma de tratar estas ventanas las convierte en elementos arquitectónicos importantes, no sólo en meros componentes que dejan pasar la luz y el aire. Del mismo modo, las puertas han pasado a ser objetos por derecho propio: a Sergison Bates les gustan las puertas que son un poco más anchas o ligeramente más estrechas de lo normal, y les gusta colocar los picaportes a 1,25 m del suelo, muy altos, de forma que el hecho de abrir o cerrar una puerta se convierta en un acto deliberado y perceptible; también los interruptores de la luz están colocados a la misma altura, por lo que cerrar una puerta o encender una luz no constituyen ya dos movimientos separados, sino parte de un mismo movimiento. Todos estos dispositivos hacen que se preste atención a los aspectos más banales del habitar, de una forma que se corresponde bastante con el trabajo teatral de los clientes, donde les gusta retorcer o alterar lo conocido de manera que las palabras, los objetos o las acciones no actúan como uno esperaría, sino de modo que revelen posibilidades adicionales.

En esta casa al este de Londres, los arquitectos tuvieron la suerte de encontrar unos clientes que compartían sus preocupaciones (y los clientes la suerte de encontrar unos arquitectos interesados en sus ideas muy poco convencionales, sus ideas sobre el habitar, y con la suficiente paciencia como para desarrollarlas). En un proyecto de un tamaño mucho mayor en Wandsworth, las viviendas formaban parte de un edificio de uso mixto, un auténtico proyecto de "renacimiento urbano" que convirtió una antigua fábrica, situada junto al ajetreado y ruidoso centro comercial e intercambiador de transportes de Wandsworth, en oficinas, consulta médica, tienda y apartamentos. Este ha sido el proyecto de mayor envergadura de Sergison Bates hasta la fecha, y puesto que se trataba de una promoción inmobiliaria, no fue posible establecer un diálogo previo con sus habitantes. Para que los futuros y desconocidos ocupantes se sintieran como en casa, las soluciones debían ser genéricas en lugar de personalizadas. Desde la calle hasta el interior de una vivienda, una serie de "umbrales" la alejan del ruido y del ajetreo estresante de Wandsworth. En primer lugar, un vestíbulo revestido de madera, después, un ascensor de acero inoxidable que conduce hasta una azotea cubierta que se abre hacia unas amplias vistas al oeste. En la azotea hay paneles de madera de picea y alerce por encima y a los lados, y pavimento de made-

—but this is not a "bedroom" in any conventional sense. There is no better example of the occupants' nomadic way of living than their single carpet, which they move to different parts of the house when they want to make that particular area "home". Nothing is set in this house, nothing is final about how it is occupied.

In what is a sparse, and economically built house, the most obviously "luxurious" features are the windows, purpose-made from Douglas fir, and with high-performance seals and closing mechanisms. Windows in this house are valuable items—there aren't very many of them, only at the front and the back, for both the side walls are blind as they may become party-walls—and the way the windows are treated here makes them into an important element of the architecture, not merely a convenience for letting in light and air. Likewise, doors become objects in their own right: Sergison Bates are fond of doors that are a lot wider, or slightly narrower than normal. And they like to put the door handles at 1.25 m, very high, so that opening or shutting a door becomes a deliberate and noticeable act; but then the light switches are also at the same height, so from closing a door to turning on a light becomes not two separate movements, but parts of the same one. All these devices draw attention to the most banal acts of inhabitation, in a way that corresponds very much to the clients' theatre work, where they like to tweak or twist the familiar, so that words, objects or actions do not perform quite as one might expect, but instead reveal additional possibilities.

In the East London house, the architects were fortunate in a client who shared their concerns —and the clients were fortunate in finding architects who were interested in, and had the patience to develop their highly unconventional notions of habitation. At a much larger scheme in Wandsworth the dwellings formed part of a mixed-use building, a true "urban renaissance" project that converted a former factory into offices, doctors' surgery, shop and flats next to the very busy and noisy commercial centre and traffic interchange that is Wandsworth. This has been Sergison Bates's largest project to date, and since it was a speculative development by a developer, no dialogue with the inhabitants was possible. If the unknown future occupants were to be made to feel at home, the solutions had to be generic, rather than customised.

From the street to the inside of a flat, a series of "thresholds" progressively distance you from the noise and adrenaline-filled rush of Wandsworth. First of all a timber-lined vestibule, then a stainless-steel lift take you to a covered roof terrace, open to the west and with distant views; here, above and beside you are spruce and larch panelling, and underfoot, timber decking. It is rare to find so much attention and subtlety given to the lobby and shared circulation space of speculatively built flats. The roof terrace leads to broad timber-covered passageways, along which are wooden gates, open at the top and the bottom. Each gate, not locked, but secured by a latch like a garden gate, opens to a small courtyard, timber-lined, with clear sky above; inside, there is a small window on either side, and a pair of doors ahead, one small, one large that is the front door to the flat. By the time you arrive here, the road below is a long way behind you. Inside the hallway, two unequal-sized doors open one to the bedroom, one to the living room; and then beyond the bedroom is another timber-lined space, open on one side, an outdoor room. Though only possible because the flats are on the top floor, the

El confort de lo extraño The Comfort of Strangeness Adrian Forty

ra en el suelo. No es frecuente que se preste tanta atención y que se trate de un modo tan sutil al vestíbulo y a los espacios comunes de comunicación de los edificios de apartamentos destinados al mercado especulativo. La azotea conduce a unos corredores de madera, amplios y cubiertos, a lo largo de los cuales hay unas puertas de madera que no llegan al suelo ni al techo. Sin cerradura, en su lugar cada una de ellas puertas tiene un pestillo, como si se tratara de una cancela de jardín, y da a un pequeño patio descubierto revestido de madera. En el interior de este espacio de transición hay una pequeña ventana a cada lado y un par de puertas delante, una pequeña y otra grande (que es la puerta de entrada al apartamento). Para cuando has llegado hasta aquí, la calle, que se encuentra debajo, ya está lejos. Una vez dentro del vestíbulo de la vivienda, dos puertas de distinto tamaño se abren, respectivamente, a un dormitorio y a la sala de estar; más allá del dormitorio hay otro espacio revestido de madera y abierto por uno de los lados: una habitación exterior.

Los patios de acceso, que únicamente son posibles en los apartamentos de la planta superior, son extraordinarios: además de crear una nueva transición entre el mundo exterior y la intimidad del hogar, resuelven el problema de la iluminación de los apartamentos desde la parte de la cubierta del acceso, pues a ellos se abren las ventanas de la cocina y del baño y quedan ocultos a la vista. Cuando las dos puertas que dan al vestíbulo de entrada están abiertas, el espacio se convierte en otra habitación parcialmente abierta: un espacio poco convencional y de uso indeterminado que está parcialmente descubierto. El peligro del confort —y la razón por la que Adolf Behne se resistía a él— es que conduce a la pérdida de sensaciones. Si consideramos el confort como si estuviera conformado por una serie de capas, como un material aislante, puede apartarnos del mundo. La obra de Sergison Bates proporciona esas capas de protección —como en el caso de los umbrales sucesivos entre la calle y la vivienda— que la gente necesita para sentirse en su casa, pero el confort que proporcionan no les supone una anestesia. Cada capa contiene cosas conocidos —puerta, ventana, picaporte—, pero el conjunto resultante no adormece nuestros sentidos, sino que los agudiza. El confort es aquél que proviene de reconocer un sueño recordado a medias, no de olvidar quiénes somos o dónde estamos.

entrance courtyards are remarkable: as well as creating another transition between the outside world and the privacy of one's home, it solves the problem of lighting flats from the access deck side, for it gives both kitchen and bathroom windows that are not overlooked; and when the two doors to the entrance hall are opened up, the space becomes another room, of an unconventional kind and indeterminate use, half of it open to the sky.

The danger of comfort—and the reason why Behne resisted it—is that it leads to loss of sensation. Considered as a series of layers, as an insulating material, it can cut us off from the world. Sergison Bates's work does provide the layers of protection—like the successive thresholds between the street and the apartment—that people need in order to feel at home, but the comfort it creates does not anaesthetise. Each layer contains things that are familiar—door, window, handle—but the overall results do not numb, but on the contrary sharpen our senses. The comfort is the comfort that comes from the recognition of the half-remembered dream, not from forgetting who or where we are.

La frágil superficie de lo cotidiano, o ¿qué ha pasado con el realismo?
The Fragile Surface of Everyday Life, or, What Happened to Realism?

Un lunes gris de diciembre de 2004, Johathan Sergison me llevó a dar una vuelta por Londres para mostrarme algunos de los proyectos recientes de su estudio. Cuando nos estábamos acercando al proyecto de viviendas The Special Needs (un edificio que ellos añadieron a una serie de casas georgianas adosadas de principios del siglo XIX ubicadas en Hackney), me explicó las distintas etapas históricas de esta zona. Hay edificios georgianos, algunas casas de la década de 1950 y algunos edificios de oficinas muy recientes de un estilo *high tech* un tanto trasnochado. Me contó que, junto a Stephen Bates, habían visitado este emplazamiento con sus estudiantes de arquitectura de la ETH de Zúrich. Parece ser que a los estudiantes suizos les costó encontrar el edificio. Incluso estando enfrente, preguntaron a sus profesores dónde estaba. La anécdota se me quedó grabada, en parte por la ironía de que los estudiantes llevaran ya un semestre entero en el curso de Sergison Bates en la escuela de Zúrich y, a la hora de la verdad, fuesen incapaces de reconocer uno de los proyectos más importantes de sus profesores; y en parte porque a mí también me ocurrió lo mismo. Desde luego, Sergison señaló el edificio cuando nos acercamos. Su fachada de ladrillo gris oscuro, sus sosegadas dimensiones, su forma de caja y el modo como la casa se asienta en el solar la distinguen de sus edificios vecinos. Sin embargo, no estoy seguro de que si yo hubiese ido solo la hubiera reconocido inmediatamente; o sea, que volví a acordarme de los estudiantes.

Al observar los proyectos de Sergison Bates me llamó la atención el hecho de que parecían estar y no estar ahí, a la vez presentes y ausentes. Parecían disolverse prácticamente en el entorno y, sin embargo, quedaron grabados en mi memoria. Tenían un aspecto muy común, pero también muy excepcional. Encontré dificultades a la hora de distinguirlos de sus emplazamientos aunque, sin embargo, percibí con nitidez dichos emplazamientos de un modo diferente. Por decirlo de alguna manera, me pareció que en sus proyectos existía una

On a grey Monday in December 2004 Jonathan Sergison took me on a tour in London to show me some of the recent projects by Sergison Bates architects. As we approached The Special Needs housing project, a building they added to an early-19th-century housing terrace in Hackney, he explained the various historic layers of this area. There are Georgian-style buildings, some houses from the 1950s and some very recent office buildings in an already derelict high-tech style. He told me that he and Stephen Bates had visited the site earlier with their architecture students from ETH Zurich. The Swiss students, it seems, had difficulties finding the building. Even as they stood right in front of it, they asked their professors where it was. The anecdote stayed in my mind. Partly because of the irony of the students having spent an entire semester in the studio of the architects in Zurich and then being unable to recognise one of the most prominent projects by their professors in reality, and partly because I myself had the same experience. Of course, Sergison pointed to the building as we approached it. Its dark-grey brick facade, its quiet dimensions and box-like structure and the very precise way it is set in the site clearly distinguish the house from the neighbouring buildings. But I am not sure if I would have recognised it immediately on my own. And finally I imagined the students

As I was looking at the projects by Sergison Bates it struck me that they appeared as if they were simultaneously there and not there, present and absent. They seemed to virtually dissolve in their surroundings and yet they stayed in my memory. They looked very ordinary and at the same time very exceptional. I had difficulties in distinguishing them from their sites and yet they changed the way I perceived precisely these sites. I felt a dichotomy, a twofold nature, so to speak, in their projects.

The strange, twofold status—between being there and not being there—is, of course, closely related to the current debate on images.

PHILIP URSPRUNG (Baltimore, 1963) es profesor de Arte e Historia en la Fundación Suiza para la Ciencia y del Instituto de Historia y Teoría de la Arquitectura de la ETH, Zúrich. Fue comisario de la exposición *Herzog & de Meuron: Archeology of the Mind* en el Canadian Center for Architecture de Montreal y editor de *Herzog & de Meuron: Natural History* (Lars Müller, Baden, 2002). Su libro más reciente es *Grenzen der Kunst: Allan Kaprow und das Happening, Robert Smithson und die Land Art* (Verlag Silke Schreiber, Múnich, 2003). Actualmente trabaja junto a Wendy Owens en *Gordon Matta-Clark: A Sourcebook*.

PHILIP URSPRUNG (Baltimore, 1963) is Swiss Science Foundation Professor for Art History at the Institute for the History and Theory of Architecture of ETH Zürich. He was curator at the Canadian Centre for Architecture Montreal of the exhibition *Herzog & de Meuron: Archeology of the Mind* and editor of *Herzog & de Meuron: Natural History* (Lars Müller, Baden, 2002). His most recent book is *Grenzen der Kunst: Allan Kaprow und das Happening, Robert Smithson und die Land Art* (Verlag Silke Schreiber, Munich, 2003). Together with Wendy Owens he is currently working on *Gordon Matta-Clark: A Sourcebook*.

**Viviendas, Hackney,
Londres, Reino Unido,
1999-2002.**
Urban housing, Hackney,
London, UK, 1999-2002.

© Ioana Marinescu

dicotomía, una doble naturaleza. Esta naturaleza extraña y doble (entre estar y no allí) está evidentemente relacionada con el debate actual sobre las imágenes. Henri Bergson definió en una ocasión la imagen como "una cierta existencia que es más de lo que los idealistas llaman *representación*, pero menos de los que los realistas denominan *cosa*; una existencia a medio camino entre la 'cosa' y la 'representación'".[1] No puedo profundizar aquí sobre las teorías de Bergson, quien ha vuelto a cobrar protagonismo en parte debido su posición como teórico a medio camino entre el idealismo y el pragmatismo. Y tampoco puedo extenderme en la historia, larga y compleja, de la relación entre arquitectura e imagen.[2] Únicamente quiero constatar que, para Sergison Bates, la cuestión de las imágenes es algo crucial. Forman parte de ese grupo de arquitectos jóvenes que está influyendo con sus proyectos en el discurso actual sobre las imágenes. Pertenecen a la generación nacida en la década de 1960, que creció con la televisión y las imágenes generadas en serie, y para quienes —como Bergson afirmó ya a finales del siglo XIX— el mundo está repleto de imágenes. Sin embargo, Sergison Bates tienen ideas muy claras acerca de utilizar imágenes en su práctica arquitectónica. Como ellos mismos afirman, "Desde nuestro punto de vista, la experiencia de la vida cotidiana está muy influida por las asociaciones que tanto desde cada uno como colectivamente tienen que ver con las imágenes de los edificios. Por imágenes entendemos el aspecto de un objeto, que se relaciona con su apariencia y su naturaleza, y que provoca una respuesta asociativa y emocional. Aunque puede afirmarse que la mayoría de los actos arquitectónicos producen imágenes de cosas, creemos que sólo un número reducido de arquitectos trabaja conscientemente con las imágenes".[3]

Me atrevería a afirmar que Sergison Bates utilizan las imágenes de una forma bastante excepcional, pues, a diferencia de la mayoría de sus colegas, están menos interesados en los monumentos que en los momentos arquitectónicos. Su investigación no trata de la permanencia y la estabilidad, sino de la representación y la transición. Su afinidad se establece con la vida cotidiana, no con el acto heroico. De hecho, Sergison Bates dan una importancia especial a los espacios de transición —algo que muchos arquitectos consideran como secundario—; es decir, a las cubiertas o las escaleras, o la vivienda social.

El proyecto más espectacular y fotogénico hasta la fecha, al menos desde mi punto de vista, es el prototipo de vivienda social en Stevenage. Con este prototipo lograron visualizar un fenómeno marginal y devolver una imagen al género arquitectónico residencial; un género que, a excepción de Holanda, en la actualidad se ha vuelto simplemente invisible. Se deshicieron del prototipo de vivienda suburbana, es decir, de la imagen de la casa aislada en medio de un parque. Crearon la imagen de dos casas unidas como gemelos siameses, uniendo fuerzas, por decirlo de alguna manera, con el fin de pasar a ser más interesantes que una casa sola y menos aburrido que una casa en hilera. Es una imagen de coherencia espacial que se encuentra a medio camino entre la densidad urbana y el esparcimiento suburbano, una imagen que mezcla de forma peculiar cercanía y distancia respecto al barrio.

Irina Davidovici ha planteado el interés de Sergison Bates por la arquitectura como "un telón de fondo para la vida cotidiana".[4] Según Davidovici, su arquitectura implica "algo bidimensional, algo frente a lo que se proyecta el acto de habitar". Se podría llevar esta idea más

Casas pareadas, Stevenage, Reino Unido, 1998-2000. Semi-detached houses, Stevenage, UK, 1998-2000.

Henri Bergson once defined the image as "a certain existence which is more than that which the idealist calls a *representation*, but less than that which the realist calls a *thing* —an existence placed half-way between the 'thing' and the 'representation'."[1] I cannot get into the theories of Bergson here, whose current revival is partially due to the fact that his own position as a theorist was located halfway between idealism and pragmatism. And neither can I get into the long and complex history of the relation between architecture and image.[2] I just want to state that the issue of imagery is crucial for Sergison Bates. They are among those younger architects who are influencing the current discourse on imagery with their projects. They belong to a generation born in the 1960s, which grew up with TV and mass-reproduced images and for whom—as Bergson had already stated at the end of the 19th century—the world is full of images. But they have very clear ideas about how they use images in their architectural practice. As they put it: "In our view, the experience of everyday life is highly influenced by personal and collective association relating to the images of buildings. By images, we mean the aspect of an object that relates to appearance and character and which stimulates an associative and emotional response. While it may be argued that most architectural acts produce images of things, we believe that only few architects consciously work with images."[3]

I would argue that Sergison Bates use images in a quite unique way. Unlike most of their colleagues, they are less interested in architectural monuments than in architectural moments. Their research is not about permanence and stability, but about performance and transition. Their sympathy is for everyday life, not for the heroic act. In fact, Sergison Bates put particular emphasis on spaces of transition that most architects consider secondary, such as roofs, staircases, or social housing. The most spectacular and most photogenic project up to date is, at least in my view, the Social Housing Prototype,

---

[1] Bergson, Henri, *Matière et mémoire* [1896], Presses Universitaires de France, París, 1999.
[2] Véase mi artículo "Built Images, Performing the City", en Ruby, Ilka y Andreas, *Images: A Picture Book of Architecture*, Prestel, Múnich, 2004, págs. 4-11
[3] Sergison, Jonathan; Bates, Stephen, "Working with Tolerance" [1999], en *Papers. A Collection of Illustrated Papers Written Between 1996 and 2001*, edición propia, Londres, 2001, págs. 40-47; aquí: pág. 47.
[4] Davidovici, Irina, "Orientation and Topography" (conversación entre Stephen Bates, Jonathan Sergison e Irina Davidovici), en *Papers, op. cit.*, págs. 48-57; aquí: pág. 48.

[1] Bergson, Henri, *Matière et mémoire* [1896], Presses Universitaires de France, Paris, 1999; (English version: *Matter and Memory*, George Allen and Unwin, London, 1911, pp. 11-12).
[2] See my article "Built Images, Performing the City", in Ruby, Ilka and Andreas, *Images: A Picture Book of Architecture*, Prestel, Munich, 2004, pp. 4-11.
[3] Sergison, Jonathan; Bates, Stephen, "Working with Tolerance" [1999], in *Papers: A Collection of Illustrated Papers Written Between 1996 and 2001*, self-publication, London, 2001, pp. 40-47, here p. 47.

lejos y plantear que su obra tiene un aspecto genuinamente teatral, en el sentido de que proponen varios escenarios donde los actos de la vida cotidiana se pueden representar de distintos modos. A medida que me acercaba a la casa estudio en Bethnal Green, tenía la sensación de que formaba parte del propio solar. Lo primero que me impresionó fue la fachada, cuyo elemento principal, al igual que el de la medianera lateral, es una piel de ladrillo con mortero de color marrón grisáceo. La lechada actúa como un velo opaco que en parte esconde y en parte revela la pared de ladrillo. A su vez, parece realzar la impresión de que la pared es una mera superficie. Al añadir un nuevo plano, subraya la ilusión de que la pared es sólo una imagen, y deja claro que la pared de ladrillo es un revestimiento y no un muro portante. Esta impresión se ve reforzada por el modo como los arquitectos articulan la esquina: el lugar donde se unen la medianera lateral y la fachada. Visto lateralmente, el canto de la fachada parece el bastidor de un lienzo, o el borde del diseño de un escenario.

Pero a ellos no les interesa sólo la superficie exterior de la fachada, sino que otorgan mucha importancia a lo que sucede detrás de ella. Al entrar en el edificio me sentía intrigado por el espacio situado cerca de la puerta delantera, un espacio al que no se presta atención en la mayoría de las casas, donde se dejan los zapatos y las bicicletas de los niños. En la casa estudio el espacio queda protegido de la calle por una rejilla metálica. Los arquitectos lo han convertido en un pequeño escenario para el momento, nada espectacular, en el que los habitantes entran en casa. En sus manos, este espacio se convierte en una transición entre la esfera pública y la privada; un espacio de transición donde se acaba el control de la esfera pública y aún no ha comenzado el control del hogar; un espacio donde nadie es observado, donde las mujeres cierran sus paraguas, los hombres se aflojan la corbata, los niños tiran sus abrigos y los perros se sacuden el agua. Un espacio de transición entre el carácter abierto del espacio público y la reclusión del hogar, y también el preludio de la nueva fase de su pequeña obra de teatro: la escalera.

A medida que subía por la escalera estrecha, me fui dando cuenta de que los paneles de madera del revestimiento transformaban el ruido que yo hacía, influían en el olor y creaban un atmósfera muy peculiar. Era consciente de que estaba ascendiendo por la escalera, participando de una aventura espacial. Me sentía como si estuviese actuando o, por poner otro ejemplo, como si estuviera cruzando uno de los *Corredores* de Bruce Nauman. Cuando abrí la puerta de la cocina, sentí como si estuviera entrando en otro escenario, en esta ocasión donde se representaban las escenas de la vida familiar. Aunque no había estado nunca en ese espacio, me sentí extrañamente en casa, una sensación que se vio reforzada cuando encendí la luz de uno de los cuartos de baño. Al dar el interruptor, me pareció estar tocando un objeto que me era muy familiar pero al que nunca había prestado atención, algo que me recordó a mi propio pasado. Más tarde, Stephen Bates me contó que les llevó mucho tiempo encontrar un interruptor que pareciese "normal", y que también habían creado sus propios picaportes, porque no les satisfacía ninguno de los que había en el mercado. Esto me recordó a Jasper Johns, quien, en una entrevista con David Sylvester, dijo que estaba interesado en "representar elementos exteriores convencionales, despersonalizados, objetivos", recordando lo difícil que le había sido encontrar una linterna normal y corriente para su escultura *Linterna* (1958): "Tenía una idea

Stevenage. With this prototype they succeeded in visualising a marginal phenomenon and in giving back an image to the architectural genre of housing which, with the exception of the Netherlands, has turned merely invisible today. They got rid of the stereotype of housing in the suburbs, namely the image of the single mansion in a park. They produced an image of two houses linked together like Siamese twins, joining forces, so to speak, in order to become more interesting than an individual house and less boring than a row house. The image is about a spatial coherence that lies halfway between urban density and suburban sprawl. And it is an image of the peculiar mixture of closeness and distance of neighbourhood.

Irina Davidovici has stated an interest of Sergison Bates for architecture as a "backdrop to everyday life."[4] According to Davidovici, this implies "something two-dimensional, something against which the act of inhabitation is projected." One could carry this idea further and state that their work has a genuinely theatrical aspect in the sense that they propose stages where various scenes of everyday life can be performed. I had the feeling of being part of a plot as I approached the studio house in Bethnal Green. I was first impressed by the facade. The main element of the facade and the side wall is a brick skin which is covered with grey-brown mortar. The varnish functions like an opaque veil which partially hides, and partially reveals, the brick wall. The varnish seems to enhance the impression that the wall is a mere surface. By adding a new plane, it enhances the illusion that the wall is a mere image. It makes clear that the brick wall is a cladding and not a supporting wall. This impression is strengthened by the way the architects articulate the edge —the situation where the side wall and the facade meet. Seen from the side, the edge of the facade resembles a stretcher for a canvas, or the edge of a stage design.

But it is not merely the outer surface of the facade that interests them. They put a lot of emphasis on what happens right behind the facade. As I entered the building, I was intrigued by the space near the front door. This is the space that in most houses is neglected, where boots and children's bicycles stand. In the studio house the space is protected from the street by a metal grille. The architects turned it into a little stage for the unspectacular moment when the inhabitants of a house come home. In their hands it becomes the space of transition between the public and the private sphere. It is a transitory space where the control of the public sphere ends and the control of the private home has not yet begun. It is a space where no one is watching, where women close their umbrellas, men loosen their ties, children drop their coats and dogs shake water out of their fur. It is a space of transition between the openness of public space and the enclosure of the home. And it is the prelude for next phase in their little play, namely the staircase.

As I climbed the narrow staircase I perceived how the wooden panels used for cladding transformed the sound of myself, how they influenced the smell and created a very specific atmosphere. I was sensing myself climbing, participating in a spatial adventure. I felt like performing or, to take another example, as if I was passing through one of the *Corridors* by Bruce Nauman. As I opened the door to the kitchen, I felt like entering another stage, this time a stage where scenes of family life were performed. Although I had never been in this space before, I felt strangely at home. This feeling was strengthened when I turned on the light in one of the bathrooms. As I oper-

---

[4] Davidovici, Irina, "Orientation and Topography" (conversation between Stephen Bates, Jonathan Sergison and Irina Davidovici), in *Papers, op. cit.*, pp. 48-57, here p. 48.

Casa estudio, Bethnal Green, Londres, Reino Unido, 2000-2004.
Studio house, Bethnal Green, London, UK, 2000-2004.

© Stephen Bates

Interruptor (casa en Fulham, Londres, Reino Unido, 1999-2000).
Switch (private residence, Fulham, London, UK, 1999-2000).

© David Grandorge

concreta en mi mente sobre el aspecto de una linterna (creo que no había vuelto a manejar una desde que era niño); y tenía esa imagen de la linterna en mi cabeza y quise ir y comprar una como modelo. Busqué durante una semana lo que yo creía que era una linterna normal y corriente, pero encontré todo tipo de linternas con viseras de plástico rojo, alas laterales…, todo tipo de cosas; al final encontré la que quería. Eso me hizo desconfiar de mi idea, porque había sido muy difícil encontrar algo que yo pensaba que era corriente".[5]
Resulta interesante constatar que Sergison Bates hacen referencia al arte *pop* y a la fotografía sociorrealista debido a su "naturaleza comunicativa".[6] Su nostalgia por los objetos "normales" está relacionada con el interés por los objetos abandonados y los restos presente en artistas como Jasper Johns, Claes Oldenburg o Richard Hamilton.
El interés por los objetos corrientes no debe confundirse con la obsesión moderna por la "esencia" de los materiales. Más bien tiene que ver con el recuerdo de una época —sin duda, una ilusión en sí misma—, cuando los objetos parecían ser normales y estar siempre a mano; en otras palabras, cuando no estaban sometidos a la economía del espectáculo y no existía separación entre la cosa y su imagen. Para poder volver a combinar objeto y su imagen, el objeto debe dar la impresión de ser algo encontrado, un *ready-made* por decirlo de algún modo. Sergison Bates invierten mucho tiempo y energía en desarrollar detalles que dan la sensación de no estar diseñados según un

ated the switch I felt like touching an object which was very familiar but which I had never really noticed before, something that reminded me of my own past. Stephen Bates later told me that it took a long time to find an electric switch that looks "normal", and that they also created their own door handles, because none of those available on the market satisfied them. This reminded me of Jasper Johns, who in an interview with David Sylvester once said that he was interested in "preformed, conventional, depersonalized, factual, exterior elements." He recalled how difficult it was to find an ordinary-looking flashlight for the cast of his sculpture *Flashlight* (1958): "I had a particular idea in my mind what a flashlight looked like—I hadn't really handled a flashlight since, I guess, I was a child—and I had this image of a flashlight in my head and I wanted to go and buy one as a model. I looked for a week for what I thought looked like an ordinary flashlight, and I found all kinds of flashlights with red plastic shields, wings on the sides, all kinds of things, and I finally found the one I wanted. And it made me very suspect of my idea, because it was so difficult to find the thing I had thought was common."[5]
It is interesting to notice that Sergison Bates refer to Pop Art and social-realist photography because of their "communicative nature."[6] Their longing for "normal" objects is related to the interest in derelict objects and leftovers by artists such as Jasper Johns, Claes Oldenburg or Richard Hamilton. Their interest in common objects must not be confounded with the modernist obsession with the "essence" of materials. Rather it has to do with recalling a time—no doubt an illusion itself—when objects seemed to be normal and when they could be taken for granted —in other words, when they were not subject to the economy of spectacle, and when there was no separation between a thing and its image. In order to recombine the thing and its image, the object has to look as found, like a readymade, so to speak. Sergison Bates invest much time and energy in developing details which seem not to be designed according to some particular taste. By this procedure, they attempt to overcome the dichotomy between things and images, the splitting of reality, the alienation of objects. In carefully chosen details such as light switches, cupboard handles, window frames, the architects are able to partially link the image and the object. In their hands the distance which normally separates the objects and their images diminishes until it almost collapses. Only a very fine separating line remains.
Such fine lines can be found in all of their projects, at very small and very large scales: where the facade and the outer wall of the Studio House meet; where the roof and the facade meet; where the frame and the door meets; where two doors of a cupboard meet; where the city centre and the outskirts meet; even, as is the case for their Graz-Maribor Study, where Austria and Slovenia meet. I would argue that these lines run through their architectural practice as a leitmotif. Of course, this is much more than mere formal play. The motif of the fine line leads directly to the issue of history, because it deals with the way the present is connected to the past. The following definition by Michel de Certeau of history as something which plays "on the margin" between legend and criteriology can readily be applied to the strategy of Sergison Bates: "History would fall to ruins without the key to the vault of its entire architecture: that is, without the connection between the act that it promotes and the society that it reflects; the rupture that is constantly debated between the past and the present;

---

[5] Johns, Jasper, entrevista con David Sylvester para la BBC, retransmitida por radio por primera vez en 1965; reimpresa en: Varnedoe, Kirk (ed.), *Jasper Jones. Writings, Sketchbook Notes, Interviews*, The Museum of Modern Art, Nueva York/Harry N. Abrams, Nueva York, 1996, págs. 113-121; aquí: pág. 114.
[6] Sergison, Jonathan; Bates, Stephen, "Working with Tolerance", *op. cit.*, pág. 41

[5] Johns, Jasper, "Interview with David Sylvester", interview for the BBC, first radio broadcast 1965; reprinted in: Varnedoe, Kirk (Ed.), *Jasper Johns. Writings, Sketchbook Notes, Interviews*, The Museum of Modern Art/ Harry N. Abrams, New York, 1996, pp. 113-121, here p. 114.
[6] Sergison, Jonathan; Bates, Stephen, "Working with Tolerance", *op. cit.*, p. 41.

Propuesta para
Graz-Maribor, frontera
austro-eslovena,
1999-2000.
Land-use study,
Graz-Maribor, Austrian-
Slovenian border,
1999-2000.

gusto particular. De esta forma, intentan vencer la dicotomía entre cosas e imágenes, la escisión de la realidad y la alienación de los objetos. Con detalles cuidadosamente seleccionados como los interruptores de la luz, los tiradores de los armarios o los marcos de las ventanas, los arquitectos son capaces de conectar parcialmente la imagen y el objeto. En sus manos, la distancia que normalmente separa los objetos y sus imágenes disminuye hasta el punto de desaparecer casi por completo. Únicamente se mantiene una fina línea de separación que puede encontrase en todos sus proyectos, tanto a pequeña como a gran escala: en el punto donde convergen la fachada y la medianera de la casa estudio de Bethnal Green, donde se encuentran la cubierta y la fachada, donde se encuentran la puerta y el marco, en el punto de encuentro de dos puertas de un armario, donde el centro de la ciudad se encuentra con las afueras; incluso, como en el caso de su proyecto de Graz Maribor, donde convergen Austria y Eslovenia. Me atrevería a afirmar que esas líneas recorren toda su obra arquitectónica como un *Leitmotif*. Sin duda se trata de algo más que un mero juego formal. El motivo de la línea conduce directamente al tema de la historia, pues tiene que ver con cómo el presente se conecta con el pasado. La siguiente definición de la historia de Michel de Certeau como algo que se desarrolla "al margen", entre la leyenda y la criteriología, puede aplicarse sin problemas a la estrategia de Sergison Bates: "La historia se derrumbaría sin la clave de la bóveda, es decir, sin la conexión entre el acto que potencia y la sociedad que refleja; la ruptura entre pasado y presente —tema constante de debate— o el doble estatus de los objetos, que es un 'efecto realista' y un elemento tácito e implícito al final del discurso. Si la historia abandona su lugar —el límite que plantea y recibe— se parte en dos, convirtiéndose en nada más que ficción (la narrativa de lo que ocurrió) o en una reflexión epistemológica (la aclaración de sus propias leyes de funcionamiento)".[7]

En una economía de lo "justo a tiempo" y bajo el reinado de un presente eterno, cuestiones como la historia y el almacenamiento se convierten en un bien escaso, casi en un lujo. No sólo los políticos y los periodistas, sino también los arquitectos contemporáneos, tienden a reprimir la *historia* y, simultáneamente, a evocar la *memoria*. A medida que desaparecen los espacios históricos, aumenta la demanda de "antigüedades", de objetos que parecen antiguos. Muchos arquitectos convierten en fetiches las trazas del pasado; por ejemplo, conser-

the double status of the objects that is a 'realistic effect' and the unspoken element implied by the closure of the discourse. If history leaves its proper place—the limit that it posits and receives—it is broken asunder, to become nothing more than a fiction (the narrative of what happened) or an epistemological reflection (the elucidation of its own working laws.)"[7]

In an economy of Just-in-Time and under the reign of an eternal present, issues such as history and storage become scarce goods, even luxuries. Not only politicians and journalists, but also most contemporary architects tend to repress *history* and simultaneously evoke *memory*. As historical spaces are vanishing, the demand for "antiques", objects that look old, is growing. Many architects fetishise the traces of the past by, for example, carefully conserving the patina of old brick walls. Sergison Bates have observed that, in order to become valuable, many buildings are made to look older than they really are. Therefore, they are looking for alternative ways to maintain, evoke and articulate historical space. One of the reasons why they varnished the brick facade in the studio house in Bethnal Green is, I would argue, to prevent the bricks from being isolated and thus fetishised as relics from the past. The bricks do, of course, tell the story of their own production and they recall the hands which formed, carried, stacked and placed them at their present site. But by varnishing them they transform the bricks into image. They become something different, and new, and they achieve a new life of their own. It is impossible to reduce their meaning to the meaning of relics. And it is impossible to appropriate their meaning altogether.

There are other indications of their interest in historical space. For example the fact that they like to revisit their buildings, find out how they have changed after people moved in. And the way they represent their projects. I know few other architects who use so many images of construction sites on the one hand, details of people using the buildings on the other hand. The passing of time is not only recorded by materials, by bricks, stones, wooden panels, but even more so by the use people make of the spaces, the way they transform them and remember them.

As I was walking around London in December I wondered where, as a historian, I could locate the architectural practice of Sergison Bates. If the history of art and architecture were a Grand Hotel—with people coming and going, with many rooms, hallways, lobbies, staircases,

[7] De Certeau, Michel, *L'Écriture de l'histoire*, Gallimard, París, 1975; (versión castellana: *La escritura de la historia*, Universidad Iberoamericana, Álvaro Obregón, 1993).

[7] De Certeau, Michel, *L'Écriture de l'histoire*, Gallimard, Paris, 1975; (English version: *The Writing of History*, Columbia University Press, New York, 1988, p. 44).

vando cuidadosamente la pátina de los viejos muros de ladrillo. Sergison Bates han observado que, para aumentar su valor, muchos edificios se construyen para parecer más antiguos de lo que realmente son. Por ello buscan formas alternativas de mantener, evocar y articular el espacio histórico. Me atrevería a afirmar que una de las razones por las que barnizaron la fachada de ladrillo de la casa-estudio de Bethnal Green es, precisamente, para evitar que los ladrillos quedasen aislados y se convirtiesen en un fetiche, en una reliquia del pasado. Evidentemente, los ladrillos cuentan la historia de su propia fabricación y evocan las manos que les dieron forma, transportaron, apilaron y colocaron en el lugar que ocupan ahora, pero, al echarles la lechada, transforman los ladrillos en una imagen. Se convierten en algo diferente y nuevo, y adquieren una nueva vida. Resulta imposible reducir su significado al de meras reliquias, y también es imposible apropiarse de él por completo. Existen otras señales de su interés por el espacio histórico: por ejemplo, el hecho de que les guste volver a visitar sus edificios, ver como han cambiado después de que las personas se hayan mudado a ellos; también la manera como representan sus proyectos. Conozco a muy pocos arquitectos que utilicen tantas imágenes de obra por un lado y, por otro, detalles de la gente utilizando sus edificios. El paso del tiempo no sólo se registra en los materiales —ladrillos, piedras, paneles de madera—, sino, también, en el uso que la gente hace de los espacios, en cómo los transforman y los recuerdan.

Cuando paseaba por Londres en diciembre, me preguntaba, como historiador, dónde podría ubicar la obra de Sergison Bates. Si la historia del arte y de la arquitectura fuera un gran hotel —con gente que entra y sale, con muchas habitaciones, pasillos, vestíbulos, escaleras, balcones, bodegas, comedores, bares y salas de baile—, y yo fuera el recepcionista que asigna las habitaciones a los clientes, enviaría a Sergison Bates a un ala etiquetada como "realismo". El interés muy preciso por los procesos históricos, por un lado, y por las líneas finas, los márgenes y bordes, por otro, recuerdan uno de los conceptos básicos del realismo: revelar las juntas entre partes diferentes. Los artistas realistas del siglo XIX, como Gustave Courbert o Adolf Menzel, estaban particularmente interesados en representar pictóricamente cómo funcionaban las cosas (es posible seguir la pista de esa fascinación por el mecanismo de los objetos y por los procesos de transición, a través de una línea que llega hasta el arte *pop* y los fotógrafos sociorealistas que Sergison Bates admiran). Podrían citarse otros temas de los que se ocupa el realismo —la vida cotidiana, la historia, el teatro o el peculiar espectro cromático de marrones grisáceos al que hacen referencia—, y podría especularse sobre la arquitectura de las dos últimas décadas alojada en el ala del realismo, como los proyectos de Alison y Peter Smithson y, quizás, algunos proyectos de Herzog & de Meuron y Peter Märkli, entre otros. Sé que la llave de esta ala no está muy solicitada, que está menos llena que otras. Pero estoy bastante seguro de que Sergison Bates se sentirían allí como en casa. También estoy convencido de que muchos más se van a instalar en ella. La puerta está abierta.

balconies, cellars, dining rooms, bars and ballrooms—and if I were the man at the front desk, assigning rooms to his guests, I would send Sergison Bates to the wing which is labelled "Realism". Their very specific interest for historical processes, on the one hand, and for fine lines, margins and borders on the other, recalls one of the basic concepts of Realism, namely to reveal the joints between separate parts. Realist artists from the 19th century such as Gustave Courbet or Adolf Menzel were particularly interested in depicting how things work —one can trace a fascination for the mechanism of things, for processes and transition all the way to Pop Art and the social-realist photographers that Sergison Bates admire. One could name other issues of Realism which they deal with—such as the motif of everyday life, the motif of history, and the motif of theatre, or the peculiar grey-brown colour spectrum that they refer to. And one could speculate about the architecture of the last couple of decades which is installed in the Realist wing, such as the projects by Alison and Peter Smithson and, perhaps, certain projects by Herzog & de Meuron and by Peter Märkli, among others. I know that the key to this wing is not asked for so often. It is less crowded than others. But I am quite sure that Sergison Bates would feel at home. And I am convinced that there are many more to come. The door stands open.

Upper Lawn: The Invisible Restoration. A Conversation with Sergison Bates

Upper Lawn is a weekend house designed by Alison and Peter Smithson for their own use and completed in 1962.[1] The site consisted of two agricultural workers' cottages and an enclosed garden and is close to the remains of Fonthill Abbey, a picturesque landscape laid out by William Beckford in the late eighteenth century. During their time there, the Smithsons made several adjustments to the original project: the kitchen was moved from one end of the ground floor to the other and the orientation of the staircase was changed. In 1982 Upper Lawn was purchased by Robert Clark who, with some modifications, continued to use it as a holiday home until 2002 when it was acquired by Ian and Jo Cartlidge. They commissioned Sergison Bates to undertake a programme of restoration work.

The Smithsons summarised their original intentions as follows:

"An attempt at a simple 'Climate House'; being able to open up the service areas on the ground floor into the old paved areas or the garden, and as rapidly close them down again when the weather changes.

An extension of the 'pavilion and route' organisational method — the pavilion is set as a gatehouse astride the old entrance to the compound.

An experimental building to test certain fittings which are not yet permitted in the London area.

To try on ourselves certain applications and assemblies of materials. To find our what it is like to live in a house in England all the year round which presents glass walls to the entire south, east and west, and if it is so that solar heat can be obtained most of the year and its build-up noticeably offset heat loss.

Variations on the theme doorstep/window in this half-building, half-ruin setting.

The gazebo —to experience fully, during short visits, the country from the first floor spaces."[2]

PETER ALLISON studied at the Architectural Association and teaches in London. He curated the *Beyond the Minimal* exhibition (Architectural Association, London, 1998) on four Austrian practices and *Outside-In* (2000), on new architecture from London.

[1] Véase: Smithson, Alison y Peter, *The Chraged Void: Architecture*, Monacelli Press, Nueva York, 2001, pág. 238; la responsabilidad concreta del proyecto de Upper Lawn se atribuye a Alison Smithson.

[1] Smithson, Alison and Peter, *The Charged Void: Architecture*, Monacelli Press, New York, 2001, p. 238, specific responsibility for the design of Upper Lawn is credited to Alison Smithson.
[2] Smithson, Alison, "Tisbury", in Jeremy Baker (ed.), "A Smithson File", *Architectural Association Journal*, February 1966, p. 212.

© Ioana Marinescu

© Ioana Marinescu

© Ioana Marinescu

El cenador: para tener una experiencia total del paisaje desde los espacios de la primera planta durante las breves visitas".[2]

En la conversación que aparece a continuación[3] hemos intentado explorar el origen y la historia de Upper Lawn, así como ofrecer una explicación de su reciente restauración.

Peter Allison: No tengo una idea clara de cuál es la ubicación de Upper Lawn en relación con los restos de la abadía de Fonthill, el paisaje creado por Beckford. ¿Se encuentra fuera de la finca?

Stephen Bates: Para nosotros, la guía y la referencia más completa sobre el edificio era el libro publicado por los Smithson en España,[4] en cuya introducción se explica el emplazamiento. Estaba ocupado por dos *cottages* de los trabajadores de la finca. La conexión con ésta se ve subrayada, en términos de experiencia, por la puerta de entrada antigua por la que se pasa al llegar desde la carretera: se pasa realmente por esa parte de la finca.

Jonathan Sergison: Cuando se llega por la autopista A303, el acercamiento es impresionante. En el libro al que se ha referido Stephen hay una fotografía de la puerta de entrada a la finca. Estoy seguro de que si vas allí todos los fines de semana, tienes la sensación de que, en ese momento, entras en un lugar especial del que forma parte Upper Lawn.

PA: ¿Creéis que resulta acertado establecer una conexión entre el movimiento pintoresco inglés y Upper Lawn? La organización del emplazamiento y la casa parece tener similitudes con el antipintoresco Patio and Pavilion.[5]

SB: Creo que hay algo de ambas cosas. No cabe duda de que, para nosotros, el proyecto encaja dentro del pintoresquismo inglés. Se trata de una experiencia romántica pero, al mismo tiempo, contiene una idea arquitectónica. La idea de un complejo donde se ubican los edificios continúa, sin duda, con la idea de Patio and Pavilion. En el libro *Upper Lawn. Folly Solar Pavilion*, las ilustraciones muestran el inte-

In the following discussion,[3] we have attempted to explore the background and history of Upper Lawn, and to provide an explanation of the recent restoration.

Peter Allison: I am not completely clear where Upper Lawn is located in relation to the remains of Fonthill Abbey, the Beckford landscape. Is it outside of the estate?

Stephen Bates: The most complete guide and reference, from our point of view, was the Spanish publication[4] made by the Smithsons and the first part of it explains the situation of the site. It was occupied by two cottages for workers on the estate. This connection is made more pronounced, in terms of experience, by the historic gateway which you drive through on the way from the main road: you actually go through part of the estate.

Jonathan Sergison: When you come off the A303, it's an impressive approach. In the book that Stephen is referring to, there's an image of the gateway into the estate. I'm sure that if you go there every weekend it feels as if, at that moment, you are entering this special place which Upper Lawn is part of.

PA: Do you think it is appropriate to make a connection between the English Picturesque movement and Upper Lawn? The organisation of the site and the house seem to have similarities with the Patio and Pavilion exhibit which was anti-picturesque.[5]

SB: I think that there is a bit of both. There is no doubt in our minds that the project fits within an understanding of the English Picturesque. It is a romantic experience but, at the same time, there is an architectural concept. The idea of a compound in which the buildings are placed: there is no doubt that the Patio and Pavilion idea was followed. In the *Upper Lawn. Folly Solar Pavilion* book, the images show that there was an interest in a place of observation, in observing a semi-natural landscape; this was one of the reasons for making the pavilion in the way they did.

---

[2] Smithson, Alison, "Tisbury", en Jeremy Baker (ed.), "A Smithson File", en *Architectural Association Journal*, febrero de 1966, pág. 212.
[3] Ésta es una versión editada de una conversación más amplia que tuvo lugar en el estudio de Sergison Bates el 5 de agosto de 2003. En *Lotus*, 119 (2003) se publicó una versión resumida.
[4] Smithson, Alison y Peter, *Upper Lawn. Folly Solar Pavilion*, Edicions UPC, Barcelona, 1986.
[5] Henderson, Nigel; Paolozzi, Eduardo; Smithson, Alison y Peter, pabellón Patio and Pavilion, en la exposición *This is Tomorrow*, Whitechapel Art Gallery, Londres, 1956.

[3] This is an edited version of a longer discussion which took place at Sergison Bates' office on 5 August 2003. A shorter version was published in *Lotus*, 119 (2003).
[4] Smithson, Alison and Peter, *Upper Lawn. Folly Solar Pavilion*, Edicions UPC, Barcelona, 1986.
[5] Henderson, Nigel; Paolozzi, Eduardo; Smithson, Alison and Peter, Patio and Pavilion exhibit in *This is Tomorrow* exhibition, Whitechapel Art Gallery, London, 1956.

Upper Lawn: The Invisible Restoration

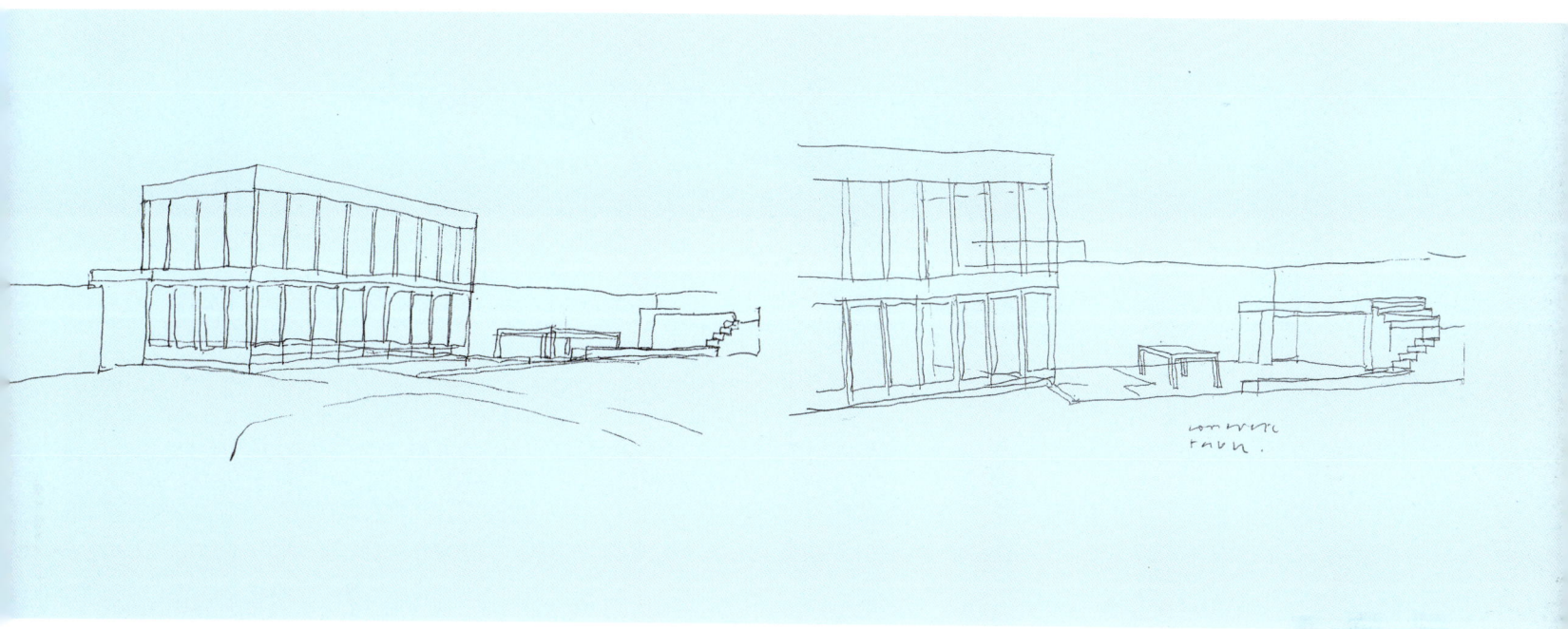

Peter Allison

PA: How do you understand the "as found" concept in relation to Upper Lawn?

JS: "As found" as an architectural concept operates in two ways in this project.[6] Firstly, in terms of the fragments that were found, appropriated and adjusted. The courtyard was the biggest "as found" object: a walled place with a building which they knocked down. It's one of the most powerful things there, that they remade by adjustment. The second aspect lies in the fragments that the Smithsons introduced and recorded during the twenty-year period that they used the pavilion. The Sicilian flags, the peacock hedge etc, all these ephemeral elements were carefully recorded in the book and supported a position defined in *The Shift* book.[7] In this respect, we feel that the concept of "as found" is really all-embracing in this project.

SB: The decision to place the building in an offset position, which left one existing window inside and the other outside, can be seen as a typical example of a picturesque concept but, like so many other occasions in the Smithsons' work, there's no pure diagram here. It is a hybrid of complex ideas and issues. It is possible to refer to Patio and Pavilion, the Picturesque, "as found", technological experiment: they were exploring all this together. That kind of organic approach feels more realistic; you don't just follow a very strict avenue of thought.

JS: I find the Smithsons deeply fascinating because they were so systematic in the way they approached their writing; often it is lyrical and often it is dogmatic. When you take their writing as a whole, they were constantly positioning themselves and the new position was often in conflict with where they were ten years before. Upper Lawn is an example of that: in the early 60s it suited them to describe Upper Lawn as the embodiment of the Brutalist landscape. Many years later, they describe it as something completely different and by then the courtyard had acquired another character

---

[6] Lichtenstein, Claude; Schregenberger, Thomas (eds.), *As Found: The Discovery of the Ordinary*, Lars Müller, Baden, 2001.
[7] Smithson, Alison and Peter, *The Shift*, Academy Editions, London, 1982.

© Ioana Marinescu

antes. Upper Lawn es un buen ejemplo: a principios de la década de 1960 les encajaba como encarnación del paisaje brutalista y, muchos años después, lo describen como algo completamente diferente, que aqquiere un carácter distinto.

PA: Algunas de las intenciones originales de los Smithson se hacen patentes en el edificio construido, pero otras resultan menos claras e invitan a seguir investigando. ¿Es posible identificar los elementos que no podían utilizarse en Londres?

SB: Los fragmentos de los diarios de los Smithson hacen referencia a un tipo de polietileno que utilizaron como membrana impermeable y algunos elementos de fontanería y desagüe que no hubieran podido construirse en Londres. Por lo demás, en Upper Lawn no había muchos elementos o piezas fabricadas.

JS: La lista de intenciones es interesante: proyectar una casa climática, capaz de abrirse y cerrarse dependiendo del tiempo atmosférico.

PA: Some of the Smithsons' original intentions are self-evident in the completed project but others are less clear and invite further investigation. Is it possible to identify the fittings which were not permitted in London?

SB: Excerpts from the Smithsons diaries refer to a type of polythene, which was used as a damp-proof membrane, and elements of the plumbing and drainage would not have been possible in London. Otherwise, there weren't many fittings or manufactured pieces in Upper Lawn.

JS: The list of intentions is interesting: to design a climate house capable of opening up and closing down with the weather. Certainly, it is capable of opening up, and I think that's one of the biggest contributions we made in the restoration: to ensure that level of openness, especially on the ground floor where it's most striking. But the idea of closing down is also significant because it is a pretty severe

Desde luego, se puede abrir, y creo que este hecho es una de nuestras mayores contribuciones en la restauración: asegurar el grado de abertura, sobre todo en la planta baja, donde esta posibilidad resulta más asombrosa. Pero la idea de que pueda cerrarse también es importante, porque es un lugar con un clima bastante duro en invierno, por eso, muchas de las medidas que hemos adoptado están relacionadas con la introducción prudente de mecanismos contemporáneos que permitan a los clientes habitarla de un modo más confortable en invierno.

PA: ¿A qué creéis que se referían los Smithson con "usos y ensamblajes de los materiales"?

SB: Cuando empezamos a desmontar la casa, nos dimos cuenta de lo rudimentaria que era, pero la idea de conceptualizar la construcción es interesante. Pienso en la construcción de las puertas de la planta baja, construidas con tres capas cuyo desajuste crea rebajes, a diferencia de lo que ocurre con los marcos salientes de las puertas tradicionales. Es nuestra forma de concebir los detalles, pero sabemos, por experiencia, que incluso ahora resultan poco convencionales. Otra cosa poco usual era el revestimiento con tabique pluvial, en este caso de aluminio. La estructura principal es tipo *balloon frame*, y fue rellenada con un aislamiento de poliestireno. Funcionaba como una membrana: el aluminio estaba sujeto como si fuera un revestimiento semiventilado. La elección de los materiales es coherente y revela que tuvieron en cuenta cómo cambiarían con el paso del tiempo y de cómo trabajaban conjuntamente. Está claro que, desde el principio, entendieron que la teka y el aluminio se fundirían creando una identidad única.

PA: Me parece una idea brillante y no sé cómo se les ocurrió.

SB: Bueno, sabemos que la observación fue un punto importante en su manera de trabajar. Utilizaban materiales que pudiesen cambiar de un modo natural. Ninguno de los materiales que hemos mencionado habían recibido tratamiento, y sabían lo que les ocurriría. Para nosotros este hecho fue una parte importante del proceso del proyecto.

JS: Este tema lo ha investigado Peter Salter, quien trabajó con ellos: la idea del envejecimiento en relación con su obra.[8] Creo que en los edificios de Bath[9] se desarrolló aún más este aspecto, pero Upper Lawn da una sensación general de equivalencia entre el envejecimiento realmente intenso de la piedra y el aluminio, la reflexión del vidrio y la teka.

PA: En el caso del edificio del Economist, hablan de estos temas como parte del proceso del proyecto, y ambos proyectos son contemporáneos.[10]

SB: Conecta con el brutalismo en lo que se refiere al uso directo de los materiales. Cuando nos empezamos a plantear la restauración con los clientes, pretendíamos sustituir todo aquello que estuviera demasiado deteriorado, pero enseguida observamos que era un problema. En principio, nos planteábamos cambiarlo todo. Cuando se contemplan las fotografías originales del edificio en *The Architectural Review*,[11] donde se publicó por primera vez, puede verse que era de color plata y marrón intenso, como un templo griego en medio de este paisaje difícil y austero. Creo que aquellas fotografías debieron resultar bastante sorprendentes en aquel momento. Sólo nos dimos cuenta de ello cuando nos planteábamos si debíamos hacer lo mismo. Unas de las razones por las que no lo hicimos fue el presupuesto,

place in the winter and many of the steps that we have taken concern the discreet introduction of contemporary devices that enable our clients to be more cosy in the winter.

PA: What do you think "applications and assemblies of materials" might refer to?

SB: As we began to take the house apart, we realised just how crude it is. But the idea of conceptualising construction is interesting. I am thinking of the build-up of the ground-floor doors which are made in three layers whose displacement creates rebates, unlike a traditional door with its routed frame. It is the kind of way that we think about details but we know, from experience, that it is understood to be unconventional, even now. Another thing, which was unusual, was the idea of rainscreen cladding, represented by the aluminium. The balloon frame, which was constructed as the main structure, was filled with polystyrene insulation, there was a membrane and the aluminium was attached as a potentially ventilated cladding. There is a consistency in the choice of materials and an understanding of how they will change over time and begin to work together. It is clear that, from the beginning, they understood that the teak and aluminium would merge to create a single identity.

PA: I find that brilliant and I can't see how they figured it out.

SB: Well, we know that observation played a big role in the way they worked. They used materials that would change naturally; none of the materials we have mentioned are treated in any way and they knew what would happen to them. This was an important part of the design process for us.

JS: It's something that Peter Salter, who worked for them, has explored: the idea of weathering in relation to their work.[8] I think that the Bath buildings[9] develop this more fully but, at Upper Lawn, the sense of overall equivalence between the stone and the aluminium, the reflectivity of the glass and teak, when it weathered, is really powerful.

PA: In the case of the Economist building, they talk about these issues as part of the design process and they were doing both projects in the same time frame.[10]

SB: It connects with Brutalism in terms of a direct use of materials. When we started considering the restoration, with our client, there was an intention to replace anything that was rotting but this quickly became an issue. Potentially, we were looking at replacing everything. When you look at the original photographs of the building in *The Architectural Review*,[11] where it was first published, you appreciate that it was silver and a rich brown, like a Greek temple in this hot, spare landscape. When you realise what these pictures looked like at the time, it would have been quite shocking. We only faced that when we were considering whether we were going to have to do the same thing. Cost was one of the reasons we did not do that but, ultimately, the idea of an invisible project was more interesting. Why should we replace material which was oxidised, and a bit dented, if it could continue to be there? That was a big turning point in our proposals because initially the extent of our work was much greater than it ended up being.

JS: It also effected the choice of contractor because we did not work with a general contractor but with a specialist restoration contractor who normally works with 16th-century barns rather than 1960s modernist icons. We were keen not to lose the sense of weathering that

---

[8] Salter, Peter; Wong, Lorenzo, *Climate Register: Four Works by Alison and Peter Smithson*, Architectural Association, Londres, 1994.
[9] Entre 1978 y 1990, los Smithson realizaron cuatro edificios para la University of Bath.
[10] En *The Charged Void: Architecture*, op. cit, pág. 248, por ejemplo.
[11] Smithson, Alison y Peter, "Architects' own house, Tisbury, Wiltshire", en *The Architectural Review*, febrero de 1963.

[8] Salter, Peter; Wong, Lorenzo, *Climate Register: Four Works by Alison and Peter Smithson*, Architectural Association, London, 1994.
[9] The Smithsons completed four buildings for the University of Bath between 1978 and 1980.
[10] In *The Charged Void: Architecture*, op. cit., p. 248, for example.
[11] Smithson, Alison and Peter, "Architects' own house, Tisbury, Wiltshire", in *The Architectural Review*, February 1963.

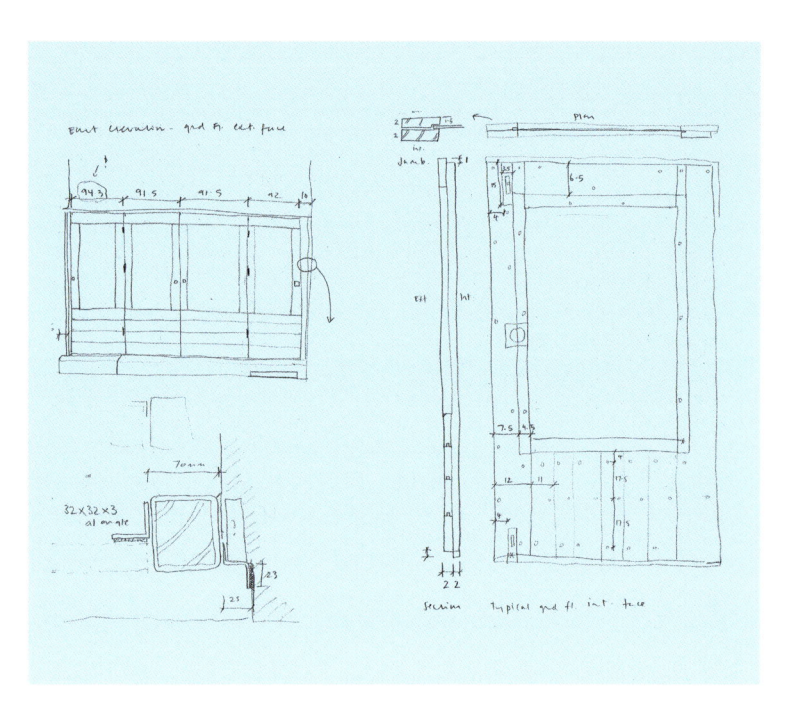

pero, a la larga, la idea de que el proyecto fuera invisible resultó más interesante. ¿Por qué debíamos sustituir un material oxidado y un poco abollado si podía seguir estando ahí? Fue un momento muy decisivo, porque, inicialmente, el alcance de nuestro trabajo debía ser mucho más amplio de lo que acabó siendo.

JS: También afectó en la elección del contratista, pues no trabajamos con un contratista general, sino con uno especializado en restauraciones que normalmente trabajaba con graneros del siglo XVI, y no con iconos de arquitectura moderna de la década de 1960. No queríamos que se perdiese la pátina que ya se había producido y necesitábamos un contratista que entendiese el valor de lo que esto significaba. En cuanto al uso directo de los materiales, me gustaría citar un ejemplo que surgió de nuestras charlas con los trabajadores de la obra cuando estaban montando de nuevo las puertas. Dijeron que una de las cosas que respetaban realmente era los detalles de las puertas, trabajados en contra de las convenciones de la carpintería, como ya hemos mencionado antes. Las tres capas de madera pegadas suponían una forma de ensamblar las puertas muy directa. Dijeron que daba gusto encontrar algo tan inteligente, tan cuidado y que cuestionaba tanto la convención. Éste es uno de los innumerables ejemplos del aspecto arqueológico del proyecto de restauración. Fue un privilegio participar en algo que nos permitió desmontar cosas y volverlas a montar, y no sólo ocuparnos de las superficies, con todas las lecciones que eso supuso.

PA: ¿Cómo entendéis el tema del umbral/ventana en el contexto de Upper Lawn?

SB: La idea de colocar una losa sobre el terreno, ese escalón que se percibe al estar allí, es otro ejemplo de superposición. La idea del umbral resulta más relevante cuando las puertas están abiertas; crea un espacio cubierto que forma parte del jardín, pero que, en cierto sentido, se separa de él, pues hay que salvar un escalón.

PA: En algunos de sus edificios, los antepechos de las ventanas son muy bajos y aumentan la visibilidad del terreno. En Upper Lawn este hecho se encuentra aún más acentuado porque la altura de las ventanas es también mayor.

SB: La decisión de ampliar la altura de las ventanas crea un reborde encima. Aunque hay grandes extensiones de vidrio, existe una intensa sensación de reclusión en el interior porque las esquinas macizas son visibles. Desde el exterior, se genera una proporción más equili-

had occurred and needed a contractor who understood the value of what this meant. On the question of directness, there is one example I would like to cite that emerged through discussion with the men on site when they were reassembling the doors. They said that one of the things they really respected was the way the detailing of the doors worked against the accepted conventions of door joinery, as mentioned earlier. With the three layers of timber bonded together, it provided a way of making a door assembly that was very direct. They said it was such a pleasure to find something that was so intelligent, so considered and so questioning of convention. That's one of countless examples of the archaeology of the restoration aspect of the project. It was a privilege to be involved in something that enabled us to take the thing apart, not just look at surfaces, and put it back together again, with all the lessons that came with that.

PA: How do you understand the doorstep-window theme in the Upper Lawn context?

SB: The idea of placing a slab on top of the ground, this step that you experience when you are there, is another example of layering. The idea of doorstep seems more relevant when the doors are open; it creates this covered space, it is part of the garden but covered and somehow separate, because you have to step onto it.

PA: In several of their buildings, the window-sills are quite low which increases the visibility of the ground. At Upper Lawn, this is given further emphasis by dropping the height of the windows.

SB: The decision to drop the window height leaves a solid upstand above. Internally, although it is extensively glazed, there is a great sense of enclosure because you can see solid corners. From the outside, it creates a more equal proportion between the solid strips above and below the first-floor glazing. The aluminium strips in these positions are similar in depth and that gives the building a certain weight. Whilst its appearance is fragile, its proportions are very measured.

PA: One thing that struck me about the internal route was the way in which you circulate against the glazed screen which, from that position, is difficult to see out of. It directs your attention to the views at each end.

SB: That is to do with the thickness of the joinery, the way of making the doors. It also creates a very definite inner space, in which you can stop and activities take place. What is very obvious is how the house changes through the seasons and you can imagine how, in the winter,

Upper Lawn:
la restauración invisible

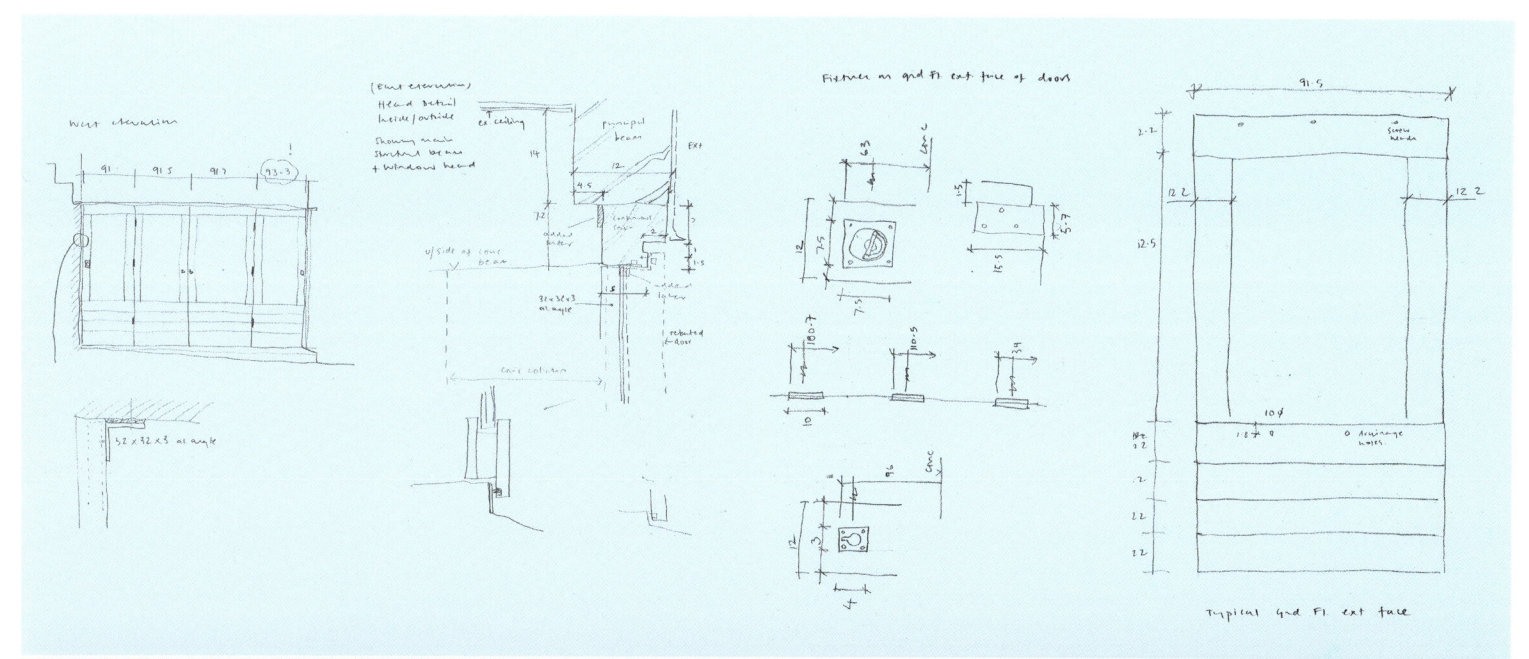

Upper Lawn:
The Invisible Restoration

Peter Allison

© Ioana Marinescu

brada entre las franjas opacas situadas encima y debajo del acristalamiento de la primera planta. Las franjas de aluminio en esas posiciones tienen un grosor similar y confieren cierto peso al edificio. Aunque sea frágil en apariencia, sus proporciones están muy medidas.

PA: Una cosa que me llamó la atención del recorrido interior fue que uno se mueve en dirección opuesta a las ventanas y, desde esa posición, no es posible ver hacia fuera, por lo que tu atención se dirige hacia cada uno de los extremos.

SB: Ese hecho está relacionado con el grosor de la carpintería, con cómo están hechas las puertas. También crea un espacio interior muy definido donde puedes detenerte y donde es posible llevar a cabo distintas actividades. Lo que resulta muy obvio es el modo como cambia la casa con las distintas estaciones; en invierno prefieres alejarte de las ventanas y refugiarte cerca de la chimenea. A medida que se acerca el verano y se abren las puertas, la circulación se amplía hasta el jardín.

PA: ¿Qué podrías decir de la idea del *camping* en relación con Upper Lawn, del uso de mobiliario plegable?

SB: Sabemos que utilizaban la casa mientras se estaba construyendo, y en sus textos se hacen referencias constantes a "vivir bajo plásticos". Creo que la familia estaba muy acostumbrada a ello; formaba parte de la cultura familiar, y eso es lo que hace que la casa funcione.

PA: Ese tipo de uso y de mobiliario ejerce un impacto formal muy bajo en la definición arquitectónica de Upper Lawn. La experiencia primordial que permanece es la de reclusión espacial. Si se introduce mobiliario más estático y convencional, el resultado es el de una estructura formal superpuesta, y la tendencia es que el componente espacial queda relegado a un segundo plano.

JS: Uno tiene la sensación de que, a excepción del edificio, en su regreso a Londres colocaban todo cuanto poseían en la baca de su Citroën. A juzgar por las fotografías de los Smithson, tienes la sensación de que se trataba de una experiencia muy cercana al *camping*.

PA: Vosotros visitasteis Upper Lawn por primera vez cuando Bob Clark era todavía el propietario. ¿Podéis describir algunos de los cambios que se habían producido desde que se fueron los Smithson?

JS: El cambio más importante era el edificio de una planta que Clark levantó junto al pabellón. Otra cosa reseñable era la sensación de que el jardín había adquirido una identidad muy distinta. "Jungla" quizá sea un término injusto, pero daba la sensación de que, en cinco años más, el pabellón podría haber sido completamente engullido por la vegetación.

PA: ¿El cobertizo se encontraba sobre las ruinas del antiguo *cottage*?

JS: Sí, ese espacio donde los Smithson crearon una terraza que tenía el mismo tamaño en planta que el pabellón.

PA: ¿Podemos pasar ahora a hablar de vuestro trabajo en Upper Lawn?

SB: Es importante destacar que la obra se realizó en gran medida en colaboración con los nuevos propietarios. En realidad, fueron ellos quienes iniciaron el proceso, ya que los primeros trabajos se realizaron en el jardín. Tras ocupar la casa, comenzaron a limpiar el jardín y a eliminar los arbustos que crecían sin control (en particular los bambúes que había plantado Bob Clark). Nosotros intervinimos en la siguiente fase. Tras un levantamiento minucioso del edificio y observaciones concienzudas de lo que existía, nos pusimos a estudiar el alcance de la obra, que en parte consistía en identificar aquello

© Ioana Marinescu

you want to be distanced from the glass and within the realm of the hearth and, as summer approaches and the doors open up, the circulation extends into the garden.

PA: Could you say something about the notion of camping in relation to Upper Lawn, the use of folding furniture?

SB: We know that they used the house whilst it was being constructed and there are constant references to their being under plastic. I think that, as a family, they were quite used to that. It was all part of their family culture and that is why the house works.

PA: That kind of use and that kind of furniture have a very low level of formal impact on the architectural definition of Upper Lawn. The primary experience remains that of the spatial enclosure. When more conventional, static furniture is introduced, the result seems to be that one formal structure is overlaid by another and that there is a tendency for the spatial component to be pushed into the background.

JS: You get the feeling that everything they owned, apart from the building as a structure, was put on the roof of a Citroën for the drive back to London. It does feel, from the Smithsons' photographs, that it was more akin to a camping experience.

PA: You first saw Upper Lawn when Bob Clark owned it. Can you describe some of the changes that had taken place since the Smithsons left.

JS: The biggest change was the single-storey structure that he had

que debía sustituirse por su grado de deterioro o porque ya no funcionaba. Lo segundo fue identificar qué podíamos hacer para mejorar el ambiente interior, lo que supuso la instalación de un sistema de calefacción.

JS: En cierto momento nos planteamos rehacer completamente las puertas y sustituir su revestimiento interior, e introducir doble acristalamiento. En otras palabras, una versión del proyecto que suponía rehacerlo todo y dejarlo tal como fue hace cuarenta años. Esta opción se rechazó porque nos parecía más interesante y razonable ser prudentes y cuidadosos con la sustitución de la carpintería existente; curiosamente, el cobertizo que había construido Bob Clark nos proporcionó una fuente muy valiosa de madera seca, pues, al demolerlo, la teka de las puertas pudo reutilizarse para reemplazar la madera que era imposible reparar del pabellón. Cuando comenzamos el proyecto, teníamos la intención de sustituir el contrachapado interior. Descubrimos que ese tipo de contrachapado de abeto Douglas de 6 mm de espesor ya no se fabricaba. Al darnos cuenta de ello, pudimos reutilizar todos los paneles tras numerarlos con mucho cuidado y lijarlos ligeramente. El constructor hizo algunos parches puntuales con gran pericia. Todos los paneles fueron retirados, se sustituyó por completo el aislamiento y se volvieron a montar, lo que afectó a los techos de ambas plantas.

SB: Para mejorar el rendimiento térmico, especificamos una hoja de vidrio de alta calidad, con un sellado de alto rendimiento (del que no disponía el edificio original), con el fin de evitar las corrientes. Cuando se retiró el techo de la planta baja para lijar el contrachapado de madera, se instaló una calefacción por suelo radiante ligero con dos capas: la superior irradia calor hacia la primera planta y la inferior a la planta baja a través del falso techo. De esta forma evitamos dejar marcas en la losa de hormigón. Con el sistema actual pudimos conseguir calor constante de baja intensidad en las dos plantas a la vez.

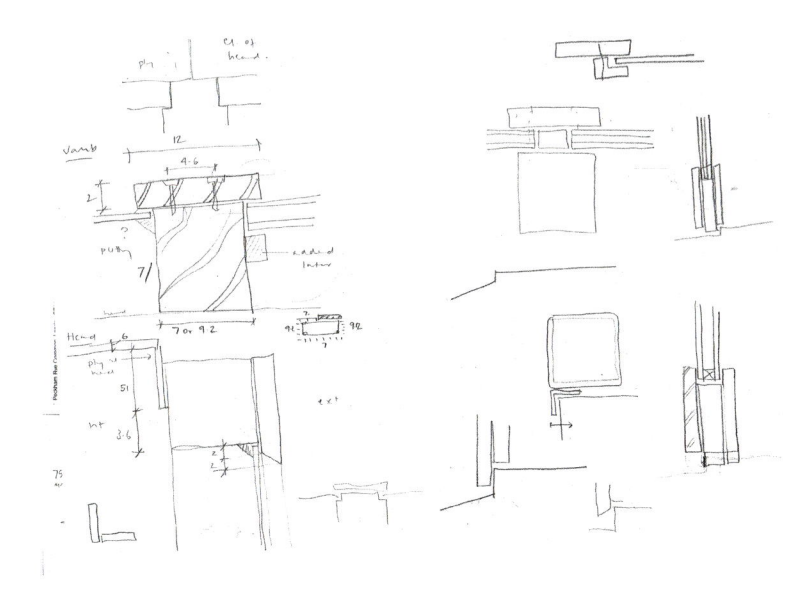

erected next to the pavilion. The other thing that was very noticeable was the sense in which the garden had acquired a very different identity. "Jungle" is probably unfair but it felt as if, in another five years, the pavilion would have been completely consumed by growth.

PA: Was the shed located in the space created by the ruin of the old cottage?

JS: Yes, it was in the space that the Smithsons had created as a terrace which, in size, has an equivalence with the plan footprint of the pavilion.

PA: Can we move on to talk about your own work there.

SB: It is important to point out that the work we made was very much in collaboration with the new owners. They actually started the process because the first work was carried out in the garden. Once they had occupied the house, they started to clear the garden of the shrubs that were out of control, namely the bamboos which Bob Clark had introduced. The next stage was to do with our own input. After a very detailed survey, and close observations of what was there, we set about developing a scope of work. Part of that was identifying things that had to be replaced because they had rotted or were not functioning anymore. The second thing was to identify what we could do to improve the internal environment and that involved the introduction of a heating system.

JS: At one point we considered an extreme which was to say that the doors would be completely remade, and double-glazing introduced, and that the linings on the inside of the doors should be new. In other words, a version of the project would be to remake it exactly as it had been 40 or so years ago. This was rejected as it seemed more interesting and reasonable to be discreet and careful with the way the existing joinery was replaced and, curiously enough, Bob Clark's shed offered a very valuable source of seasoned timber because when it was demolished, the teak, which he had used to make the doors, could be used to replace any timbers that were beyond repair in the pavilion. When we started the project, there was an ambition to replace the plywood on the inside. We discovered that that form of Douglas Fir plywood, 6 mm thick, is not produced anymore. We then realised that, by numbering the panels quite carefully, and lightly sanding them, they could all be reused. Some local patches have been made good by the builders —very expertly. They were all taken down and the insulation was replaced completely, and then they were reassembled. That happened with the ground-floor ceiling, as well as the first floor.

SB: Connected with the issue of thermal performance, we specified a very high-quality single glazing and high-performance seals—which did not exist in the original building—with the intention that they would block out draughts. When the ceiling of the ground floor was removed in order to sand down the plywood, a lightweight underfloor heating system was installed. It has two layers: the top layer radiates heat upwards through the first floor and the lower layer radiates heat downwards through the ceiling of the ground floor. This way we avoided making any mark on the concrete slab. With the current system, in one move, we were able to introduce heating for both floors, low-level constant heat.

JS: It's set up so that during the winter it can create background warmth when our clients are not there.

SB: And it's enhanced by having log-burning stoves which are more to do with congregating around the fire.

JS: We also remade the kitchen which, as we found it, was not really

JS: La nueva instalación permite que, durante el invierno, se mantenga una temperatura media aun cuando los habitantes no estén en la casa.

SB: El sistema de calefacción se complementa con unas estufas de leña que sirven, sobre todo, para reunirse alrededor del fuego.

JS: También rehicimos la cocina, pues, tal como la encontramos, realmente no resultaba adecuada para nuestros clientes. Ahora dispone de un frigorífico, algo que no había tenido nunca, una pequeña cocina y un horno, aunque carece de lavavajillas (el único elemento fijo de la cocina de los Smithson era un gran lavavajillas). También rehicimos el mueble de almacenaje de la zona de estar.

PA: Otra cosa por la que me gustaría preguntaros es la nueva mesa de hormigón que ocupa el espacio exterior que antes ocupaba el cobertizo de Bob Clark.

JS: La mesa intenta formalizar el espacio. La elección del material se sopesó con mucho cuidado, y está inspirada, en parte, en el modo como los Smithson construyeron los escalones de hormigón y la losa de la pared del fondo para crear una chimenea exterior, y, en parte, por cómo introdujeron la estructura de hormigón dentro del pabellón. A largo plazo, la intención es introducir un segundo pabellón de una sola planta, y la mesa es el prototipo de cómo esperamos construir ese edificio.

SB: Como puedes imaginar, la idea de construir algo permanente fue una decisión importante. En cierto sentido, creo que tiene que ver con tu observación sobre el mobiliario plegable y con una sensación de conflicto entre la forma de las cosas. La naturaleza abstracta de una mesa de hormigón nos permitió establecer una conexión fuerte con el lugar, y creo que funciona.

JS: Se considera un todo ensamblado porque es una mesa, pero también el territorio sobre el que se asienta es una estera. Todo forma parte de lo que describías, que tiene que ver con la controversia acerca de su naturaleza como objeto. Es una pieza de mobiliario pero, a diferencia del mobiliario delicado y efímero del que hablabas, en este caso se trata de una estructura tan permanente como un edificio.

PA: Es muy arquitectónica, ¿cuánto mide?

JS: 1,5 m x 2,5 m, con cinco patas de 10 x 10 cm.

PA: ¿La quinta pata fue necesaria por motivos estructurales o forma parte de la idea?

JS: No se diseñó teniendo en cuenta la estructura. Trabajamos en ella junto a uno de nuestros ingenieros de estructuras preferidos para asegurarnos de que se tenían en cuenta todos los aspectos técnicos: la decisión sobre el sistema de refuerzo, donde utilizamos acero inoxidable en lugar de armaduras tradicionales. Creo que la quinta pata tiene que ver, como todo el resto, con la armonía con el edificio existente: la sensación de que se trata casi de una abstracción del pabellón.

PA: El diseño de las fachadas sur, este y oeste es una pantalla repetitiva que ejerce un papel significativo en relación con el volumen de Upper Lawn respecto al paisaje circundante y el patio. Se trata de un recurso impactante que los Smithson utilizaron en un gran número de proyectos.

JS: Evidentemente, puede apreciarse su relación con el edificio del Economist. Parece extraño establecer una relación entre edificios tan diferentes, pero ambos utilizan un mecanismo de orden repetitivo y

© Ioana Marinescu

suitable for our clients. It has a fridge, which it never had before, a mini-hob and an oven, but no dishwasher (a large dishwasher was the only fixed aid in the Smithsons' kitchen). We also rebuilt the banco, the storage bench in the living area.

PA: The other thing that I would like to ask you about is the table, the new concrete table which reclaims the external space that Bob Clark's shed occupied.

JS: It is an attempt to formalise that space. The choice of material was very carefully considered, partly inspired by the way the Smithsons had made the concrete steps and slab against the end wall to form an external inglenook, and partly by the way in which they had introduced the concrete structure inside the pavilion. There is, in the longer term, an ambition to introduce a second pavilion, which will be single-storey, and the table is a prototype for the way that we are hoping to make that building.

muestran su capacidad para sentirse cómodos con geometrías con ángulos de 45 grados.

SB: El tema de la repetición es interesante. Hay una repetición implícita entre la fachada sur y las fachadas este y oeste, pero, al observarlas y medirlas más de cerca, son muy diferentes: las proporciones son distintas. A nosotros nos interesa mucho la repetición y a los Smithson está claro que también les interesaba. Una de las alegrías que recordaban a propósito de la ciudad de Bath, era la posibilidad de que una tipología pudiera adaptarse al terreno y al paisaje.[12] Observo la conjunción del ideal moderno de la pantalla, la construcción modular y la posibilidad de adaptarlos a una situación determinada, de manera que sean capaces de medir con exactitud la profundidad del edificio que querían. No sé si los Smithson eran conscientes del aspecto que puede apreciarse en una vista oblicua de la fachada sur: los alzados laterales se acortan y se asemejan a los de la fachada sur, pues los módulos de las fachadas laterales eran más grandes que los de la frontal.

PA: Para terminar, me gustaría examinar la importancia de Upper Lawn hoy. Se han realizado dos exposiciones en Suiza[13] y, recientemente, os han contratado como profesores en la ETH de Zúrich. ¿Podéis explicar el interés que despiertan actualmente los Smithson y Upper Lawn en Europa?

JS: Este edificio es uno de sus proyectos más accesibles. Tiene una escala y una claridad irrefutables. Creo que hace gala de una sensibilidad que está muy presente en una serie de preocupaciones que la arquitectura europea contemporánea está investigando, y ésa es la razón por la que ha sido objeto de dos exposiciones, de libros y de numerosos artículos. También están los increíbles libros que Peter estaba preparando y editando poco antes de morir.[14]

SB: El proyecto de Upper Lawn tiene esa "otredad" que algunos miembros de la cultura arquitectónica suiza están interesados en

SB: The idea of building something permanent there was a big decision, as you can imagine. I think it connects, in some way, to your observation about folding furniture and a sense of the clashes between the formalities of things. The abstract nature of a concrete table allowed us to connect it so much with place, that I think it works.

JS: It is considered as a complete assembly because it is the table but also the mat, the territory that it sits on. That was all part of the thing that you were describing, which is about the polemic of what it is as an object. It is a piece of furniture but, unlike the furniture you were describing which is delicate and ephemeral, this is as permanent as the structure of the building.

PA: It is very architectonic, just remind me of the size?

JS: It is 1.5 by 2.5 m and it has five legs which are 10 by 10 cm.

PA: Was the fifth leg necessary for structural reasons or is it part of the concept?

JS: It was not drawn with structure in mind. We worked with one of our favourite structural engineers on it to make sure that all the technical aspects were fully considered: the decision about how the reinforcement works, using stainless steel rather than regular reinforcement rods. I think that the fifth leg is as much to do with it rhyming with the existing building, as anything else: the sense that it is almost like an abstraction of the pavilion.

PA: The design of the south, east and west facades as a repetitive screen plays a significant role in relating the volume of Upper Lawn to the surrounding landscape and the courtyard. It was a powerful invention which the Smithsons developed in a number of larger projects.

JS: Certainly, you can see its relation to the Economist building. It seems strange to make a connection between such different buildings but they both use a repeated ordering device and show an ability to be relaxed about 45-degree geometries.

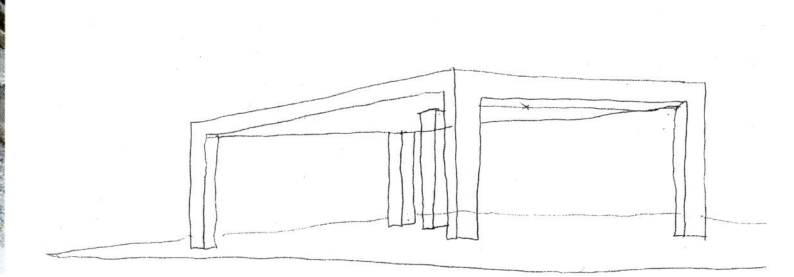

[12] Smithson, Peter, *Bath: Walks Within the Walls*, Adams & Dart, Bath, 1971
[13] Lichtenstein, Claude; Schregenberger, Thomas (eds.); *op. cit.*; Krucker, Bruno; Aerni, Georg, *Complex Ordinariness: The Upper Lawn Pavilion by Alison and Peter Smithson*, gta, Zúrich, 2002.
[14] Smithson, Alison y Peter, *The Charged Void: Architecture, op. cit.*; Smithson, Alison y Peter, *The Charged Void: Urbanism*, Monacelli Press, Nueva York, 2004.

© Ioana Marinescu

© Ioana Marinescu

SB: The issue of repetition is interesting. There is an implied repetition between the south facade and the east and west facades but, on closer observation and measurement, they are quite different: the proportions are different. We are very interested in repetition and the Smithsons clearly were as well. One of the joys they noted in the city of Bath is how a repeated building type can be adapted to the ground and landscape.[12] I see the coming together of a modernist ideal of the screen, and modularisation, with the ability to adapt to a situation so that they were able to measure exactly what they wanted in terms of the depth of the building. I don't know if it had a formal aspect in that they understood what you would see in an oblique view of the south front, that the side elevations would be slightly shortened and become more equal with the front. The point is that the side modules were bigger than the ones on the front.

PA: In conclusion, I would like to consider the contemporary relevance of Upper Lawn. It has figured in two exhibitions in Switzerland,[13] and you have recently been appointed to a joint professorship at the ETH Zurich. Can you explain the current level of interest in the Smithsons and Upper Lawn in Europe?

JS: The building is one of the most accessible of all their projects. It has a scale and clarity that is irrefutable. I think it has a sensibility which feels very present in a range of concerns that contemporary European architecture seems to be exploring and that is why it has been the subject of two exhibitions, publications, numerous articles —and there's the amazing publications that Peter was involved in organising and editing before he died.[14]

SB: The Upper Lawn project has this "otherness", which certain members of the Swiss architectural culture are interested in exploring, and that relates to the everyday and the idea of occupation. The *Upper Lawn* book, like no other book about a building, explains the day-to-day use and moved the building away from a purely architectural discussion into one that was to do with family and life, and nature, and the seasons and change. That view has really grabbed the imagination of a sophisticated architectural culture which is trying to find a way out of an increasingly rationalised way of seeing things.

JS: Another connection with the current situation is the material directness that Upper Lawn employs. When you understand the work of an architect like Valerio Olgiati, that you use timber but you really use it, you don't treat it, you just cut it to the right section. You work with the presence of the stone wall that you have retained; the concrete floor is a concrete floor.

SB: That is part of the big jump that has taken place from the time of the Smithsons who, with their strong beliefs, made something which was purely for themselves. Before they made it public, it was just a family house and they were able to be uncompromising and say "Yes, the elevation is going to be like this, with no opening windows," and they could live with very simple things. It's quite a different place now because other people are living there with very different expectations.

---

[12] Smithson, Peter, *Bath: Walks Within the Walls*, Adams & Dart, Bath, 1971.
[13] Lichtenstein, Claude; Schregenberger, Thomas (eds.), *op. cit.*, and Krucker, Bruno; Aerni, Georg, *Complex Ordinariness: The Upper Lawn Pavilion by Alison and Peter Smithson*, gta, Zurich, 2002.
[14] Smithson, Alison and Peter, *The Charged Void: Architecture, op. cit.*; Smithson, Alison and Peter, *The Charged Void: Urbanism*, Monacelli Press, New York, 2004.

Museo de Historia de la Cultura, Bornholms
Cultural History Museum, Bornholms

2004

La arquitectura de este museo en proceso de reorganización pretende proporcionar una representación intensa y abstracta del carácter de una ciudad conformada a partir de edificios agrupados alrededor de patios abiertos. Se proponen formas sencillas y enérgicas que recuerdan a los edificios para ahumar pescado y a las *rundkirkes* (iglesias de planta circular) de la isla. Su escala se ajusta a la de las calles y casas cercanas para crear una arquitectura nueva pero conciliadora.

El material utilizado para el nuevo edificio es el ladrillo, que se ha utilizado de un modo omnipresente y con un carácter monolítico. De textura suave, con juntas que se desdibujan por una capa de lechada aplicada sobre la superficie, los ladrillos pierden su carácter de piezas aparejadas y diferenciadas para pasar a formar parte de un todo en una estructura conglomerada. En algunas zonas la junta se ha dejado abierta para mejorar la ventilación de la cámara. Se ha suprimido la expresión estructural del material para conferirle una autonomía respecto a la técnica que intensifica su expresión como envoltorio, como cerramiento pesado o pantalla perforada. Los lucernarios angulosos con grandes ventanas confieren al edificio un carácter público adecuado, en un barrio con un marcado componente residencial.

La organización del edificio es sencilla y se desarrolla por medio de salas interconectadas. Las instalaciones educativas y de investigación se encuentran dentro del Gamle Museumbyggning ya existente; las administrativas y de personal ocupan el actual edificio del Gule Længe, y los espacios de exposición y los talleres se sitúan en el nuevo edificio, que está dividido en tres plantas. La planta baja alberga la recepción, la cafetería, las exposiciones temporales y los talleres de restauración. En la primera planta se encuentran el Museo de Historia Rønnes/Bornholms, los espacios de exposición adicionales (que incluyen una maqueta de la ciudad), oficinas y talleres. La planta sótano aloja las colecciones de las épocas antigua, medieval y moderna. Un ascensor conecta las diversas plantas y asciende hasta una plataforma mirador desde la que se tiene una vista que domina la ciudad. La distribución e integración de los espacios pretende otorgar al museo una atmósfera de transparencia. Las salas de exposiciones, oficinas y el archivo son visibles desde cualquier punto, para facilitar el trabajo cotidiano y subrayar la igualdad de condiciones de los actos de ver, investigar y catalogar.

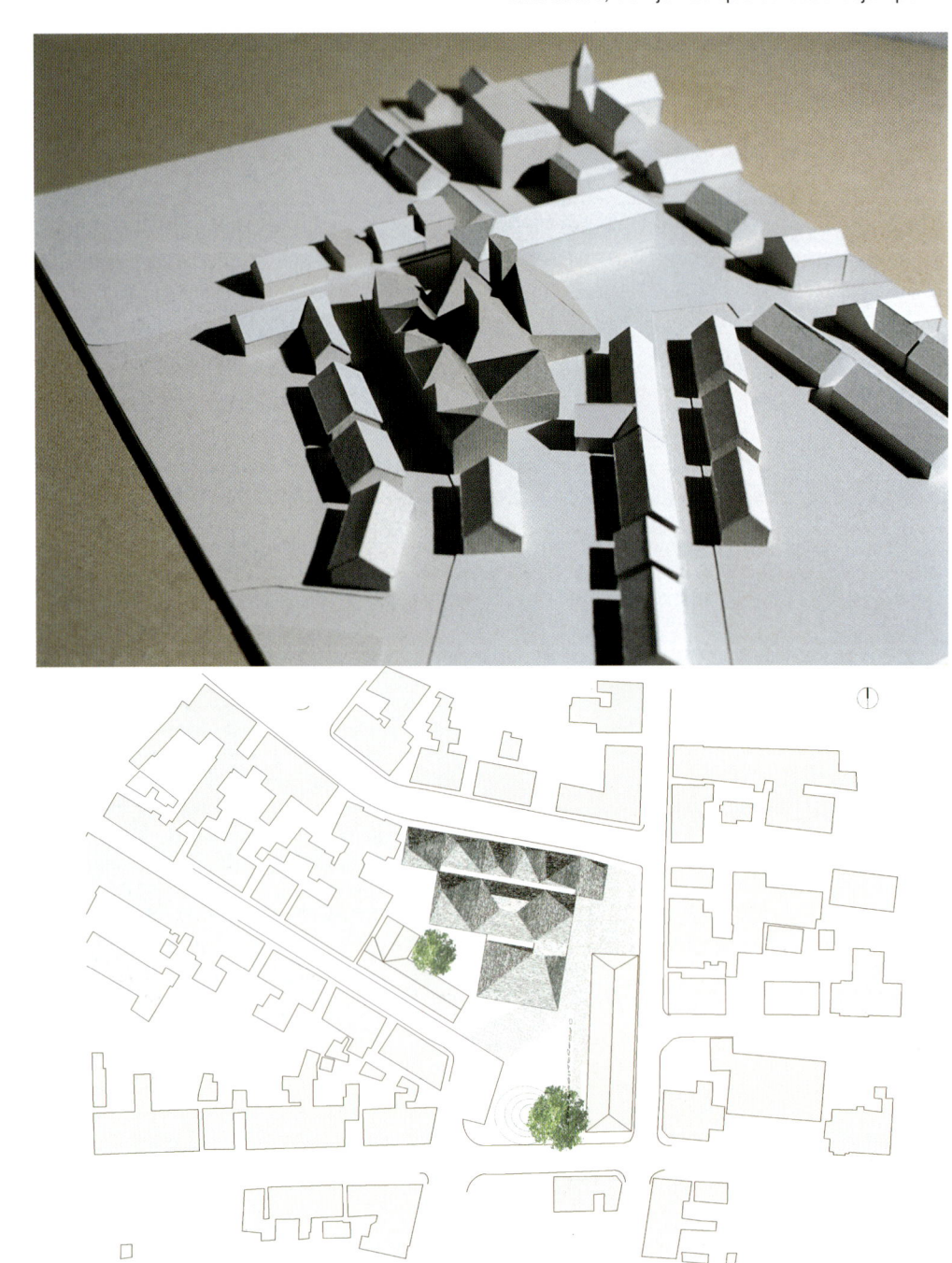

Las salas se han resuelto por medio de distintos volúmenes y se han dispuesto rutas opcionales entre ellas para que la experiencia de la visita sea amena y también para proporcionar espacios flexibles a las diferentes exposiciones. La luz natural procede de las fachadas o de los lucernarios para que sea posible contar con diversas condiciones de iluminación. La iluminación artificial permite proporcionar tanto una luz muy uniforme y brillante como conseguir efectos especiales para destacar determinados objetos. La combinación de esas condiciones enriquece el potencial a la hora de exponer arte o artefactos, puesto que cada pieza se relaciona con distintos fondos, superficies, vistas e intensidad de luz. El proyecto prevé una doble piel de ladrillo, con una hoja exterior autoportante para los muros y con funciones de balastro en las cubiertas, y una estructura interior de ladrillo macizo, reforzado con sillares calibrados a compresión, que salvan la luz entre las vigas perimetrales de hormigón. Las cubiertas forman una serie de bóvedas interconectadas que recorren el eje de este a oeste a partir de los muros de doble hoja. Todos los espacios interiores están recubiertos por esa masa omnipresente de ladrillo.

The architecture of the reorganised museum is intended to provide an intense and abstract representation of the character of the town with its clusters of buildings around open courtyards. Strong and simple forms, reminiscent of "smokehouses" and *rundkirkes* (round churches) present on the island, are proposed which are adjusted in accordance with the scale of streets and houses close to it to make a new, but reconciliatory, architecture.

The material of the new building is brick, overall and monolithic in its presence. Soft in texture, with joints which are blurred by the wash of slurry over the surface, the bricks become more like aggregate within a conglomerate structure than distinct, stacked masonry units. In parts the brickwork is stretched to form an open pattern, increasing ventilation into the cavity behind it. Structural expression is suppressed to give the material an autonomy from technique, which intensifies its expression as wrapping, heavyweight enclosure or perforated screen. Large windows, with deeply angled reveals, give the building an appropriately public character within the predominantly residential neighbourhood.

The building has a straightforward organisation of interconnected rooms. Education and research facilities are contained in the existing Gamle Museumsbyggning; administration and staff facilities occupy the existing Gule Længe building and exhibition spaces and workshop facilities are contained within the new building. This is organised on three floors with the reception, café, temporary exhibition and conservation workshops located at ground-floor level; the Rønnes/Bornholms "History", the additional exhibition spaces (including a model of the town), offices and workshops at first-floor level and the permanent Ancient, Middle and New Times collections at basement level. A lift connects all floors and rises to a viewing platform overlooking the town. Controlled access to the Gamle Museumsbyggning is achieved by a basement link with the new building.

The arrangement and integration of spaces is intended to give the museum an atmosphere of openness. Gallery spaces, offices and archive are located within sight of each other in order to facilitate everyday working and emphasise the equivalence between viewing, research and cataloguing.

A variety of gallery volumes and optional routes between them are provided so that the experience of viewing is changeable and the opportunities for display are flexible. A variety of lighting conditions are possible with side light, top light from the ceiling and clerestorey light from the side. Artificial lighting installations are intended to give both a very steady, bright light as well as special effects to highlight selected objects. The combination of these conditions enrich the potential for the installation of art and artefact as each piece engages with a variation of background, surface, view and light level.

A double brick skin construction is proposed with an outer skin of self-supporting brickwork on the walls and as ballast on the roofs and an inner structure of solid brickwork with keystone reinforcement in finely tuned compression spanning between concrete ring beams. The roofs form a series of interconnected vaults, running across the east-west axis, springing from double skin walls. The varied set of spaces inside are encased by this enveloping mass of brick, which is ever present.

Proyecto de concurso (tercer premio) Competition project (third prize) | Emplazamiento Site **Bornholms, Dinamarca/ Denmark** | Colaboradores Collaborators **Aidan Hodgkinson, Merete Kristensen, Mike Lee, Johannes Müller-Lotze** | Proyecto Project **2003** | Estructuras Structural engineers **Arup** | Superficie total Gross floor area **3.050 m²** | Fotografía de la maqueta Model photography **David Grandorge**

BORNHOL
MUSEUM

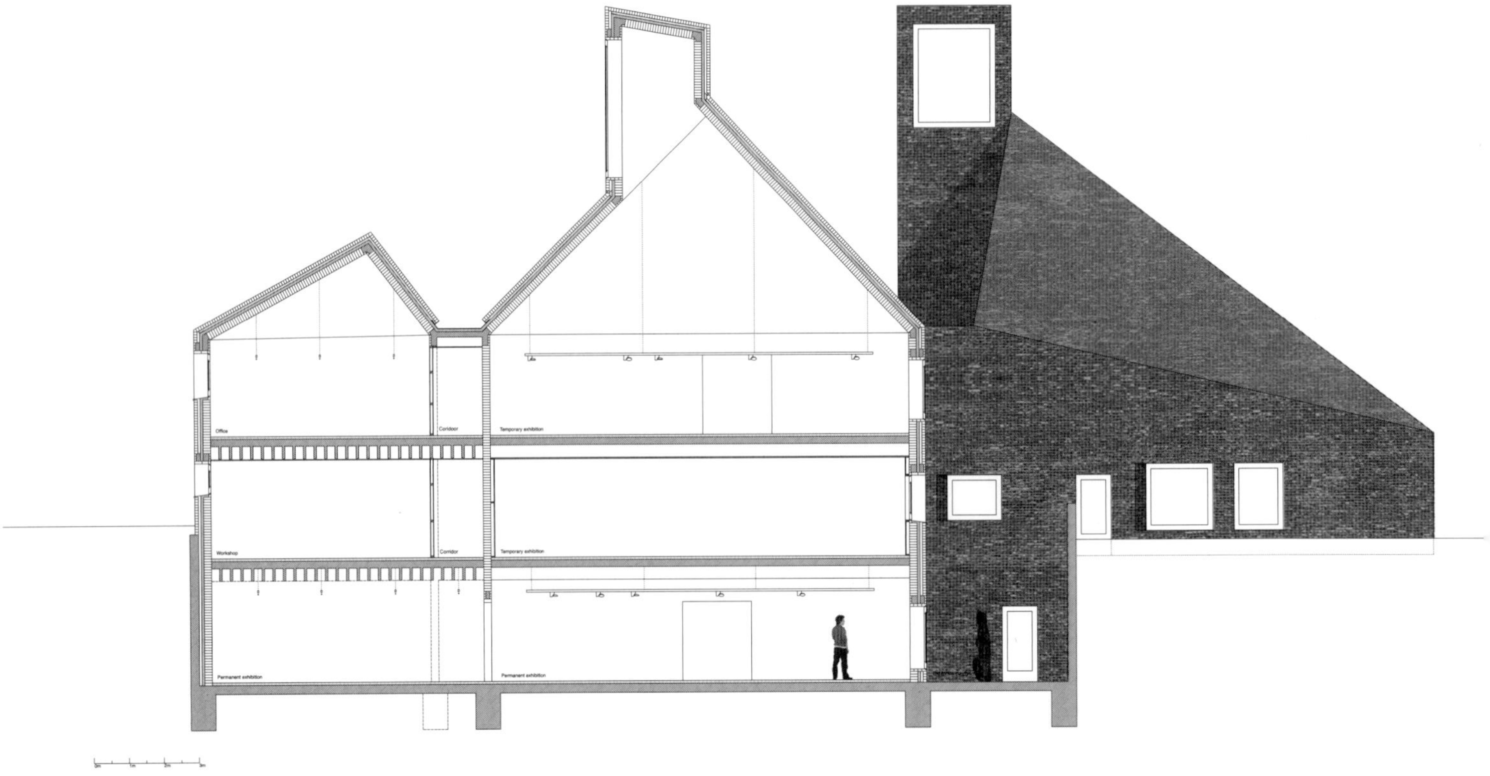
Office
Corridor
Temporary exhibition
Workshop
Corridor
Temporary exhibition
Permanent exhibition
Permanent exhibition

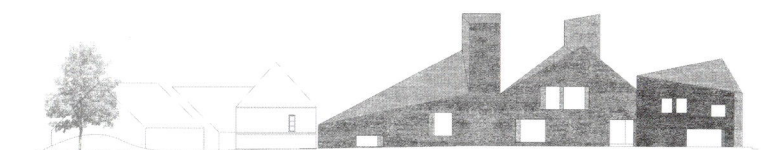

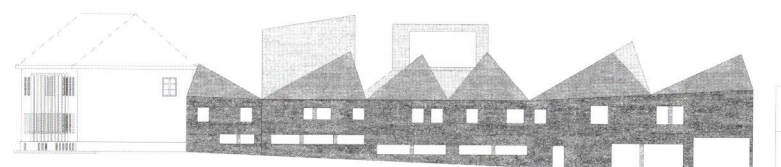

Museo de Historia de la Cultura, Bornholms

Cultural History Museum, Bornholms

109

Planta primera.
First floor.

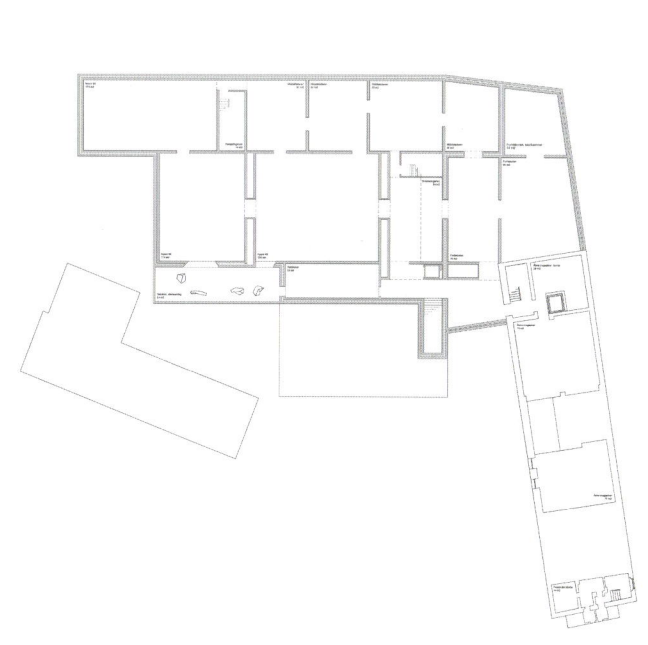

Planta sótano.
Basement.

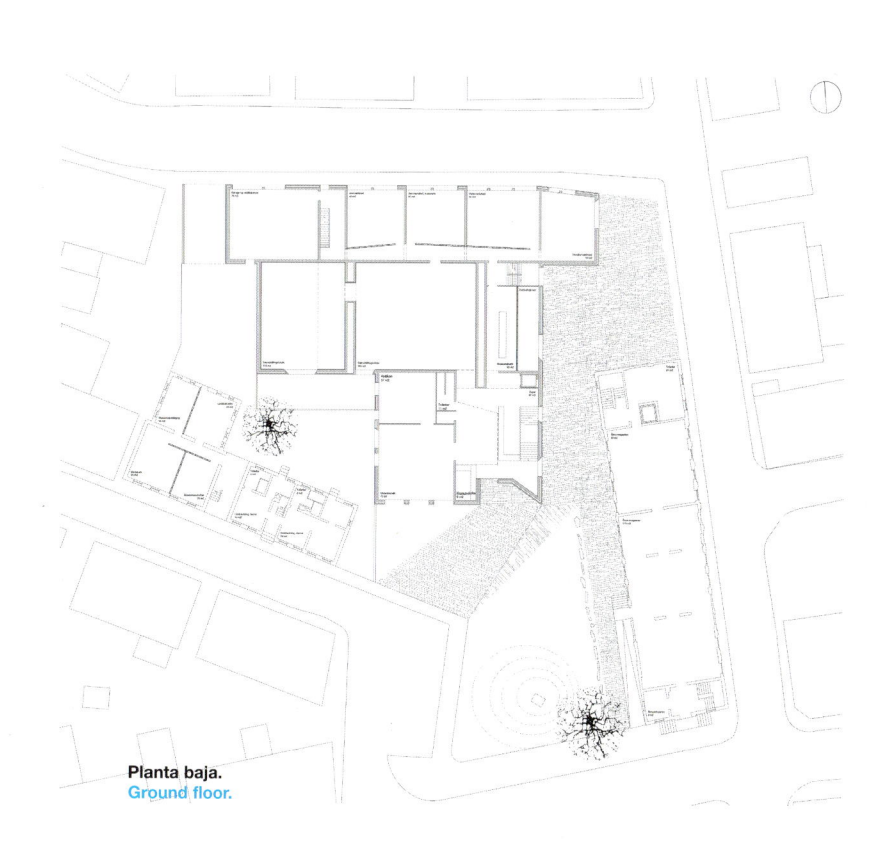

Planta baja.
Ground floor.

Departamento de Diseño Industrial y edificio administrativo, Kortrijk
Industrial Design Department and Administration building, Kortrijk

2004

Los nuevos edificios se añaden a una actual constelación de edificios exentos, todos ellos ubicados en un parque público y que conforman una especie de colonia. El proyecto propone un recurso paisajístico conocido como *Ha-Ha*, una reminiscencia del pintoresquismo inglés que elimina el muro y la verja que existen entre el solar y el parque para poder extender visualmente el espacio público dentro del conjunto edificado.
Los dos edificios propuestos —uno que alberga los servicios centrales y otro que constituye una ampliación del departamento PIH—, tienen un carácter arquitectónico similar, donde la repetición de grandes huecos confiere una neutralidad al alzado que, al mismo tiempo, es capaz de sugerir actividad de una forma enérgica. Combinan la expresión arquitectónica directa de los edificios industriales (como han documentado los fotógrafos Bernd y Hilla Becher) y la transparencia e intensa materialidad del Hardwick Hall (1590-1597) de Robert Smythson en Derbyshire, Gran Bretaña.
El diseño de las fachadas del edificio está basado en las cualidades potencialmente contradictorias de peso y transparencia: el peso se expresa mediante el uso cuidadoso y minucioso del ladrillo y el retranqueo profundo del plano de la ventana, y la transparencia mediante los grandes marcos de las ventanas. La holgura constructiva se hace expresa en el desfase en la alienación entre la fachada de ladrillo y la ventana, que deja al descubierto el revestimiento interior aislante de madera, un recurso que posibilita ajustar el tamaño de las ventanas a las necesidades de los espacios interiores, al tiempo que permite conservar la consistencia de las fachadas.
La distribución de las plantas es sencilla y racional y establece una jerarquía directa entre los espacios públicos, semipúblicos y privados. Los dos núcleos de comunicación de ambos edificios se han colocado de forma que permitan diversas distribuciones en planta. Las entradas forman parte del espacio público de circulación del solar y se conectan con los vestíbulos y las zonas de recepción, donde se ha previsto que puedan albergar exposiciones y otros actos. La superposición de estos espacios en las distintas plantas permite unirlos espacialmente mediante recortes.
Ambos edificios están revestidos con ladrillo de color marrón de textura suave, con juntas que se tratan de distintas maneras según la orientación del alzado. Las vigas y pilares de hormigón revestidos de ladrillo crean alzados con grandes huecos repetidos (alzados norte y sur), que reflejan la forma de la estructura que se encuentra tras ellos. Los alzados más ciegos, con grandes huecos puntuales (alzados este y oeste), tienen una superficie variable y desigual, con una hilada de ladrillos escalonada y ladrillos colocados con inclinaciones variables para generar una presencia material sólida.
Los forjados macizos y los techos con nervaduras vistas pretenden dotar a los espacios interiores de un carácter robusto y flexible, cualidades especialmente adecuadas en los talleres, estudios y laboratorios. La estructura expuesta se utiliza como masa acumuladora, donde la luz solar que entra por las ventanas calienta lentamente el hormigón durante el día, de manera que pueda liberarse el calor acumulado durante la noche y estabilizar así la temperatura interior.

The new buildings add to an existing constellation of stand-alone buildings within an existing public park and form a settlement cluster. The landscape device known as the Ha-Ha, a remnant of the 19th-century Picturesque movement in Britain, is proposed to replace the existing wall and fence boundary between the site and the park in order to achieve a visual extension of the public realm across the overall site.
The two buildings proposed, one housing the central services, the other forming an extension to the PIH department, have a similar architectural character. Repeated large openings give the elevations a neutrality which is at the same time strongly capable of suggesting activity. They combine the direct architectural expression found in industrial buildings (as documented by the photographers Bernd & Hilla Becher) and the transparency and intense materiality of Hardwick Hall, Derbyshire, UK (Robert Smythson, 1590-1597).
The design of the building facades is based on the potentially contradictory qualities of weight and openness. Weight is expressed by the use of carefully detailed brick and the deep recession of the window plane. Transparency is expressed by the large window frames. The loose-fit qualities are expressed by a misalignment between brick facade and window which reveals an insulated timber lining. This device provides the opportunity to adjust the size of the windows to the needs of the spaces behind while at the same time retaining a consistency to the facades.
The plans are simple and rational, with a direct hierarchy achieved between public, semi-public and private spaces. The concept for both buildings has been to fix the circulation cores in locations that allow a variety of plan arrangements to be achieved. Entrances form part of the public route through the site and are linked to foyers and reception areas which are intended to accommodate events and

exhibitions. The stacking of these spaces on each floor allows for the opportunity to link them spatially by cut-outs.

Both buildings are clad in brick, brown in colour and soft in texture with joints which are variously treated depending on the orientation of the elevation. The pre-cast brick clad beams and columns, forming the elevations with large repeated openings (north and south elevations), reflect the form of the concrete structure behind them. The more closed elevations, with large selected "punched" openings (east and west elevations) have a variable and uneven surface with brick coursing stepped and bricks set at different angles to create a strong material presence.

The construction of solid concrete floors and exposed profiled concrete ceilings are intended to give a character to the interior spaces which is robust and adaptable, qualities particularly suited to workshops, studios and laboratories. The exposed structure is used as a "heat sink" where sunlight coming through the windows can warm the slab up slowly over the day so that the stored heat can be released over the night, thereby stabilising internal temperatures.

Proyecto de concurso (primer premio) Competition project (first prize) | Emplazamiento Location **Kortrijk, Bélgica/Belgium** | Cliente Client **Hogeschool West-Vlaanderen** | Colaboradores Collaborators **Kaj Blattner, Tim Rettler, Mark Tuff, Jan Vermeulen** | Proyecto Project **2004** | Consultores financieros Cost consultants **Bureau Bouwtechniek** | Estructura Structural engineers **Technum** | Ingeniería medioambiental Environmental engineers **Bureau Bouwtechniek** | Control de planificación Planning supervisors **Bureau Bouwtechniek** | Presupuesto Construction cost **3.650.000 €** | Superficie total Gross floor area **4.856 m²** | Fotografía de la maqueta Model photography **David Grandorge**

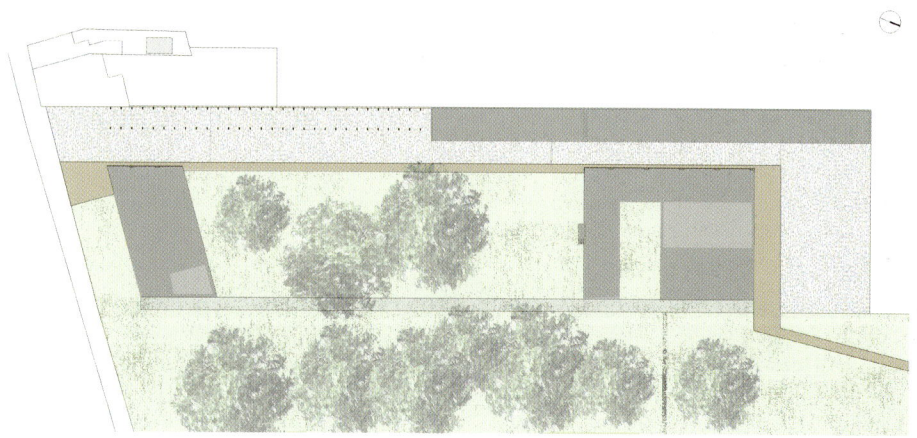

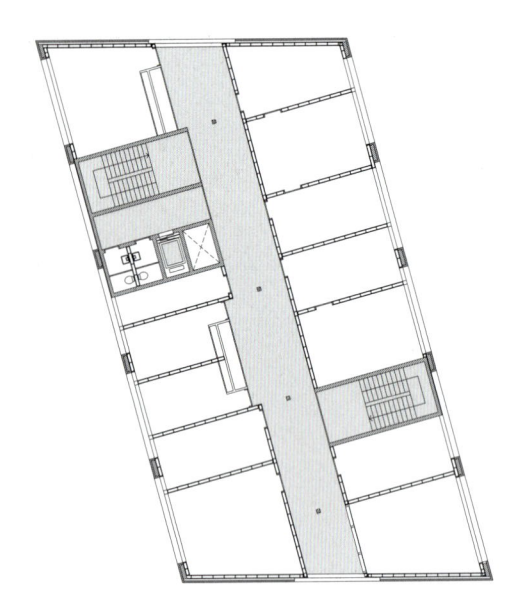

Edificio de servicios centrales.
Central services building.

Planta segunda.
Second floor.

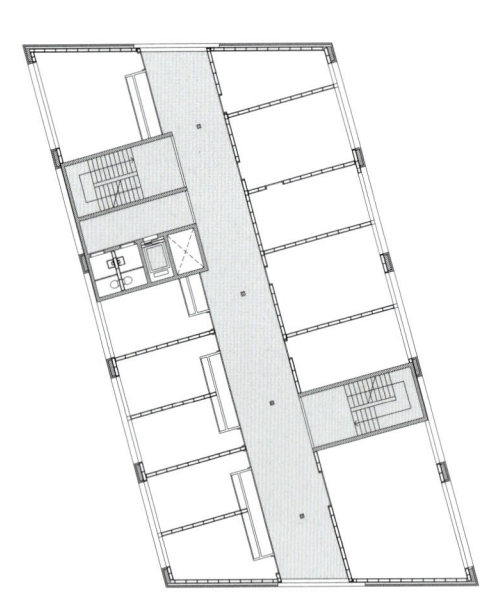

Planta primera.
First floor.

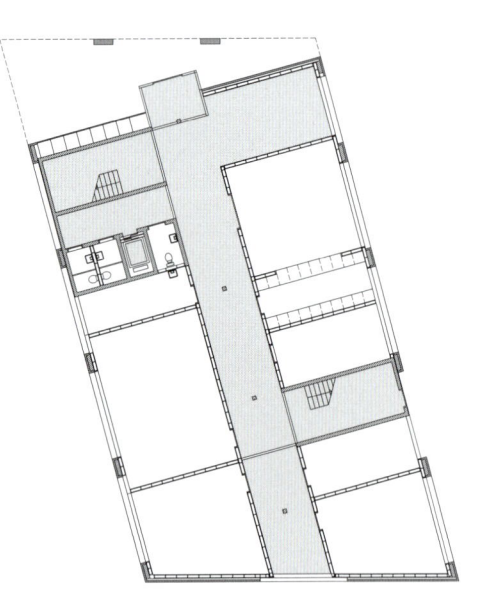

Planta baja.
Ground floor.

Departamento de Diseño Industrial y edificio administrativo, Kortrijk

Industrial Design Department and Administration building, Kortrijk

113

Edificio PIH.
PIH building.

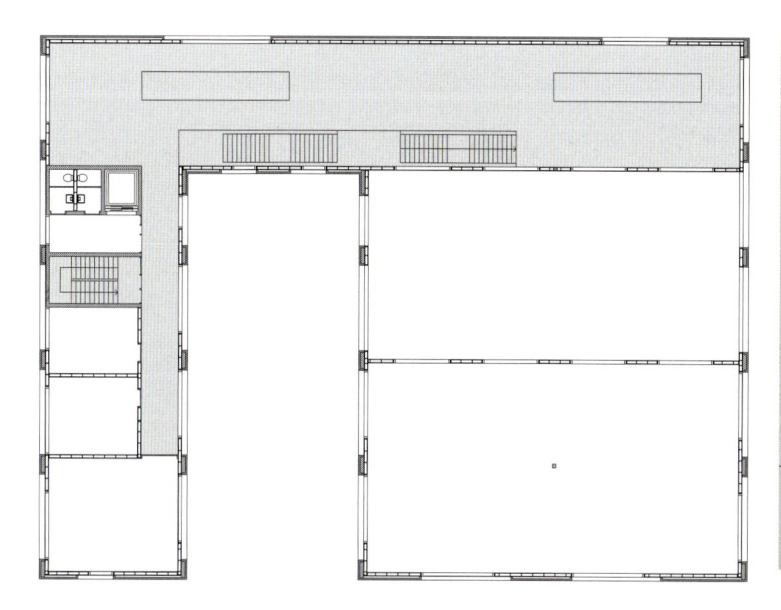

Planta segunda.
Second floor.

Planta baja.
Ground floor.

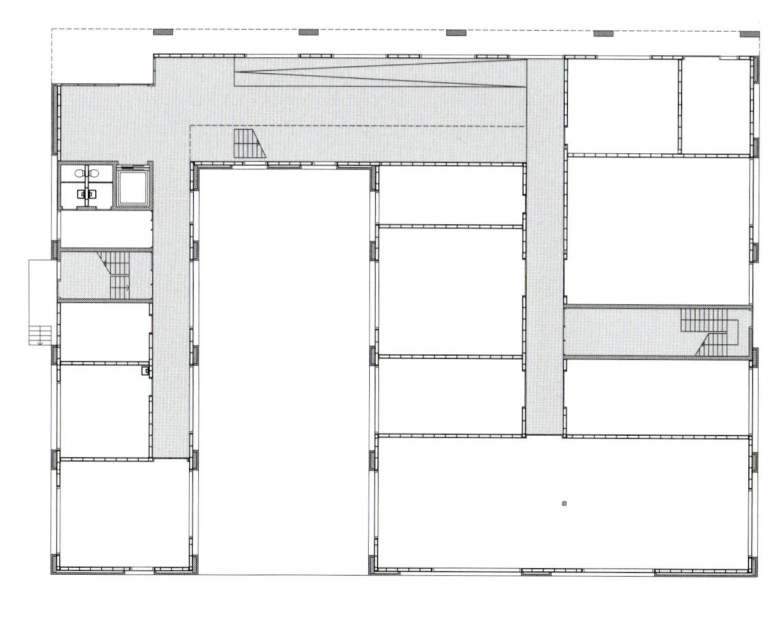

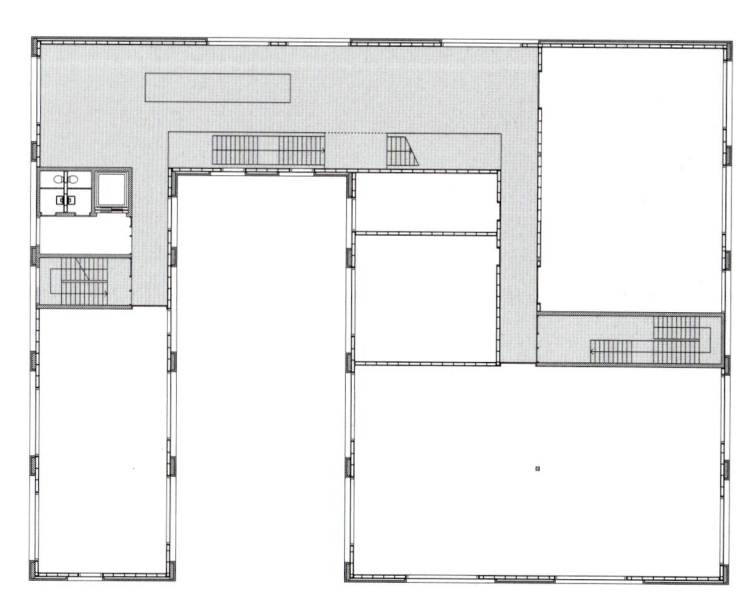

Planta primera.
First floor.

Biblioteca municipal, Blankenberge
City Library, Blankenberge

2004-2007

La biblioteca moderna ya no es un mero depósito de libros y publicaciones periódicas, sino que ha pasado a ser un entorno de usos múltiples para la comunidad y una parte importante del ámbito público, cada vez más reducido. Louis I. Kahn afirmó que "el énfasis en los proyectos [de bibliotecas] no debería centrarse en albergar libros, sino en albergar a los lectores que utilizan los libros", lo que vendría a apoyar la idea de que la biblioteca moderna debería establecer un equilibrio entre una infraestructura organizativa clara y funcional y una diversidad de entornos espaciales, unos tranquilos e introspectivos, otros más animados y abiertos. El proyecto incluía la reforma, reorganización y ampliación del edificio de una antigua escuela del siglo XIX, para crear una biblioteca municipal nueva en Blankenberge, una ciudad turística en la costa belga del Mar del Norte. Las fachadas articuladas del edificio existente se restauraron cuidadosamente y, allí donde los muros estaban muy deteriorados, se añadió un nuevo revestimiento de ladrillo, elaborado cuidadosamente como si fuera un encaje.

El concepto básico del proyecto era crear una serie de salas, cada una de las cuales albergase un tipo de actividad determinada. La creación de las salas restituye la cualidad memorable del edificio existente: las salas altas, interconectadas y cubiertas de libros son introvertidas y cómodas; el trabajo se lleva a cabo rodeado de libros; la iluminación está controlada y la acústica es suave. Las salas del edificio nuevo tienen un carácter diferente; son más abiertas espacialmente debido a las amplias vistas del paisaje urbano exterior, con techos articulados y suelos reflectantes.

La flexibilidad se deriva de la adaptación de los espacios existentes allí donde su carácter es capaz de identificarse con la cualidad del espacio recién definido. La recepción de la planta baja y la sección de música y de informática tienen una planta abierta y una relación directa con la calle; la sección de literatura de ficción ocupa el espacio de la primera planta, formado por salas de gran altura interconectadas; y la sección de no ficción se aloja bajo la cubierta abuardillada. Se ha otorgado claridad organizativa a esta gran variedad de espacios mediante una nueva galería de circulación que se ha añadido como si fuera una capa nueva, en la parte trasera del edificio. Este espacio longitudinal proporciona una conexión directa entre los distintos espacios y puede utilizarse como alternativa para pasar de una sala a otra. También se han añadido nuevos volúmenes (sección juvenil y administración) configurados como alas conectadas con la galería, según una estructura continua en forma de cinta. Estas alas siguen la escala general de los edificios contiguos de la calle, pero están rematados y proporcionados para que armonicen con el carácter cívico del edificio existente. De este modo, actúan como mediadores entre la modesta arquitectura residencial de la calle y el carácter monumental de la arquitectura pública de la biblioteca.

Las dos nuevas alas tienen una fachada como si fuera una cortina que, en su estructura tectónica, refleja el énfasis horizontal que se ha dado a las hiladas y la proporción vertical de las ventanas del edificio existente. Unas vallas de hormigón prefabricado envuelven los alzados trasero y frontal. Entre estas vallas se han colocado paneles de vidrio con la altura de una planta y hormigón prefabricado. La anchura se ha ajustado a lo largo del alzado con relación al uso interior y a un ritmo proporcio-

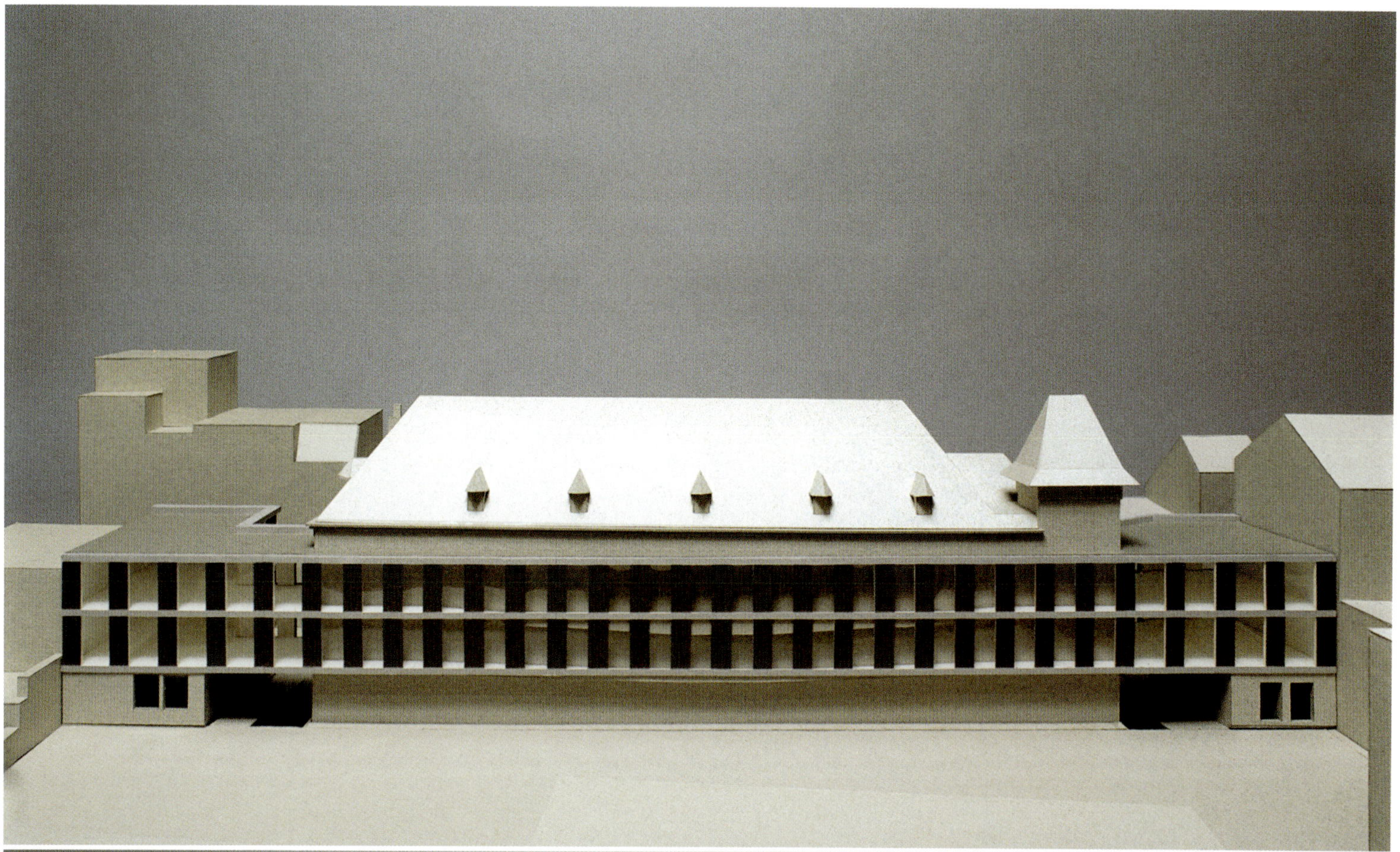

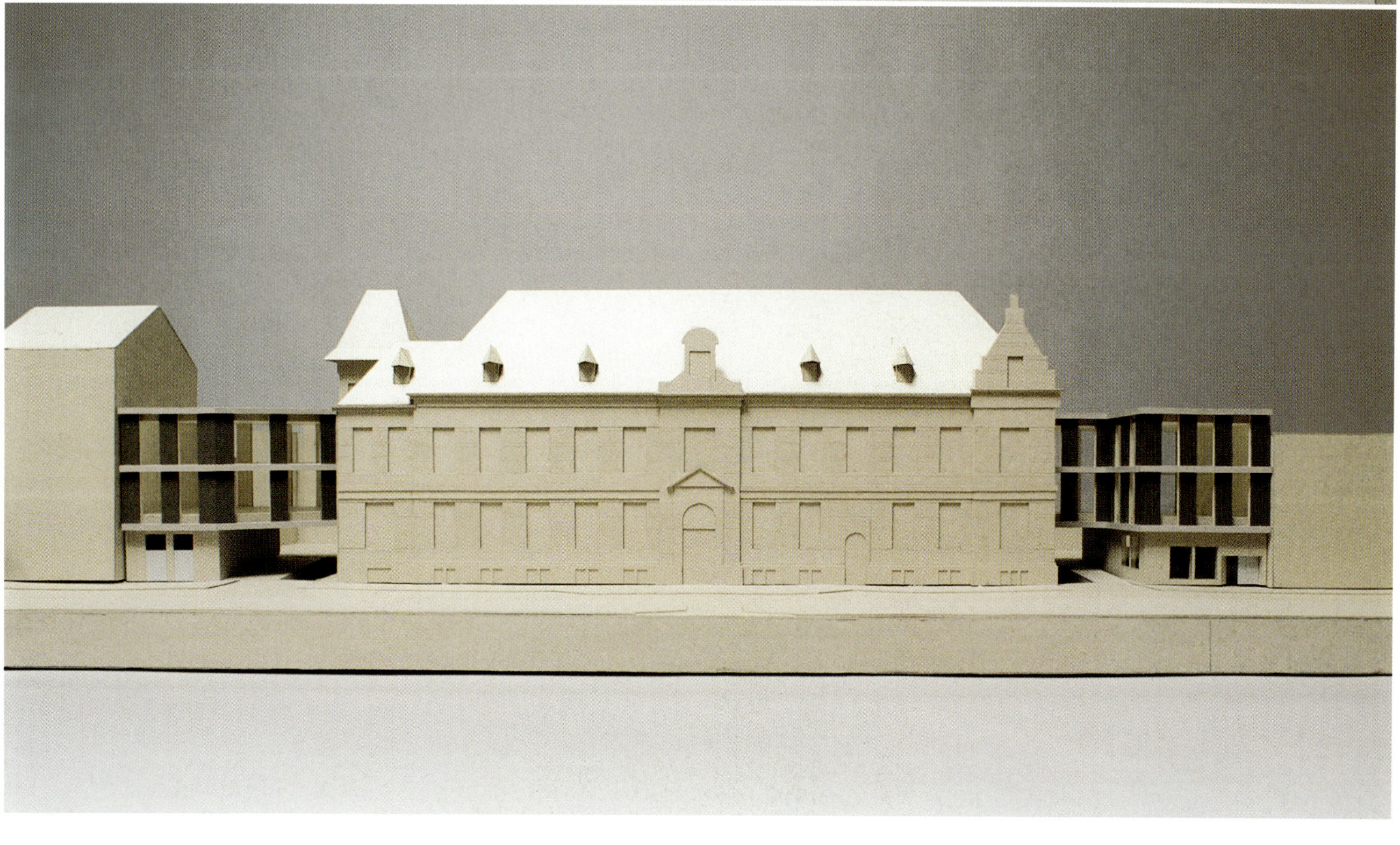

nal. Los paneles de las paredes son de hormigón prefabricado, pigmentado con un árido de piedra machacada. El color marrón negruzco pretende crear un tranquilo telón de fondo para el edificio existente y para las actividades visibles en el interior. La superficie de los paneles está tratada de forma diferente en uno y otro alzado; en algunos lugares están pulimentados y son suaves; en otros, están pulidos con chorro de arena.

No longer a mere depository of books and periodicals, the modern library has become a multi-use environment for the community and an important part of an ever-decreasing public realm. Louis I. Kahn stated that the "emphasis in [library] design should not be on housing books but on housing readers using books." This supports a view that the design of the modern library should establish a balance between a clear and functional organisational infrastructure with a varied environment of spaces, some quiet and introspective, others lively and open.

The project involved the refurbishment, re-organisation and extension of a former 19th-century school building to form a new city library for Blankenberge, a resort town on the North Sea coast of Belgium. The finely articulated facades of the existing building are carefully restored and in areas where the walls are significantly damaged a new brick lining is added and detailed in a way that is open and lace-like.

The design concept was to create a variety of rooms, each of which support a certain kind of activity. The making of rooms reinstates the memorable quality of the existing building. Tall, interconnected, book-lined rooms are introverted and comfortable, work is carried out surrounded by books, lighting is controlled and acoustics are soft. Rooms in the new building have a different character. They are more spatially open with generous views out to the cityscape and have highly articulated ceilings with floors which are reflective.

Flexibility is derived from adapting existing spaces where the character of what already exists is allowed to inform the quality of the newly defined space. The ground-floor reception and IT/music department are open-plan with a direct relationship to the street, the fiction department occupies the tall first-floor space of interconnected rooms and the non-fiction department is contained within the barn-like roof. The great variety of spaces are

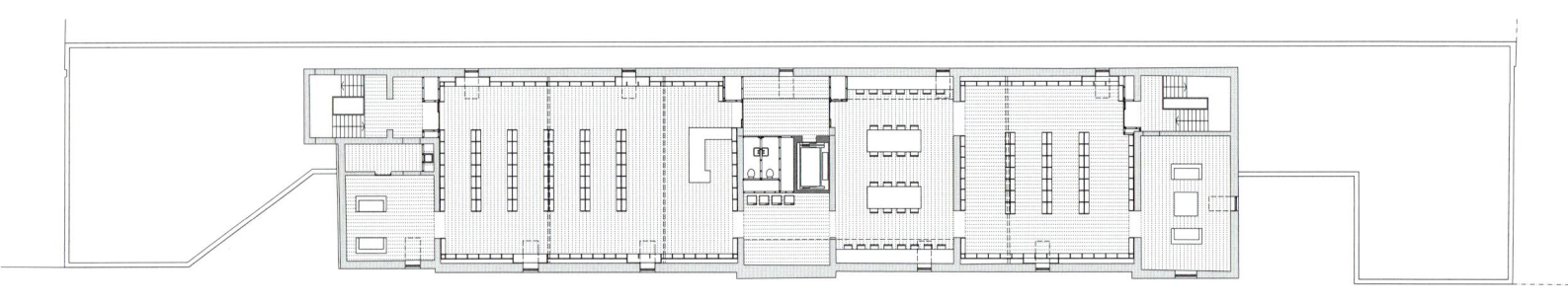

Planta segunda.
Second floor.

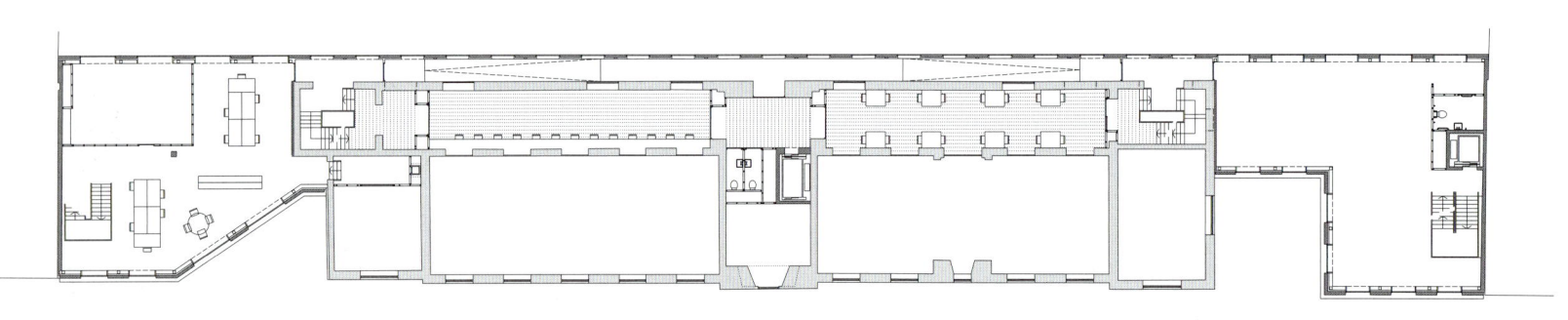

Altillo de planta baja.
Ground floor mezzanine.

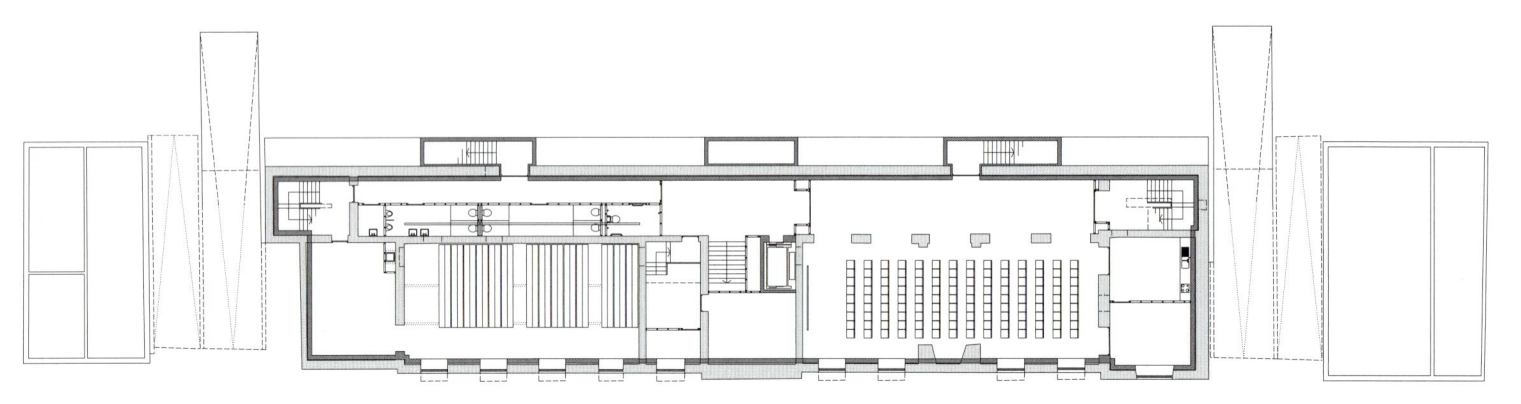

Sótano.
Basement.

Biblioteca municipal, Blankenberge

City Library, Blankenberge

given an organisational clarity by a new circulation arcade which is added as a layer on the rear of the building. This longitudinal space provides direct linkage between spaces and may be used as an alternative from passing from room to room. New volumes (youth department and administration department) are added as wings and connect to the arcade forming a continuous ribbon-like structure. These wings continue the overall scale of the adjacent buildings in the street but are detailed and proportioned to match the civic character of the existing building. In this way they mediate between the modest residential architecture of the street and the monumental status of public architecture of the library.

The two new wings have a "curtain-like" facade, which in its tectonic structure reflects the horizontal emphasis given by the string courses and vertical proportion of windows on the existing building. Pre-cast concrete horizontal rails wrap around the rear and front elevations. Between these rails, storey-height panels of glass and pre-cast concrete are located. Their width is adjusted across the elevation in relation to interior use and proportional rhythm. Wall panels are pre-cast pigmented concrete with crushed stone aggregate. The dark brown-black colour is intended to create a quiet backdrop to the existing building and to the activities visible in the interior. The surfaces of the panels are treated differently from one elevation to the other; in some places they are polished and smooth and in others they are honed or finely sandblasted.

Proyecto de concurso (primer premio) Competition project (first prize) | Emplazamiento Location **Blankenberge, Bélgica/Belgium** | Proyecto y construcción Project and construction **2004-2007** | Cliente Client **Stadsbestuur, Blankenberge, Dexia Bank** | Colaboradores Collaborators **Jan Vermeulen (arquitecto encargado del proyecto/project architect), Kaj Blattner, Kyle Buchanan, Aidan Hodgkinson, Tim Rettler, Mark Tuff** | Arquitecto técnico Technical architect Bureau Bouwtechniek | Consultores financieros Cost consultants Bureau Bouwtechniek | Estructura Structural engineers Technum | Ingeniería medioambiental Environmental engineers Bureau Bouwtechniek | Control de planificación Planning supervisors Bureau Bouwtechniek | Presupuesto Construction cost **4.350.000 €** | Superficie total Gross floor area **3.570 m²** | Fotografía de la maqueta Model photography **David Grandorge**

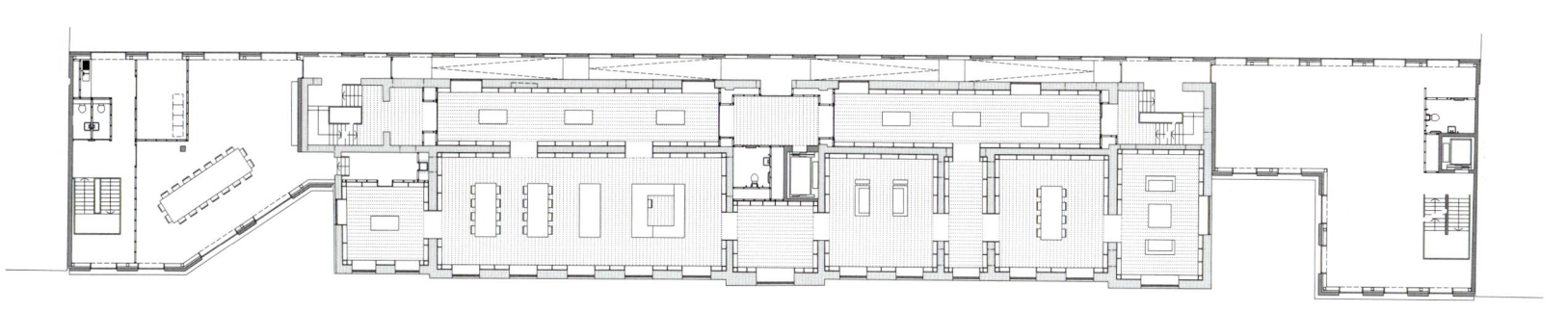

Planta primera.
First floor.

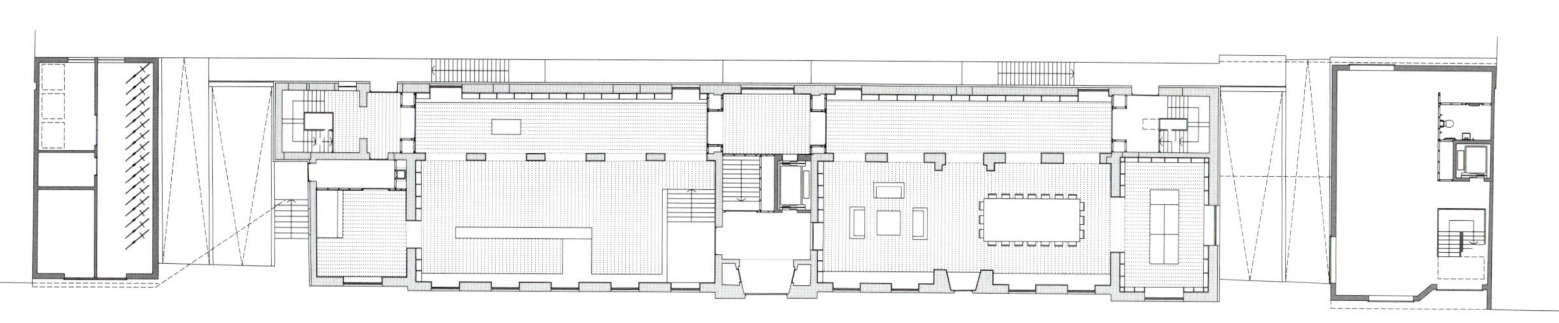

Planta baja.
Ground floor.

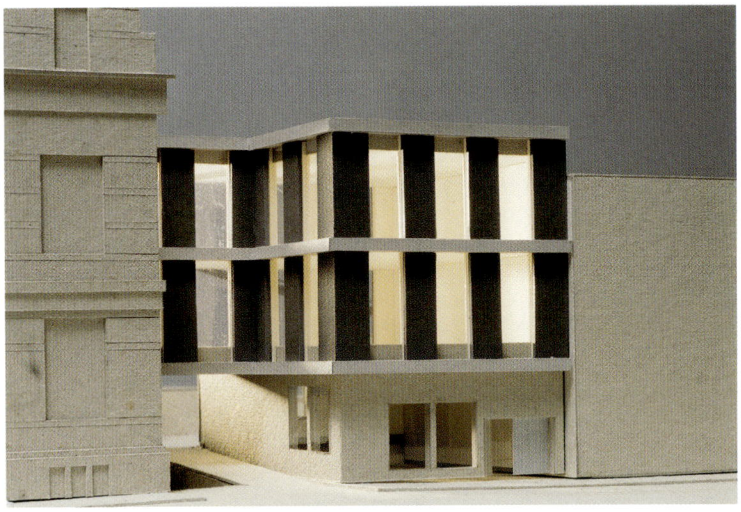

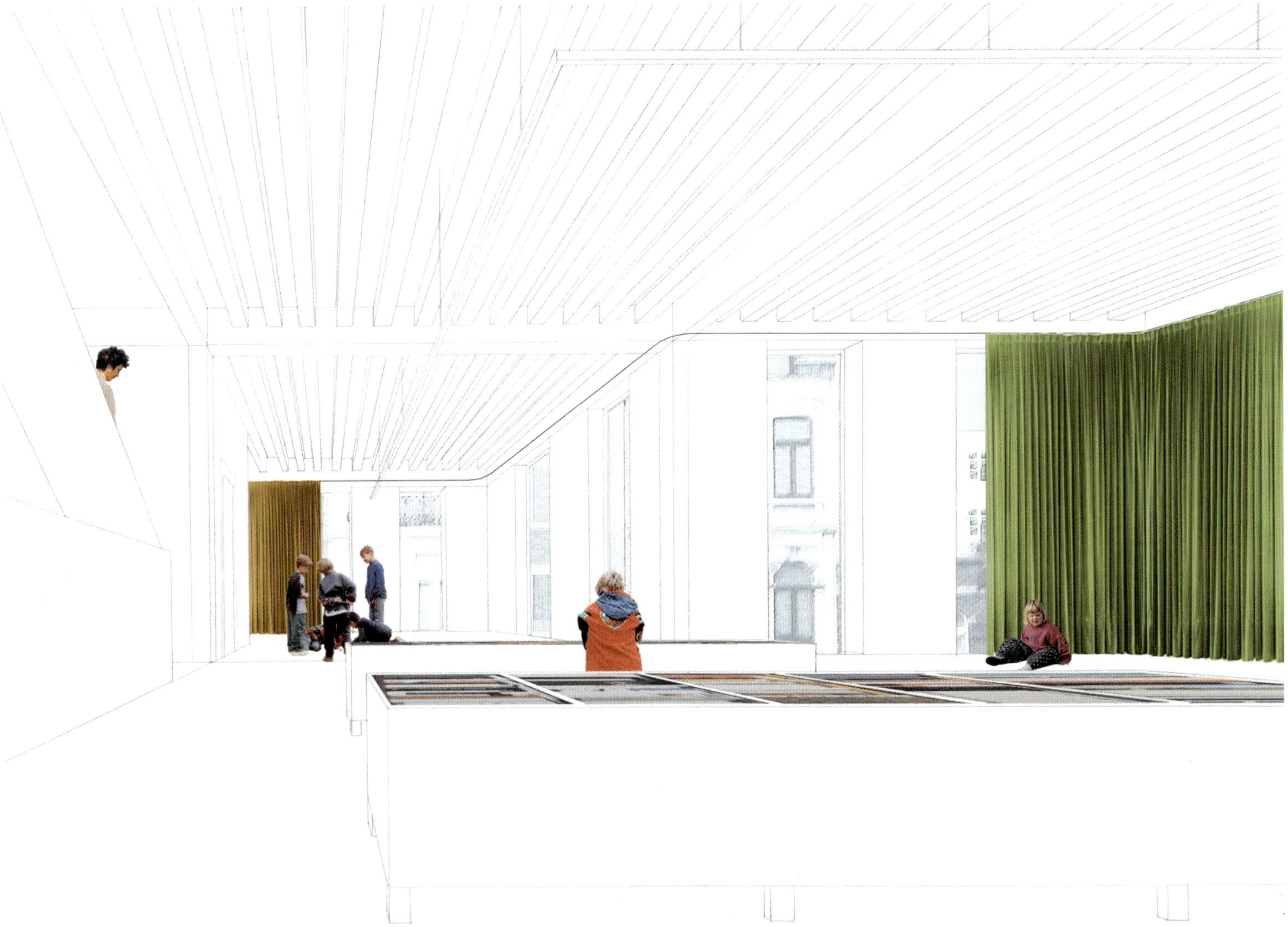

Biblioteca municipal, Blankenberge

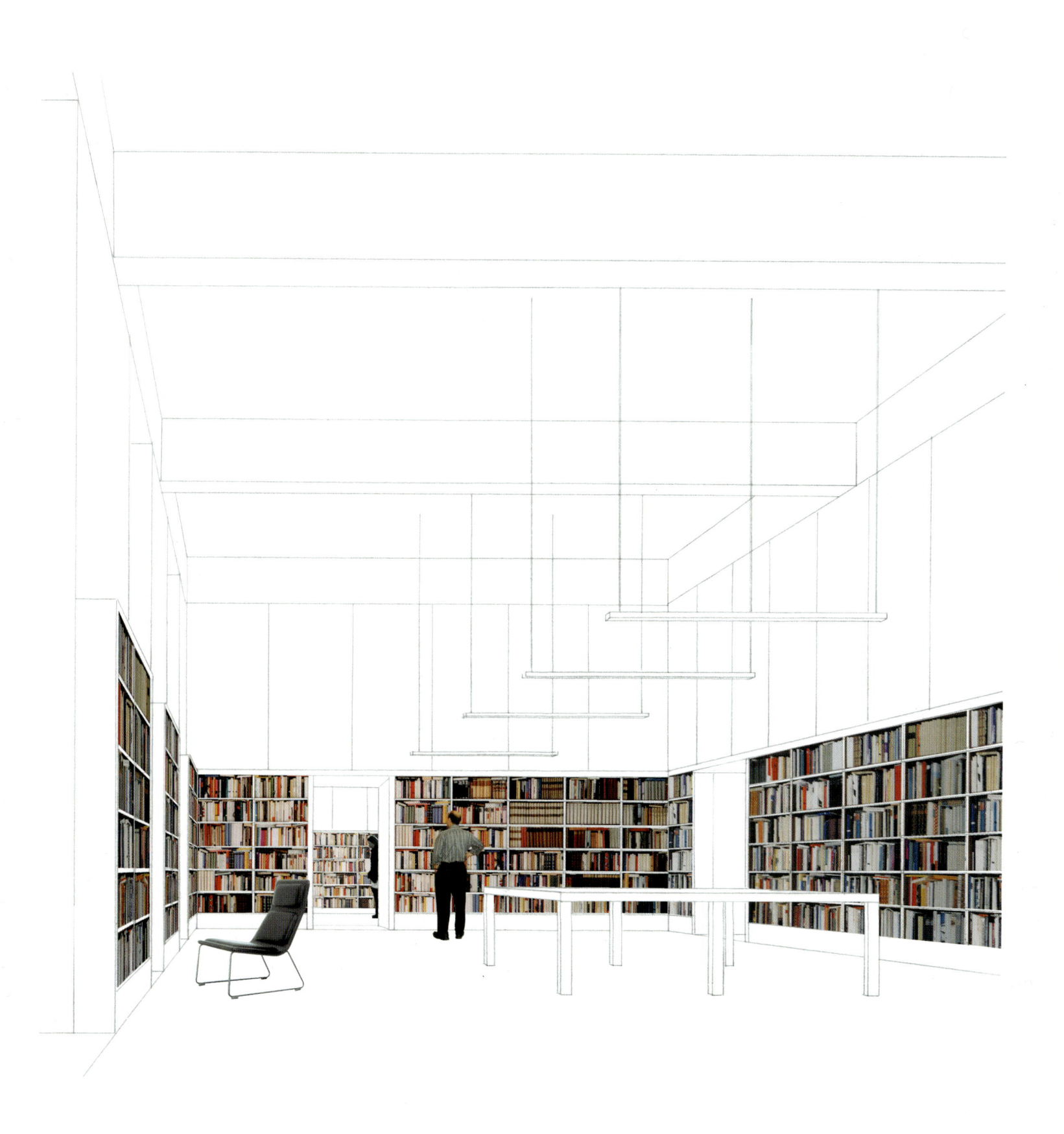

City Library, Blankenberge

Departamento de Arte Dramático y Audiovisuales, Bruselas
Dramatic Arts and Audio-visual Department, Brussels

2004-2007

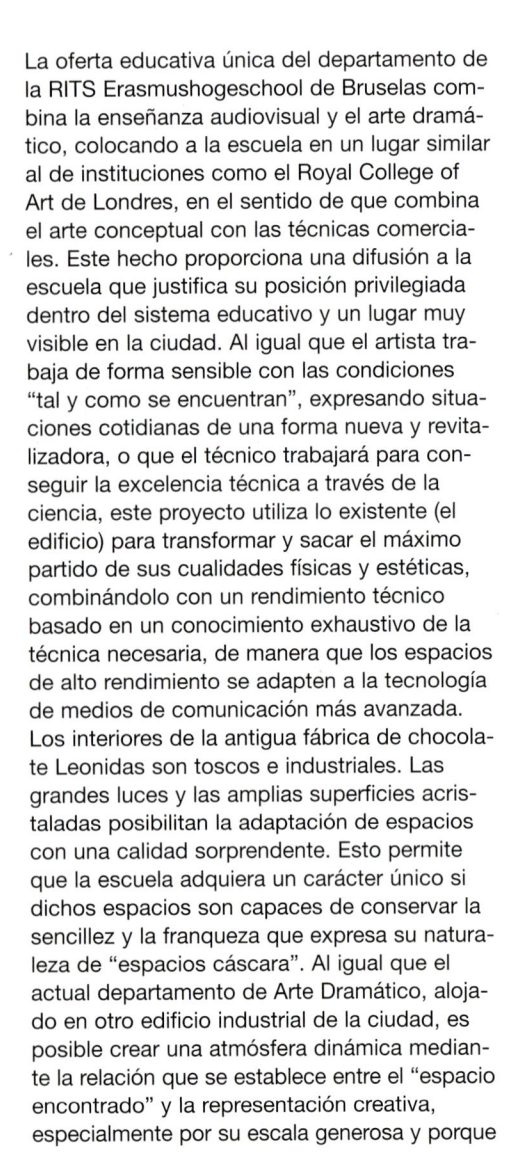

La oferta educativa única del departamento de la RITS Erasmushogeschool de Bruselas combina la enseñanza audiovisual y el arte dramático, colocando a la escuela en un lugar similar al de instituciones como el Royal College of Art de Londres, en el sentido de que combina el arte conceptual con las técnicas comerciales. Este hecho proporciona una difusión a la escuela que justifica su posición privilegiada dentro del sistema educativo y un lugar muy visible en la ciudad. Al igual que el artista trabaja de forma sensible con las condiciones "tal y como se encuentran", expresando situaciones cotidianas de una forma nueva y revitalizadora, o que el técnico trabajará para conseguir la excelencia técnica a través de la ciencia, este proyecto utiliza lo existente (el edificio) para transformar y sacar el máximo partido de sus cualidades físicas y estéticas, combinándolo con un rendimiento técnico basado en un conocimiento exhaustivo de la técnica necesaria, de manera que los espacios de alto rendimiento se adapten a la tecnología de medios de comunicación más avanzada.

Los interiores de la antigua fábrica de chocolate Leonidas son toscos e industriales. Las grandes luces y las amplias superficies acristaladas posibilitan la adaptación de espacios con una calidad sorprendente. Esto permite que la escuela adquiera un carácter único si dichos espacios son capaces de conservar la sencillez y la franqueza que expresa su naturaleza de "espacios cáscara". Al igual que el actual departamento de Arte Dramático, alojado en otro edificio industrial de la ciudad, es posible crear una atmósfera dinámica mediante la relación que se establece entre el "espacio encontrado" y la representación creativa, especialmente por su escala generosa y porque ofrece la posibilidad de ser ocupado de forma espontánea.

El nuevo edificio del RITS adquiere una presencia enérgica y audaz en la Dansaertstraat, mediante un nuevo "escaparate" de acceso, una forma apropiada de incorporar la ajetreada atmósfera comercial de la calle y poner de manifiesto la ambición de la escuela de participar en el ámbito público. La escala y los detalles (la señalización de neón y la mampara corredera de rejilla metálica) de este escaparate hacen que la intervención sea visible desde el actual edificio del RITS situado un poco más adelante.

Los espacios de circulación del edificio están tratados como lugares de encuentro o reunión. Como si se tratase de una galería comercial, el pasaje de la planta baja, que se abre a la Dansaertstraat, y los amplios recorridos centrales de las plantas superiores son algo más que meros espacios de circulación; son espacios para la ocupación. Se proponen una serie de intervenciones "ligeras" dentro de los espacios desnudos del edificio actual. Como si se tratase de instalaciones, los recintos que albergan los distintos servicios están ubicados en cajas independientes e interconectadas; o bien en estructuras abiertas —con diferente rendimiento técnico, transparencia y materialidad—, disponen de su propia estructura y pueden aislarse acústicamente entre sí. Algunas veces funcionan como un área pública con una conexión abierta al espacio de circulación (oficina, almacén, sala de reuniones) y en otras ocasiones proporcionan un lugar para una actividad aislada (representación, grabación, docencia, edición). Los nuevos materiales que conforman los revestimientos interiores y los recintos están formados por tableros de fieltro y cemento (lijados para poner al descubierto las fibras finas del compuesto de madera), vidrio y placas de yeso.

El revestimiento existente del edificio se conserva siempre que es posible: se limpiará la fachada de ladrillo, se mejorarán las carpinterías y se cambiarán los vidrios. La instalación de recintos interiores de alto rendimiento, independientes de la fachada del edificio actual, permite conservar el carácter industrial del edificio existente y minimizar la intervención en el exterior.

The unique educational offer of the RITS department of the Erasmushogeschool, Brussels, of combining audio-visual teaching with dramatic art, places it among schools such as The Royal College of Art, London, in the way it combines conceptual art with commercial technique. This gives it a currency which justifies a high-profile position within the education system and a highly visible place in the capital city. Just as the artist may work sensitively with the conditions "as found", expressing everyday situations in a new and revitalised way and the technician will work to achieve technical excellence through science, this project utilises what exists already (the building), transforming it and making the most of its physical and aesthetic qualities, and combines this with a technical performance based on a thorough knowledge of relevant technique, making high-performance spaces suited to state of the art media technology.

The interiors of the former Leonidas chocolate factory building are raw and industrial. Large spans and extensive glazing provide adaptable spaces. They have a suprising quality which may give the school a unique character if the spaces are able to retain the simplicity and directness experienced as "shell spaces". Like the current dramatic art department inhabiting another industrial building in Brussels, a dynamic atmosphere is possible in the relationship between "found space" and creative performance, particularly when it has a generous scale and offers opportunities for spontaneous occupation.

The new RITS building is given a bold presence on Dansaertstraat by a new "shopfront" entrance. This is an appropriate way to add to the busy shopping street atmosphere and reveals the ambitions of the school to engage the public realm. The scale and detail (with neon signage and sliding mesh screen) of this shopfront make it visible from the existing RITS building further down the street.

The circulation spaces in the building are treated as gathering and meeting places. Like a city arcade, the ground floor passage, opening to Dansaertstraat and the wide central routes on the upper floors, are more than places merely to circulate, but places to occupy.

A series of "light" interventions are proposed within the bare spaces of the existing building. Like installations, highly serviced enclosures are added as independent and interconnected boxes or open frames. These vary in technical performance, transparency and materiality. They have their own structure and may be acoustically isolated from each other. Sometimes they function as a display with an open connection to the circulation space (office, store, meeting room) and at other times they provide a venue for an isolated activity (performance, sound recording, teaching, editing). New materials forming linings and enclosures consist of felt, cementitious boarding (sanded to reveal the fine grain of the timber composites), glass and plasterboard.

The existing building envelope is retained as much as possible. The brickwork facade is cleaned and the existing windows are reglazed and made good. The installation of high-performance enclosures from the inside, independent from the facade of the existing building, provides the opportunity to retain the industrial qualities of the existing building and to minimise intervention on the outside.

Proyecto de concurso (primer premio) Competition project (first prize) | Emplazamiento Location **Bruselas, Bélgica/Brussels, Belgium** | Cliente Client **RITS Erasmushogeschool** | Equipo de proyecto Design team **Jan Vermeulen (arquitecto encargado del proyecto/project architect), Kyle Buchanan, Tim Rettler, Val Tse, Mark Tuff** | Proyecto y construcción Project and construction **2004-2007** | Arquitecto técnico Technical architect **Bureau Bouwtechniek** | Consultores financieros Cost consultants **Bureau Bouwtechniek** | Estructura Structural engineers **Technum** | Ingeniería medioambiental Environmental engineers **Technum** | Control de planificación Planning supervisors **Bureau Bouwtechniek** | Presupuesto Construction cost **3.500.000 €** | Superficie total Gross floor area **5.945 m²** | Fotografía de la maqueta Model photography **David Grandorge**

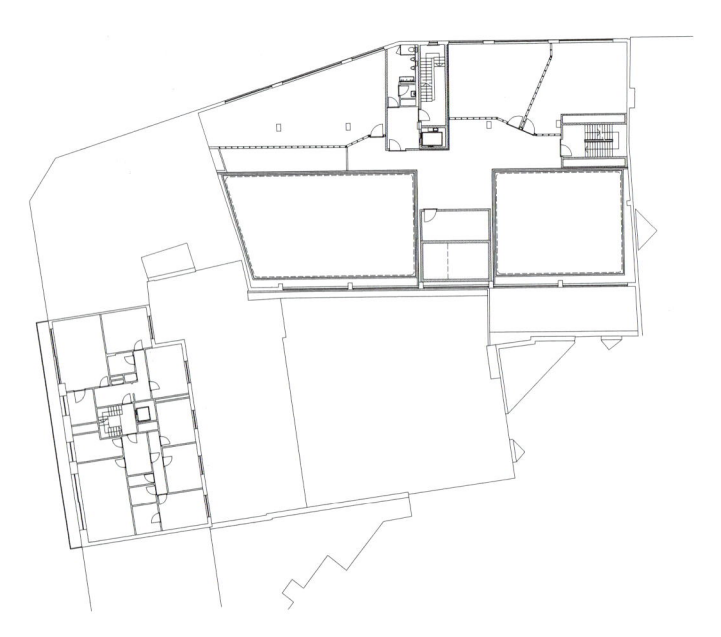

Planta tercera.
Third floor.

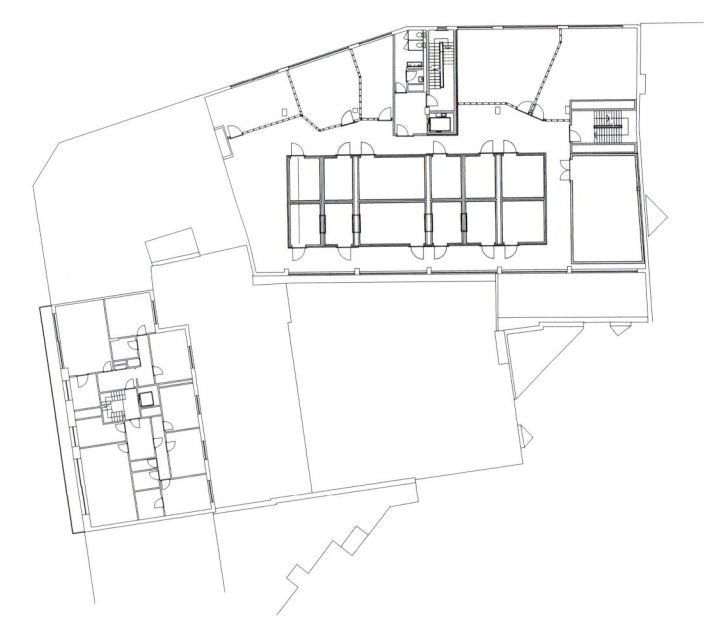

Planta cuarta.
Forth floor.

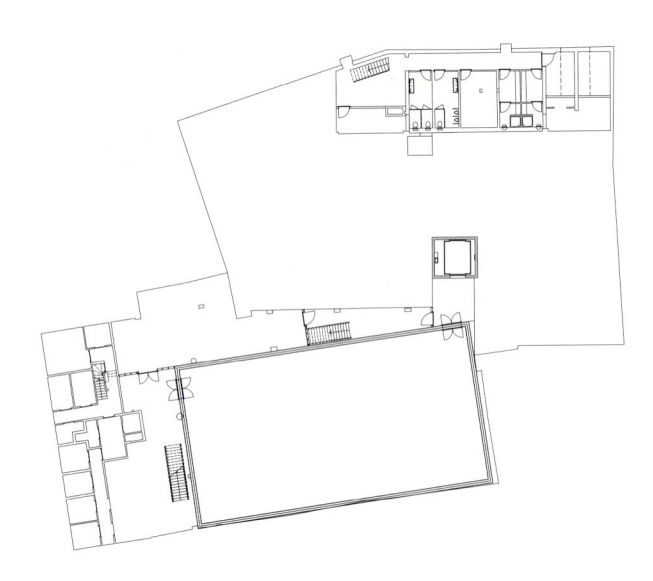

Sótano.
Basement.

Planta baja.
Ground floor.

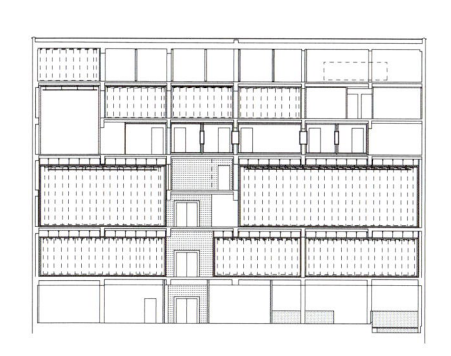

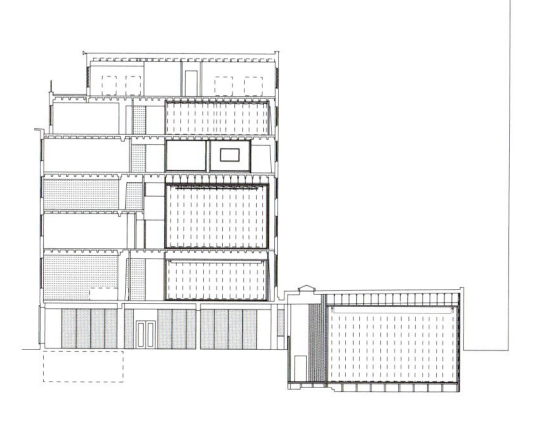

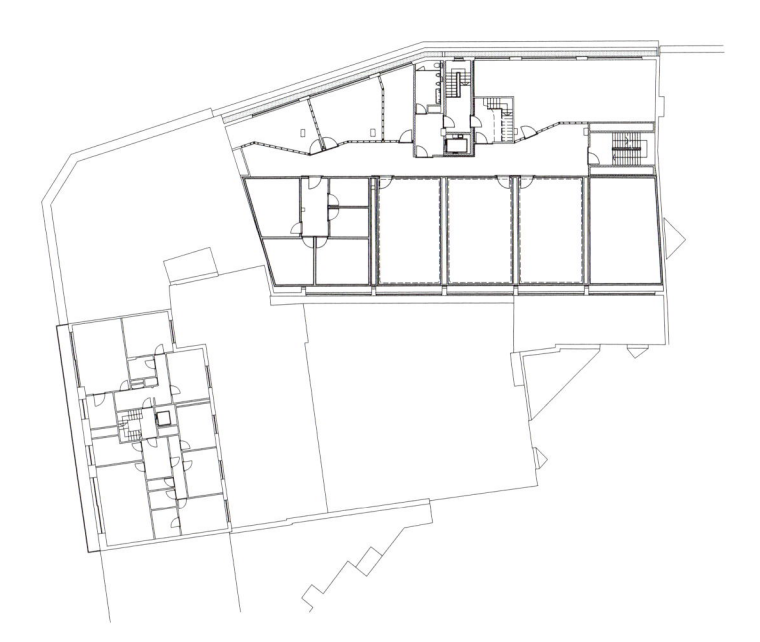

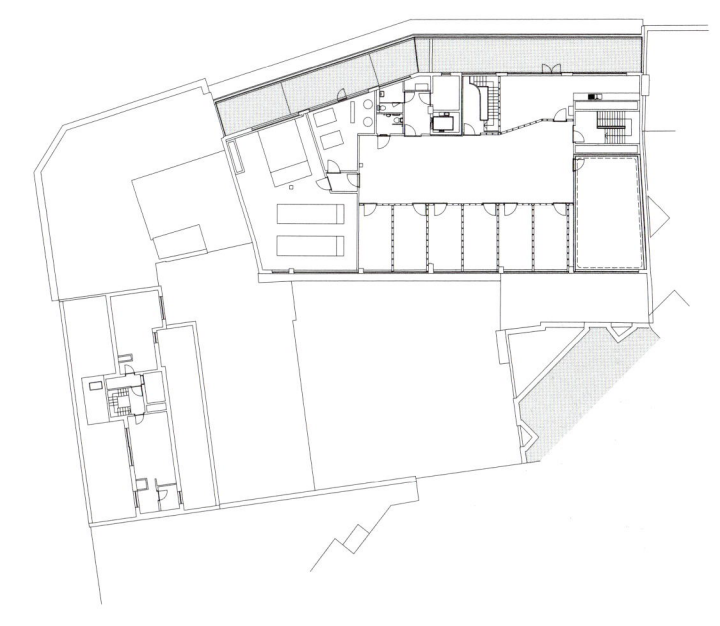

Departamento de Arte Dramático y Audiovisuales, Bruselas

Dramatic Arts and Audio-visual Department, Brussels

Planta quinta.
Fifth floor.

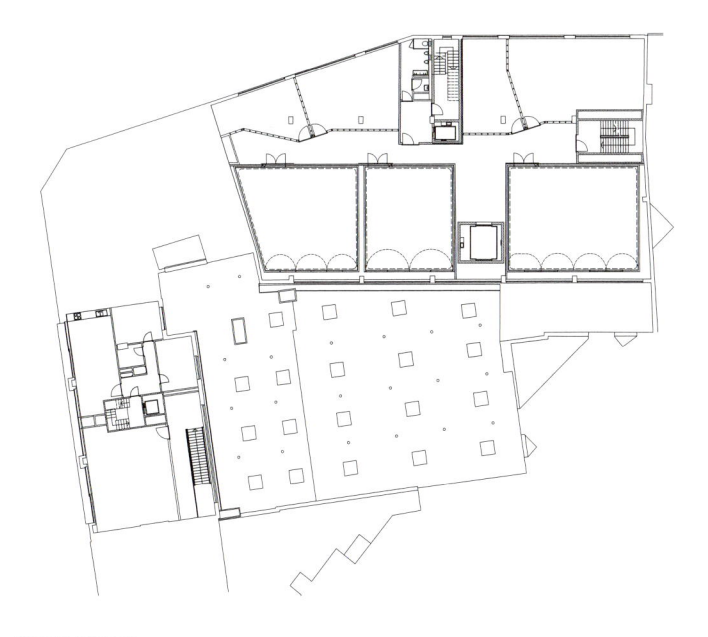

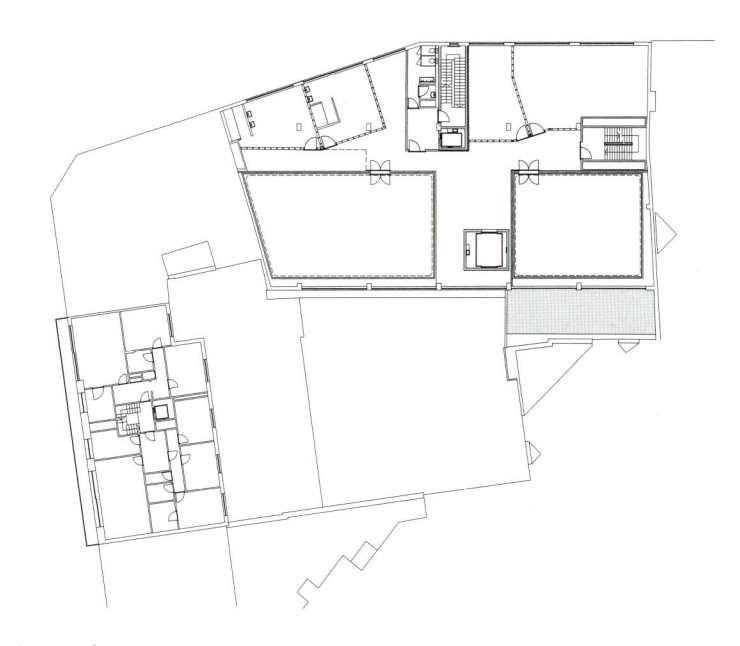

Planta sexta.
Sixth floor.

Planta primera.
First floor.

Planta segunda.
Second floor.

Edificio de oficinas, Bronschhofen, Suiza
Office building, Bronschhofen, Switzerland

2004

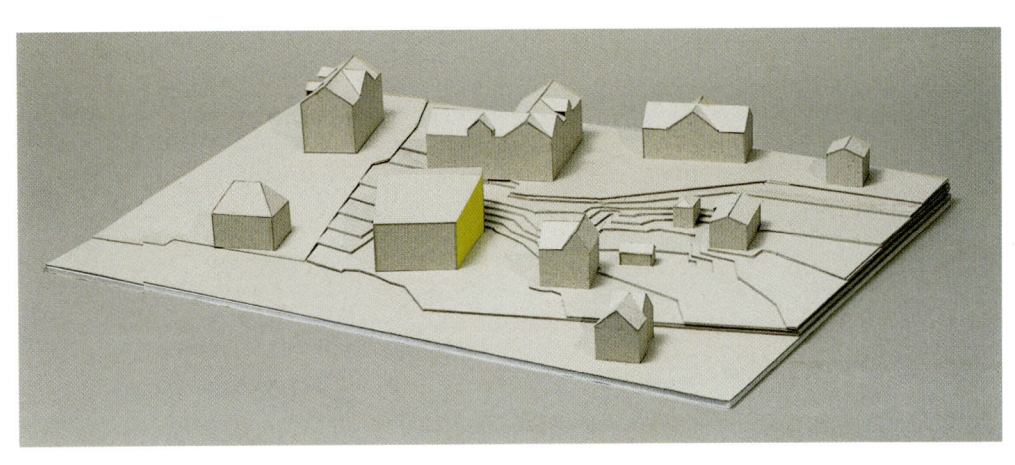

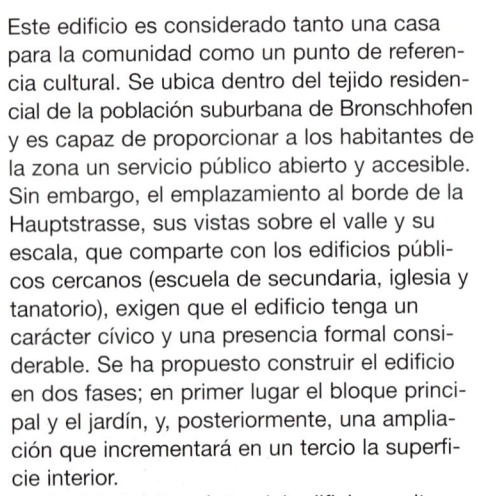

Este edificio es considerado tanto una casa para la comunidad como un punto de referencia cultural. Se ubica dentro del tejido residencial de la población suburbana de Bronschhofen y es capaz de proporcionar a los habitantes de la zona un servicio público abierto y accesible. Sin embargo, el emplazamiento al borde de la Hauptstrasse, sus vistas sobre el valle y su escala, que comparte con los edificios públicos cercanos (escuela de secundaria, iglesia y tanatorio), exigen que el edificio tenga un carácter cívico y una presencia formal considerable. Se ha propuesto construir el edificio en dos fases; en primer lugar el bloque principal y el jardín, y, posteriormente, una ampliación que incrementará en un tercio la superficie interior.

La dualidad del carácter del edificio resulta visible también en la necesidad de espacios interiores que ofrezcan una distribución específica para las oficinas municipales, pero que también pueda adaptarse y ampliarse para albergar más adelante nuevas distribuciones y nuevos ocupantes. El proyecto intenta equilibrar estas necesidades específicas y genéricas. El volumen cúbico propuesto se ajusta a la orientación, zonificación y topografía para generar una forma escultórica.

La localización del edificio en el extremo norte del solar, a lo largo de la Hauptstrasse, ha permitido conformar un parque público contiguo orientado al sur. El césped se extiende hasta el edificio y se eleva en los márgenes del camino para crear una plataforma elevada. El terreno desciende suavemente hacia una puerta en la fachada sur del edificio, conectando la recepción y las zonas públicas de circulación con el parque. La mayor parte de los espacios de oficinas están orientados hacia el jardín, con un dosel de árboles frutales jóvenes que ofrece algo de sombra durante el verano.

El edificio alberga un departamento administrativo en cada una de las plantas, con la posibilidad de aumentar su superficie en horizontal con la nueva ampliación. Los espacios de oficinas y reuniones de planta ortogonal están separados de los muros exteriores, creando a un estrecho espacio de circulación cruciforme en cada una de las plantas que proporciona luz y vistas en cada uno de sus extremos.

La estructura consiste en muros exteriores de carga, losas y un núcleo vertical central que proporciona rigidez lateral, todos ellos de hormigón. Ninguna de las paredes interiores es portante y pueden redistribuirse a medida que varíen las necesidades de los ocupantes.

El revestimiento aislante interior de suelos, paredes y techos proporciona el rendimiento térmico y acústico necesarios y una zona para la instalación de los servicios de cableado eléctrico, cableado informático e instalaciones de agua y calefacción. Las fachadas se han concebido como un muro de "doble" hoja, con un desajuste intencionado entre la gran escala de los huecos de las ventanas en las paredes exteriores de hormigón y los grandes paneles fijos de vidrio, y los huecos de las contraventanas en el revestimiento de madera que se encuentra tras ellas.

Está previsto que el muro exterior de hormigón tenga una superficie rica en texturas que vayan de lo rugoso a lo suave, dependiendo de la proximidad al tacto. Dos de las superficies del muro están teñidas; el muro que da al parque tendrá un color verde (exagerando la luz que se refleja en el césped) y el muro norte, más corto, un color negro (como si se encontrase bajo una sombra muy oscura).

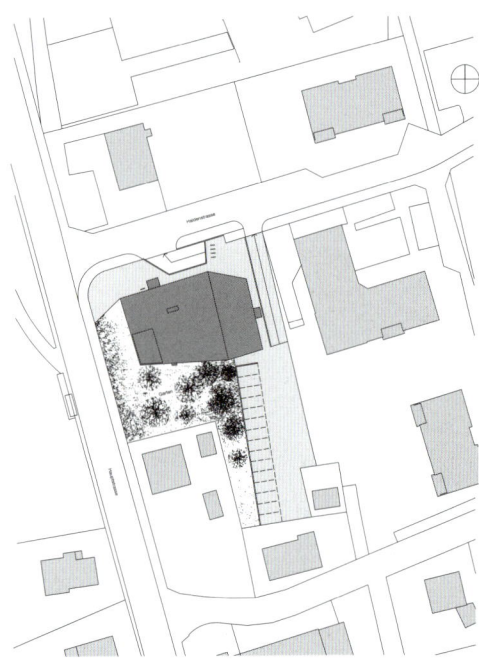

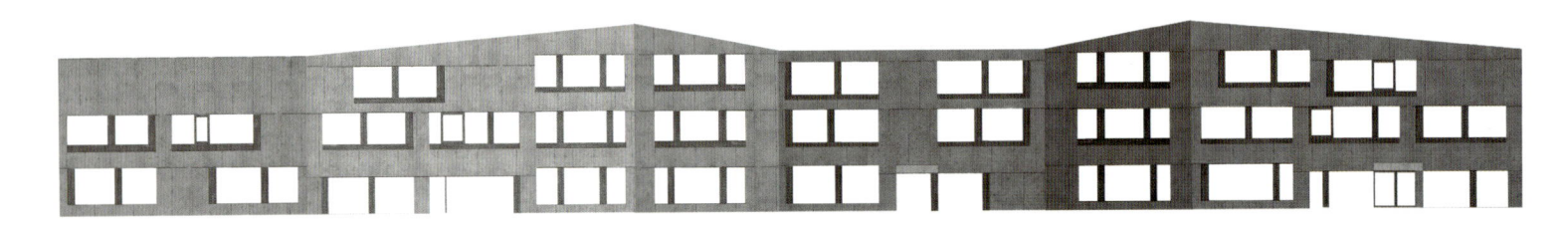

The new building is seen as both a community house and a cultural landmark. It is located within the residential fabric of the suburban town of Bronschhofen and is able to provide local people with an open and accessible public service. However, the siting of the building on the edge of Hauptstrasse, its commanding views of the valley and its shared scale with nearby public buildings (secondary school, church and chapel of rest) also require it to have a civic character with a considerable formal presence. The building is proposed to be developed in two phases, with the principle volume and landscape built first, followed by an extension which increases the internal area by one third.

The duality of the building's character is also apparent in the requirement for the interior spaces to provide for a specific layout for the council offices in the first instance but to be able to be adaptable and extendable to accommodate new arrangements and occupiers at a later date. The design seeks to balance these specific and generic needs. The cubic volume established is adjusted in response to orientation, zoning and topography to give a sculptural form.

By placing the building to the northern edge of the site, along Haldenstrasse, a south-facing public garden is established adjacent to it. The grass extends to the building edge and is banked up along the roadside pavement to create a raised platform. The ground dips gently down towards a door in the south facade of the building, connecting the reception and public circulation areas to the garden. Most of the office spaces on all floors look towards the garden, with the canopies of new fruit trees providing a degree of sun shading in the summer.

The building is organised with an administrative department on each floor which has the potential to expand horizontally into the new extension. Orthogonal office and meeting spaces are set out from the external walls resulting in a tapered cruciform circulation space on each floor with daylight and view at each end.

The construction is a concrete structural shell of load-bearing external walls and flat floor slabs, with a vertical concrete lift core providing lateral stiffening. All internal walls are non-load-bearing and may be rearranged as the needs of the occupiers change. An insulated inner lining to floors, walls and ceilings provides the thermal and acoustic performance required and provides a service zone for running electrical, data, water and heating pipework. The facades are seen as

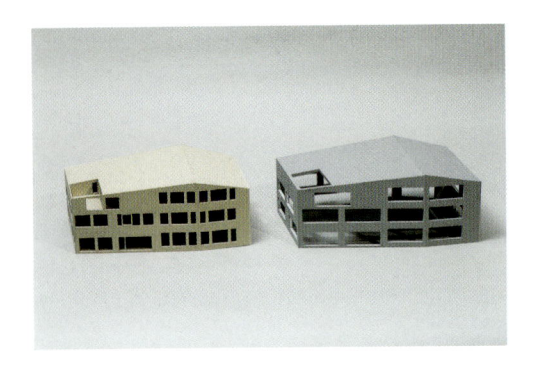

a "double" layered wall with an intentional misalignment between the large-scale window openings in the outer concrete walls and the large fixed glass panels and opening shutters in the inner timber lining behind it.
The external concrete wall is intended to have a richly textured surface, varying between rough and smooth, depending on its proximity to touch. Two surfaces of the wall are colour tinted; the wall facing the garden is to be given a green tint (exaggerating the reflected light of the grass) and the short north-facing wall a charcoal tint (as if it is in strong shadow).

Emplazamiento Location **Bronschhofen, Suiza/*Switzerland*** | Proyecto Project duration **2004** | Colaboradores Collaborators **Kaj Blattner, Kyle Buchanan, Aidan Hodgkinson, Tim Rettler** | Estructura Structural engineers **Arup** | Ingeniería medioambiental Environmental engineers **Arup** | Superficie total Gross floor area **1.710 m²** | Fotografía de la maqueta Model photography **David Grandorge**

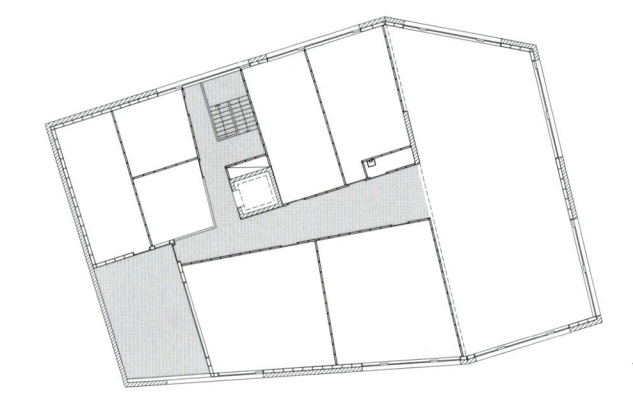

Planta segunda.
Second floor.

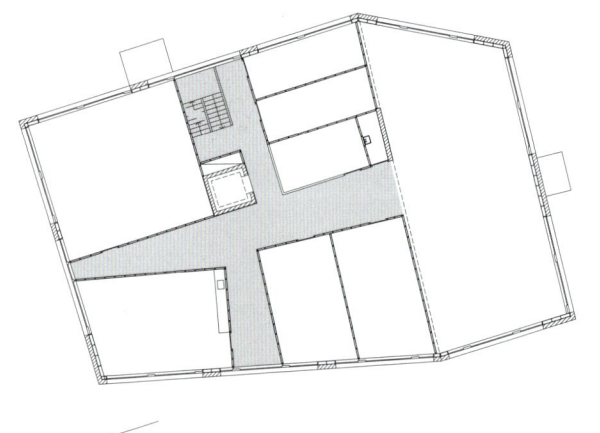

Planta primera.
First floor.

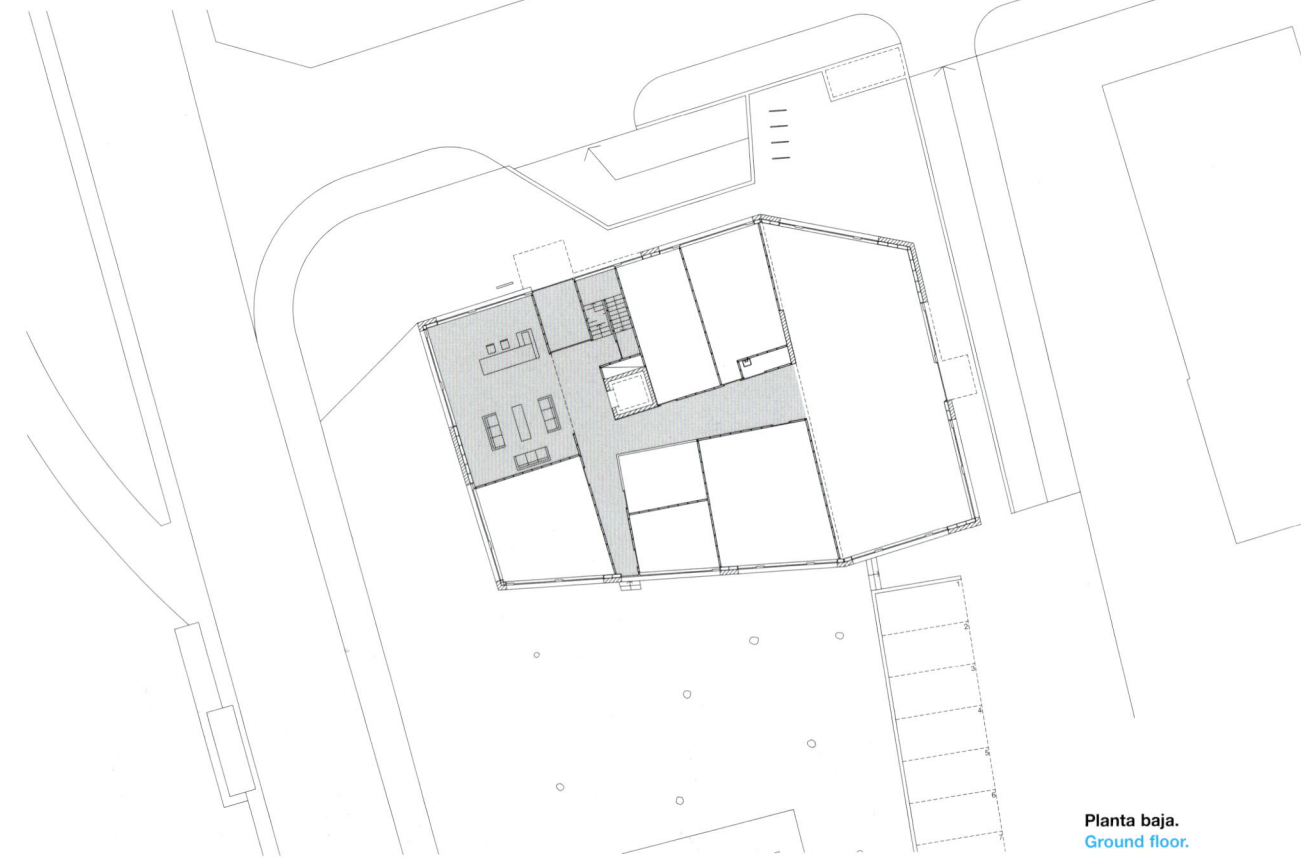

Planta baja.
Ground floor.

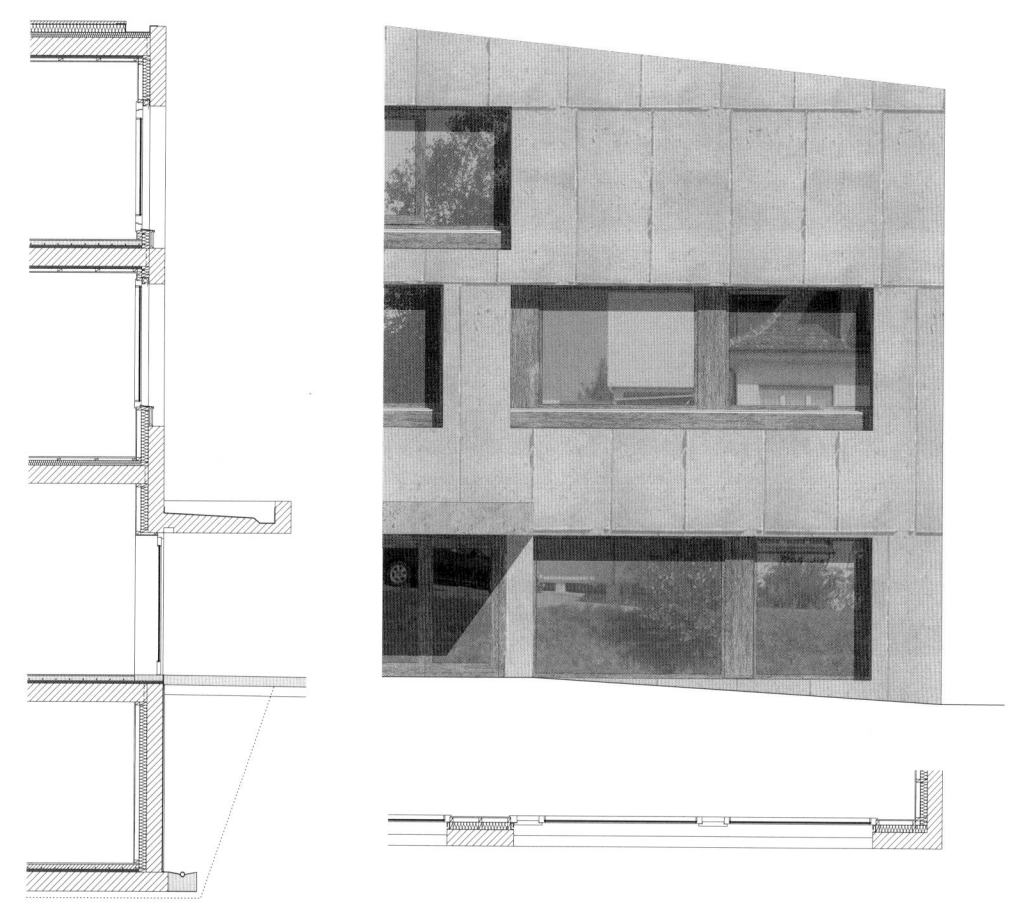

Edificio de oficinas, Bronschhofen, Suiza

Office building, Bronschhofen, Switzerland

Biografía / Biography

Jonathan Sergison
Stephen Bates

© Ioana Marinescu

Jonathan Sergison nació en St. Aspah (Gales, Reino Unido) en 1964. Obtuvo el título de arquitecto por la Architectural Association de Londres en 1989, donde estudió con Rodrigo Pérez. Trabajó como asistente y después como arquitecto en el estudio David Chipperfield (1989-1991). Entre 1993 y 1995 como asistente y colaborador de Tony Fretton. Durante todo este período participó en una serie de proyectos artísticos y culturales de importancia, entre los que se encuentran el proyecto el Centro de Arte Sway en el New Fortes, el Quay Arts en la Isla de Wright y el concurso del Holy Island Buddhist Retreat en Escocia. En 1996 fundó Sergison Bates Architects junto a Stephen Bates. Ha sido profesor en diversas escuelas de arquitectura de Reino Unido, entre ellas, University of Nottingham y University of Humberside (1992-1996). Ha sido tutor de proyectos fin de carrera en la University of North London (1995-1996) y, posteriormente, en la Architectural Association de Londres (primer curso y diplomatura, 1995-1998). Ha sido profesor invitado de la University of Kingston (tercer y quinto curso) y tutor de quinto curso en el departamento de Arquitectura e Ingeniería Civil de la University of Bath (2002). Actualmente es profesor invitado del departamento de Arquitectura de la ETH de Zúrich (2003-2005).

Stephen Bates nació en Essex (Reino Unido) en 1964. Se graduó en el Royal College of Art de Londres en 1989, bajo la tutela de James Gowan y David Chipperfield. Trabajó en Barcelona para Liebman Villavecchia en proyectos residenciales y culturales en el período previo los Juegos Olímpicos de 1992. Posteriormente, trabajó como arquitecto para Bennetts Associates, Londres (1992-1996), en diversos edificios de oficinas que fueron galardonados con diversos premios medioambientales, como el Powergen (Reino Unido) Ltd HQ y John Menzies (Reino Unido) Ltd HQ. En 1996 fundó Sergison Bates Architects junto a Jonathan Sergison. Ha sido tutor y profesor invitado en diversas escuelas de arquitectura de Reino Unido. Fue tutor de primer curso en la Architectural Association de Londres (1996-1998), examinador externo en la South Bank University de Londres (1999-2003), tutor de prácticas en la Architectural Association de Londres (2001-2003) y tutor de quinto curso en el departamento de Arquitectura e Ingeniería Civil en la University of Bath (2002). Actualmente es profesor invitado en el departamento de Arquitectura de la ETH de Zúrich (2003-2005). En 2005 ha sido invitado al Arts Enabling Group de CABE.

Jonathan Sergison was born in St. Aspah (Wales, UK) in 1964 and graduated from the Architectural Association in 1989, studying under Rodrigo Pérez. He worked as an assistant and subsequently as project architect for David Chipperfield Architects during the period 1986-1987 and 1989-1991. Between 1993-1995 he worked as assistant and collaborator with Tony Fretton Architects, during which time he was involved in a number of significant arts and cultural projects including Sway Arts Centre in the New Forest, Quay Arts in the Isle of Wight and the Holy Island Buddhist Retreat competition in Scotland. In 1996 he established Sergison Bates architects with Stephen Bates. He has taught at a number of schools of architecture in the UK, including the University of Nottingham and the University of Humberside between 1992-1996. He was Degree Unit Master at the University of North London between 1995-1996 and subsequently at the Architectural Association, London, in the 1st Year and Diploma school between 1995-1998. He has been Guest Critic at the University of Kingston (3rd and 5th Year) and 5th Year Tutor in the Department of Architecture and Civil Engineering at the University of Bath in 2002. He is currently Visiting Professor for the Department of Architecture of ETH, Zurich 2003-2005.

Stephen Bates was born in Essex (UK) in 1964. After graduating from the Royal College of Art in 1989, under the tutelage of James Gowan and David Chipperfield, he worked in Barcelona for Liebman Villavecchia on housing and cultural projects in the run up to the 1992 Olympic Games. Subsequently, as project architect for Bennetts Associates, London (1992-1996), he worked on a number of award-winning environmental office buildings such as Powergen (UK) Ltd HQ and John Menzies (UK) Ltd HQ. In 1996 he established Sergison Bates architects with Jonathan Sergison. He has been a Technical Tutor and Guest Critic at a number of schools of architecture in the UK. He was 1st Year Unit Master at the Architectural Association, London between 1996-1998, External Examiner at South Bank University, London between 1999-2003, Future Practice Tutor at the Architectural Association from 2001-2003 and 5th Year Tutor in the Department of Architecture and Civil Engineering at the University of Bath in 2002. He is currently Visiting Professor for the Department of Architecture of the ETH, Zurich 2003-2005. In 2005 he was invited to join the Arts Enabling Group of CABE.

Colaboradores
Collaborators

Mark Tuff
(arquitecto asociado/associate)

Holly Allen
Matthias Amann
Johanna Backas
Andrew Barr
Nicolaj Bechtel
Rebecca Behbahani
Sigalit Berry
Kaj Blattner
Martin Bradley
Marie Brunborg
Kyle Buchanan
Becky Chipchase
Gilles Daflon
Andrew Davy
Guy Derwent
Aiden Hodgkinson
Álvaro Homar
Angela Hopcraft
Michel Kaeppeli
Timo Keller
Mehrnoosh Khadivi
Dieter Kleiner
Merethe Kristensen
Patrick Macleod
Sophie Marée
Johannes Müller-Lotze
Tim Rettler
Sally Richards
Susan Russell
Juliette Scalbert
Cornelia Schwaller
Joanna Sutherland
Anat Talmor
Valerie Tse
Jan Vermeulen
Jessica Zarges

Stephen Bates, **Resistencia**
Jonathan Sergison Resistance

Ellis Woodman **Entrevista con Jonathan Sergison y Stephen Bates**
Interview with Jonathan Sergison and Stephen Bates

nexus

STEPHEN BATES, JONATHAN SERGISON

Resistencia
Resistance

El muro
Un muro rodea el jardín trasero de una casa de campo georgiana en la campiña galesa que limita con Inglaterra. Cubre una extensión similar a la de un campo de fútbol de tamaño medio y, aunque mide algo menos de 3,5 m de altura, tiene un aspecto sólido en medio del delicado paisaje. El muro se ha levantado siguiendo la suave y sinuosa pendiente del emplazamiento, para reducir al máximo las sombras tras él, y se adapta a la forma desigual y en pendiente como si se rindiese al terreno. La altura uniforme con relación a los cambios de nivel confiere una dimensión vertical a la topografía existente, lo cual provoca que la inclinación del terreno sea aún más visible. Pero, aunque este objeto de grandes dimensiones parezca estar dominado por el paisaje (por esta solución del muro como si fuera un reflejo del terreno), la forma del muro resultante se ve subrayada por lo ajustado de su configuración. En contra de cualquier convención, el muro de ladrillo disminuye su horizontalidad inherente, y se comba e inclina como si se encontrara en un estado de reposo. La naturaleza oculta del ladrillo —paciente y con la suavidad de la arcilla— surge de esta situación y confiere una presencia espacial que renueva nuestras expectativas frente algo tan familiar.
El ladrillo es de color rojo anaranjado, mezclado con un ladrillo gris negruzco más oscuro y excesivamente cocido. El mortero tiene el color terroso de la cal y el aparejo es inglés, con hiladas muy compactas de ladrillos a tizón con juntas a tope, alternadas con hiladas a soga. Este aparejo subraya más la junta horizontal que la vertical. La acción combinada del liquen, las reparaciones efectuadas con anterioridad y la humedad han decolorado la superficie creando formas y motivos que desdibujan el orden del trazado horizontal. Los clavos, puntas y alambres retorcidos que se encuentran desordenadamente por toda la superficie aumentan la densidad heterogénea del conjunto. Con una continuidad fluida entre las hiladas horizontales y los

The wall
A wall surrounds the kitchen garden of a Georgian country house in Welsh border country. It covers the area of a modest-sized football pitch and although it stands at just under three-and-a-half metres tall it feels massive in the delicate landscape. The wall has been raised to follow the gently sloping and undulating site, to minimise shadows cast within, settling into an uneven and tilted form as if surrendered to the land. The uniform height relative to the changing ground level gives a vertical dimension to the existing topography which makes the slope of the ground more visible. But whilst this large object seems to be dominated by the landscape (in the way the wall has become a reflection of the ground), the consequent form of the wall, however, is intensified by its adjusted shape. Against convention, the brick wall eases from its inherent horizontality, sagging and sloping, as if in a state of repose. The hidden nature of brick—tolerant and clay-soft—emerges from this situation giving a special presence that renews our expectation of something so familiar.
The brick is orange-red, intermixed with a darker over-fired brick of black and grey. The mortar has the chalky colour of lime and the English-bond pattern, with layers of closely butted header bricks alternated with layers of soldier-course bricks, gives an emphasis to the horizontal joint over the vertical. A combination of lichen growth, previous repair-work and rising damp has discoloured the surface with shapes and patterns which blur the order of horizontal coursing. A disordered arrangement of nails, pins and stretched wires across the surface add to the heterogeneous density of the whole. With effortless continuity between horizontal and sloping courses, the corners of the wall curve in a gently battered lean, demonstrating a masterly control of interlocking masonry and making the structure of the wall evident. In these ways the landscape has had a decisive impact on the ultimate character of the wall, with the wall making the landscape more visible

trazados inclinados, la esquinas del muro se curvan para formar una pendiente suave a tizón. Una manifestación magistral más del control del aparejo que muestra la estructura del muro.
De esa forma, el paisaje ha ejercido un impacto decisivo en el carácter final del muro, ya que éste permite, por un lado, que el paisaje sea más visible y, por otro, que la materia del muro pase a ser algo más potente. Es como si el paisaje hubiese liberado la auténtica naturaleza del muro que, al mismo tiempo, es imperfecto y monumental.

El traje de fieltro

Los entornos escultóricos y las vitrinas cerradas del artista alemán Joseph Beuys están cargados de significado metafórico y de simbolismo privado. Para poder comprenderlos requieren cierta explicación; sin embargo, el uso de determinados materiales parece establecer una comunicación visceral que no precisa ningún tipo de narrativa. Este hecho puede deberse a que nos conectan a todos con el conocimiento antiguo, elemental, del material; un material que existe incluso más allá del significado cultural. Esta obra, desde luego, no se basa en el gusto por la sorpresa de lo nuevo, sino en el reconocimiento de algo que se conoce profundamente.

El uso que hace Beuys del fieltro doblado y de la grasa solidificada revela la inherente imprecisión de los materiales y su autenticidad final. A pesar de los intentos de dar forma al material, su naturaleza orgánica asegura su capacidad para liberarse, de alguna manera, del control final del artista. No es posible cortar de un modo deliberado un contorno preciso en una pila de paños de fieltro; un pliegue en un traje de fieltro nunca llega a controlarse para formar la raya de doblez de su superficie; la grasa solidificada, moldeada en bloques y cortada en lonchas, nunca da como resultado partes iguales entre sí.

El fieltro industrial de color marrón grisáceo que se ha utilizado tiene un carácter burdo e inestable; es imperfecto por naturaleza, carece de uniformidad porque está confeccionado a partir de multitud de filamentos de lana de diferentes tipos, enrollados, prensados y reducidos a finos paños. Los trajes de fieltro, ligeramente cómicos pero misteriosos, ya estén expuestos en una pila o colgados de forma singular en el espacio, revelan sorprendentemente la verdadera esencia del material con el que se han realizado. Parece que existe un conflicto intencionado, que el artista pone de manifiesto, entre la precisión necesaria para conseguir una forma entallada y la inclinación natural del material a plegarse formando rollos holgados y dobleces abultados. El efecto es el de una aproximación a la forma habitual del consabido traje, pero, en un estado desmesurado y con una materialidad abrasiva, que sugiere la negación del confort aunque asegura calidez. Es como si el material sólo estuviese aceptando momentáneamente las limitaciones de una forma controlada y como si, en cualquier momento, fuese a desenrollarse y abrirse para volver al estado de "paño" original. La expectativa de finura y ligereza del material que se asocia a la confección de un traje se sustituye por una conciencia cada vez mayor del estado natural e imperfecto del propio fieltro.

© Stephen Bates

Resistencia
El carácter y la naturaleza esenciales que están presentes en estos objetos, y su potencial para guiar la producción arquitectónica, siguen siendo muy relevantes para nosotros y generan un estado de resistencia frente a ciertas fuerzas habituales que observamos en la práctica profesional contemporánea.
Nos resistimos a la amenaza que supone la sensación material de peso y permanencia física en la arquitectura. El dominio de la fachada con cámara de aire ventilada —fomentado por los requerimientos de un confort térmico genérico—, las presiones económicas para reducir el coste del material, y las limitaciones de la industria con la consiguiente pérdida de habilidades técnicas, han convertido la pared de varias capas y la permeabilidad de la fachada en algo convencional. Puesto que la capa exterior se ha convertido en algo más parecido a una piel, dominada a menudo por un proceso de fijación o ensamblaje, el potencial del material para expresar el carácter exterior del edificio se ha visto limitado o se ha sustituido por una superficie alternativa que actúa como réplica o representación de dicho material. Sin embargo, creemos que, allí donde haya un imperativo adecuado, es necesario adaptar esa construcción con varias capas para expresar el carácter estructural y la ornamentación del material, otorgando una unidad a un conglomerado. Mediante un ensamblaje amontonado sobre una estructura tectónica o mediante la consistencia de una única envoltura de revestimiento "general" es posible poner de manifiesto una mayor intensidad del material y una mayor expresión de la gravedad. En este sentido, reconocemos los paralelismos que pueden realizarse con el carácter de estructuras más antiguas.
Nos resistimos a la ideología abstracta que reduce la arquitectura a un mero producto, abusando de su autonomía respecto al emplazamiento y, a menudo, a su propio uso. Este método de producción confiere un efecto generalizador al carácter del lugar y trata de obtener credibilidad mediante una inspiración formal "nueva". Es posible observar cómo la ciudad se resiste a las ideologías preestablecidas o, en el caso de la cuadrícula, las plazas y paseos de los siglos XIX y XX, cómo los absorbe y los convierte en algo propio de la cultura y el lugar donde se ubican. Por ello, resulta inevitable que estos productos estén abocados al fracaso. En su lugar, es posible buscar un compromiso con esa fina línea de una realidad que une inextricablemente los edificios con el lugar, y que hace que su naturaleza sea lo suficientemente flexible como para poder mediar con el entorno cambiante que los rodea.
Nos resistimos a la forma aparentemente acrítica como la arquitectura actual explora las nuevas fronteras creadas por la tecnología digital, pues opera de un modo que carece de imperativos culturales comprensibles. En su lugar, es posible comprender el potencial que poseen los edificios comprometidos con la cultura arquitectónica, aquellos que forman parte de un *continuum* y no constituyen un fin en sí mismos. La tecnología digital ha inspirado la búsqueda de una forma que propone imágenes virtuales y fluidas con una complejidad innecesaria. Nos resistimos a los esfuerzos realizados para socavar los límites establecidos de lo que puede ser un espacio. En algunos casos, se propone una

on the one hand and the material of the wall becoming more potent on the other. It is as if the landscape has set free the true nature of the wall being both flawed and monumental at the same time.

The felt suit
The sculptural environments and closed vitrines of the German artist Joseph Beuys are full of metaphor and private symbolism. At one level they require explanation to understand and yet the use of particular materials seems to communicate at a visceral level, requiring no narrative. This may be because they engage us all with man's ancient and elemental knowledge of the material, which exists even beyond cultural meaning. This work clearly does not rely for its affect on the shock of the new but in the recognition of the deeply known.
Beuys's use of folded felt and dripping fat reveals the inherent imprecision of materials and their ultimate authenticity. Despite the attempts made to work the material into shapes, its organic nature ensures that it somehow loosens itself from the ultimate control of the artist. A cut intended as a precise edge to a stack of felt mats is never so; a fold in a felt suit is never quite controlled by the crease made to turn its surface; dripping fat moulded into blocks and cut into long slab-like sections are never each the same.
The grey-brown engineering felt used has a coarse and unstable character. By nature it is imperfect and non-uniform, made up as it is of multiple woollen filaments of different types, rolled, pressed and shrunk into flat mats. The faintly comic yet mysterious felt suits, presented either in a stacked pile or hung singularly in space, surprisingly reveal the very essence of the material from which they are made. There seems to be a deliberate conflict, made apparent by the artist, between the precision required to achieve the tailored form and the ultimate inclination of the material to fold in loose rolls and thick edges. The effect is an approximation of the regular form of the ubiquitous suit but in an exaggerated state and with an abrasive materiality that suggests a denial of comfort but with an assurance of warmth.
It is as if the material is only momentarily conforming to the constraints of a controlling form and will, at any moment, unroll and unwrap to its own mat-like state. The expectation of a fineness and thinness of material that one associates with the suit form is substituted with an increased awareness of the natural and flawed state of felt itself.

Resistance
The essential character and quality found in these objects and their potential in guiding architectural production remain highly relevant to us and inspire a state of resistance from certain current forces we observe in contemporary practice.
We resist the threat to a sense of material weight and physical permanence in architecture. The dominance of the rainscreen facade, encouraged by the demands of generic thermal comfort, economic pressures to reduce material cost and industry limitations with the loss of skills, has made conventional the multi-layered wall and an increased

arquitectura de franjas abstractas que se pliegan sobre sí mismas, en un intento por describir tanto la dimensión externa como la interna, y que, al hacerlo, niegan cualquier posible sensación de intimidad del espacio interior o de claridad del territorio. En su lugar, creemos que es necesario intensificar la definición entre el interior y el exterior trabajando con habitaciones. Nuestra preocupación se centra en el carácter de la habitación y en la naturaleza del marco que establece el límite entre la exposición (pública) y la intimidad.

Frecuentemente, la arquitectura es objeto y sujeto, pero también puede encarnar la continuidad y reafirmación del lugar. Puede expresar en términos concretos los aspectos inmateriales de nuestra existencia —emoción, memoria, presencia— y también puede aceptar la imperfección de los fenómenos cotidianos. Esta arquitectura contribuye a aumentar de la densidad de la atmósfera de un lugar. Ahí es donde reside, finalmente, la resistencia a lo artificial y lo virtual.

Joseph Beuys,
Traje de fieltro, 1970
Joseph Beuys,
Felt Suit, 1970

© Joseph Beuys, VEGAP, Barcelona, 2005

permeability of the facade. As the outer layer has become more like a skin which is often dominated by the process of fixing and assembly, the potential for material to express the external character of a building has become limited or is substituted with an alternative surface which acts as a replica or representation of a material. However, we believe that where there is an appropriate imperative, it is necessary to adapt this multi-layered construction to express the structural character and ornamentation of material giving a single unity to a conglomerate whole. Through the stacking assembly of a tectonic structure or the consistency of a single "overall" covering envelope, a greater intensity of material and expression of gravity may be made manifest. In this we acknowledge the parallels that may be made with the character of more ancient structures.

We resist the abstract ideology that reduces architecture to a product, imposing itself autonomously from its site and often even of its use. This method of production gives a generalising effect to the character of place and seeks credibility in being formally inventive and "new". The city can be seen to resist a priori ideologies or, in the case of the grid, square and boulevard of the 19th-and 20th-century city, to absorb them and make them specific to the culture and place in which they lie. Inevitably, therefore, these products are prone to failure. Instead it is possible to seek engagement with the fine line of a reality in which buildings are inextricably linked to place and are adaptable enough in their nature to mediate with the changing environment around them.

We resist the seemingly non-judgemental way in which current architecture explores the new boundaries offered by digital technology, as it works in a way that is devoid of understandable cultural imperatives. Instead it is possible to understand the potential in buildings that engage with the culture of architecture, contributing to a continuum and not as an end in itself. Digital technology has inspired the pursuit of form which proposes fluid and virtual images of unnecessary complexity. We resist the efforts made to undermine the given limits of what a space can be. Instances may be observed where a proposed architecture of abstract strips fold over themselves in an attempt to describe both an external and internal dimension and in so doing negate any possible sense of intimacy of the interior space or clarity of territory. Instead we feel it necessary to intensify the definition between the inside and outside by working with rooms. Our concern is of the character of the room and the nature of the frame which demarcates exposure and intimacy.

Architecture is often both object and subject but it may also embody continuity and a re-affirmation of place. It may express in concrete terms the immaterial aspects of our existence—emotion, memory, presence—and it may also recognise the imperfection in daily phenomena. This architecture contributes to an increased atmospheric density of a place and in this there lies an ultimate resistance to the artificial and the virtual.

Entrevista con Jonathan Sergison y Stephen Bates

Interview with Jonathan Sergison and Stephen Bates

ELLIS WOODMAN (1972) estudió arquitectura en la University of Cambridge y en la University of North London. Es editor de la revista *Building Design*, donde escribe sobre arquitectura británica contemporánea. Vive en Londres e imparte clases en la University of East London y en la Scott Sutherland School of Architecture de Aberdeen.

ELLIS WOODMAN (1972) studied architecture at the University of Cambridge and at the University of North London. He is buildings editor of the magazine *Building Design* where he writes about contemporary British architecture. He lives in London and teaches at the University of East London and the Scott Sutherland School of Architecture in Aberdeen.

Ellis Woodman: ¿Qué hizo que acabarais trabajando juntos?
Jonathan Sergison: Fue a través de David Chipperfield. Stephen había sido alumno suyo y yo trabajé para él. Stephen regresó a Londres en 1990, después de trabajar durante un tiempo en Barcelona. Nos conocimos por medio de David y nos dimos cuenta de que teníamos cosas en común.
EW: ¿Qué tipo de intereses compartíais?
JS: Evidentemente, ambos estábamos muy influidos por la postura de David Chipperfield, un arquitecto joven que estaba revisitando el movimiento moderno internacional. En 1986, cuando comencé a trabajar para él, esa postura resultaba bastante radical y aislada. En Reino Unido estaban básicamente él y David Wild. El estudio de David estaba en la parte de atrás de la galería 9H, un lugar donde ambos pudimos conocer la obra de arquitectos como Álvaro Siza y los entonces emergentes jóvenes arquitectos de la Suiza de habla alemana.
Stephen Bates: Visto en retrospectiva, resulta claro que, siendo estudiantes, habíamos recibido influencias de gente parecida, aunque todavía no nos conocíamos. Recuerdo que, cuando estudiaba en el Royal College of Art, Tony Fretton fue invitado como crítico. Más o menos por aquella época, Jonathan estaba en la Architectural Association, nos hicimos amigos de Tony y empezamos a trabajar con él. Peter Salter fue otra de las influencias comunes. El libro sobre los proyectos de Peter Salter y Chris MacDonald[1] fue una de las fuentes básicas de mi estudio. Lo que me interesaba realmente era el texto de introducción que describía la influencia del lugar a la hora de hacer una obra. Recuerdo su fotografía de un edificio vernáculo de piedra y ladrillo, donde el ladrillo se había traído de otro lugar para realizar la esquina de la pared de piedra. Fue algo que me impresionó mucho.
JS: Peter Salter daba clases en la Architectural Association cuando yo estaba haciendo el proyecto fin de carrera. Nunca fue mi tutor —

Ellis Woodman: How did you end up in practice together?
Jonathan Sergison: David Chipperfield was the link. Stephen had studied with him and I was working for him. Stephen returned to London in 1990 after a period spent working in Barcelona. We met through David and we felt there was some common ground.
EW: What kind of interests did you hold in common?
JS: Obviously, we were both strongly influenced by David's emergent position as an architect who was revisiting International Modernism. In 1986 when I first began working for him that felt like a radical and pretty lonely position. In Britain, there was basically him and David Wild. David's office was at the back of the 9H Gallery which was a venue that exposed us both to the work of figures like Álvaro Siza and to the architects who were then emerging from the German-speaking part of Switzerland.
Stephen Bates: In retrospect, it is clear that as students similar people had influenced us, although we hadn't met. As a student at the Royal College of Art I remember Tony Fretton being invited as a guest critic. At around the same time Jonathan was at the Architectural Association and became friends with Tony and went on to work with him. Peter Salter was also a shared influence. The book of Peter Salter and Chris MacDonald's projects[1] was a major source for my dissertation. What really interested me was the introductory text describing the influence of place on making work. I remember their photograph of a brick-and-flint vernacular building, where the brick had been brought from elsewhere to make the corner of the flint wall. That kind of thing left a big impression on me.
JS: Peter Salter was teaching at the Architectural Association when I was doing my diploma there. He was never my tutor—Rodrigo Pérez taught me for both years—but I always kept an eye on what his unit was doing. Then as now, the Architectural Association was a very cosmopolitan environment. I was one of the few English students in

[1] MacDonald, Chris; Salter, Peter, *MacDonald and Salter. Building Projects*, Architectural Association, Londres, 1987.

Rodrigo Pérez fue mi profesor los dos años— pero siempre estuve pendiente de lo que hacía en su grupo. Entonces, como ahora, el ambiente de la Architectural Association era muy cosmopolita. Yo era uno de los pocos estudiantes ingleses del grupo de Rodrigo y nunca surgieron cuestiones relacionadas específicamente con la arquitectura inglesa. Sólo a través de la influencia de Peter Salter empecé a preocuparme sobre las ideas de lo inglés. Probablemente también fue a través de Peter Salter cuando, por primera vez, escuché un debate sobre la obra de Alison y Peter Smithson, que acabaría ejerciendo una gran influencia en ambos.
Cuando, durante los primeros años de nuestra colaboración, descubrimos los escritos de los Smithson, una de las cosas que resultaba más atractiva era lo cómodos que se sentían trabajando a partir de sus propias observaciones; cómo un muro se extendía a lo largo de una colina en el paisaje de Cumberland o cómo se desarrollaba un asentamiento a partir de las fuerzas existentes en su entorno. Recuerdo que en el grupo de Peter Salter —en quien era muy patente que estaba influido por su experiencia de haber trabajado con los Smithson— los estudiantes siempre realizaban ese tipo de referencias a la observación. Peter Salter solía referirse también a la relación entre estrategia y detalle, que está presente en el pensamiento de los Smithson. Esta idea se convertiría en parte fundamental de nuestra forma de pensar en un edificio.
EW: La situación en Londres a principios de la década de 1990 era difícil. Había una serie de arquitectos jóvenes que estaban interesados en ir más allá del lenguaje *high tech*, que en Reino Unido se había convertido en sinónimo de arquitectura moderna. Querían realizar una obra comprometida con los debates que habían tenido lugar en la Europa continental las dos décadas anteriores. Pero era un período de recesión, pues los arquitectos generalmente trabajaban en grandes estudios o se mantenían económicamente impartiendo clases. Nadie tenía la oportunidad de construir. En ese contexto, ¿cómo empezasteis a desarrollar vuestra actividad profesional?
JS: A principios de la década de 1990 había poco trabajo, pero sí hubo algunos buenos concursos. Decidimos presentarnos al concurso para el pabellón del National Eisteddford Arts and Crafts, un edificio efímero con un programa bastante sencillo. Pensamos que aquello podía servir como base para trabajar en concursos de mayor envergadura, pero, para nuestra sorpresa, ganamos el concurso. Así que, durante un año, aunque existía la oportunidad de construir, decidimos concentrarnos casi por completo en poner en funcionamiento el estudio. Sin embargo, tras un cambio en la dirección de Eisteddford, el proyecto quedó en suspenso. Creo que los dos nos dimos cuenta de que la puesta en marcha del estudio había sido un poco prematura. Si queríamos realizar los proyectos que teníamos, todavía teníamos que aprender cosas acerca de la logística de la dirección de un estudio. Así que Stephen aceptó una oferta de trabajo y yo comencé a dar clases; el estudio se convirtió en una actividad a tiempo parcial. Fue una etapa difícil, pero, cuando miro hacia atrás, pienso que, a la larga, todo lo que ocurrió fue positivo.
EW: Durante esta etapa formasteis parte de un grupo de arquitectos y artistas que se reunían con regularidad para

[1] MacDonald, Chris; Salter, Peter, *MacDonald and Salter. Building Projects*, Architectural Association, London, 1987.

Rodrigo's unit and questions relating to a specifically English architecture never really arose. It was only through Peter Salter's influence that I began to engage with ideas of Englishness. It was also probably through Peter Salter that I first heard a discussion of the Smithsons' work, which would come to be a very significant influence for both of us.
When, in the early years of our partnership, we discovered the Smithsons' writings, one of the things that felt really appealing was their comfort with drawing upon their own observations —on the way that a wall ran across a hillside in the Cumbrian landscape or the way a settlement developed through the forces that existed around it. I remember that in Peter Salter's unit—which was strongly informed by his experience of working with the Smithsons—the students were always making those kinds of references to observation. Peter Salter also used to refer to the Smithsons' thinking about the relationship between strategy and detail. That concept would become fundamental to the way we think about buildings.
EW: The situation in London in the early 90s was a difficult one. There were a number of young architects who were interested in moving beyond the high-tech language that had become synonymous with modern architecture in Britain. They were keen to make work that was engaged in the discussions that had taken place in mainland Europe over the previous two decades. But it was a period of recession. Those individuals were generally either working in large offices or subsidising themselves through teaching. No-one had the opportunity to build. In that context, how did you begin to establish a practice?
JS: In the early 90s there was little work but there were some good competitions around. We decided to enter the competition for the National Eisteddford Arts and Crafts Pavilion. It was for a temporary building and it felt like a very simple programme. We thought it would serve as a good primer for working on larger competitions, but to our surprise we won it. So for a year, while the possibility of building it existed, we decided to concentrate more or less full-time on running a practice. However, after a change of directorship, the Eisteddford put the project on hold. I think that coincided with a feeling that setting up the practice had been a bit premature. There were still things that we needed to learn about the logistics of practice management if we were to realise all the ambitions we had for the partnership. So Stephen took a job offer and I began to teach and the practice became part-time. It was a difficult period but I can only look back now and think that everything that happened was good.
EW: During this period, you were part of a group of architects and artists who were meeting regularly in order to present papers for discussion. In the absence of the opportunity to build, that involvement must have played an unusually significant role in helping you establish an agenda for the practice.
JS: The meetings went on pretty much every Sunday for about a year and a half. Tony Fretton, David Adjaye, Jonathan Woolf, Adam Caruso, Ferruccio Izzo, Juan Salgado and ourselves were the principal architects in the group. There were also the artists Mark Pimlott and Brad Lochore and the writer Irenee Scalbert would sometimes attend. Because no-one was building much it was a time when you could talk without feeling the pressure of racing back to work on contracts. I

© Stephen Bates

Ilustraciones del texto "Way to Work" (de: Sergison, Jonathan; Bates, Stephen, *Papers: A Collection of Illustrated Papers Written Between 1996 and 2001*, publicación propia, Londres, 2001).

"Way to Work" text illustrations (from: Sergison, Jonathan; Bates, Stephen, *Papers: A Collection of Illustrated Papers Written Between 1996 and 2001*, self-publication, London, 2001).

[2] Ambos artículos están publicados en: Bates, Stephen; Sergison, Jonathan, *Papers: A Collection of Illustrated Papers Written Between 1996 and 2001*, edición propia, Londres, 2001, págs. 8-15.
[3] Smithson, Alison y Peter, *Upper Lawn. Folly Solar Pavilion*, Edicions UPC, Barcelona, 1986.

[2] Both articles have been published in: Bates, Stephen; Sergison, Jonathan, *Papers: A Collection of Illustrated Papers Written Between 1996 and 2001*, self-publication, London, 2001, pp. 8-15.
[3] Smithson, Alison and Peter, *Upper Lawn. Folly Solar Pavilion*, Edicions UPC, Barcelona, 1986.

presentar propuestas a discusión. Ante la imposibilidad de construir, supongo que esa actividad habrá tenido un papel importante a la hora de ayudaros a establecer un programa para el trabajo del estudio.

JS: Las reuniones se celebraron casi todos los domingos durante año y medio. Los principales arquitectos del grupos éramos Tony Fretton, David Adjaye, Jonathan Woolf, Adam Caruso, Ferruccio Izzo, Juan Salgado y nosotros mismos. Había también artistas como Mark Pimlott y Brad Lochore; la escritora Irenee Scalbert asistía a veces. Como ninguno estaba construyendo demasiado, podíamos hablar sin sentir la presión de tener que volver corriendo a trabajar en un encargo concreto. Creo que todos nos beneficiamos de ese hecho. Recuerdo un ensayo de Mark Pimlott que tituló "What Do I See when I Look at Something?" [¿Qué veo cuando miro algo?], una pregunta que resume de forma sucinta todo aquello de lo que hablábamos: tomar la observación como base para una propuesta arquitectónica. Finalmente, el grupo se deshizo porque nunca conseguimos realizar una publicación que contuviese todos los ensayos, como era nuestra intención. Conseguimos montar una exposición en la Architecture Foundation, pero ése fue el único producto tangible de toda esa época. Nuestra postura se hizo mucho más perspicaz gracias a la disciplina que suponía presentar esos ensayos. Los ensayos "Way to Work" ["Una forma de trabajar"] y "A View of How Things Are" ["Una perspectiva acerca de cómo son las cosas"][2] se presentaron en 1996 en esas reuniones. Fueron sometidos a un escrutinio absoluto, quizás demasiado exhaustivo.

SB: Los escritos de los Smithson ofrecían un modelo lógico para el enfoque de nuestros ensayos en la relación entre texto e imagen, pero también para el carácter de la propia escritura. Es una escritura que parece basarse en la experiencia y que implica emoción; no como la escritura de Aldo Rossi o Robert Venturi. Un descubrimiento especialmente importante fue el libro *Folly Solar Pavilion*,[3] que pone de manifiesto una forma de vida dentro de una obra de arquitectura. No conocíamos a otros arquitectos que fuesen capaces de describir su trabajo dentro de un contexto cotidiano.

EW: Una de las preocupaciones que surgió de esas reuniones fue el interés por hacer una obra que operase dentro de un vocabulario formal comúnmente comprensible. Sé que el grupo visitó la casa Sugden, en Watford, de los Smithson, un proyecto que posee una forma de casa reconocible. Creo que influyó mucho en proyectos de varios

think we all benefited from that. I remember a paper that Mark Pimlott referred to called "What Do I See When I Look at Something?" That registered as the most succinct version of everything that we were talking about —drawing on observation as a basis for an architectural proposition. Eventually the group collapsed because the aim that we would make a publication that contained these papers never happened. We did manage to put on an exhibition at the Architecture Foundation but that was the only tangible product from the period. But our position became much sharper through the discipline of presenting these essays. The papers "Way to Work" and "A View of How Things Are"[2] were both presented in 1996 at those meetings. They were subjected to absolute scrutiny —perhaps exhaustively so.

SB: The Smithsons' writings offered an obvious model for the way we approached those papers. In the relationship between text and image but also in the character of the writing. It is writing that feels like it is based on experience and it has emotion attached to it —it is not like Aldo Rossi or Robert Venturi's writing. A particularly important revelation was the *Folly Solar Pavilion* book[3], which demonstrated a way of life within a piece of architecture. We didn't know of other architects who were able to describe their work in an everyday, real-life context.

Visita a la casa Sudgen de Alison y Peter Smithson.
Visit to Alison and Peter Smithson's Sudgen House.

© Mark Pimlott

Ilustraciones del texto "A View of How Things Are" (de: Sergison, Jonathan; Bates, Stephen, *Papers: A Collection of Illustrated Papers Written Between 1996 and 2001*, publicación propia, Londres, 2001).

"A View of How Things Are" text illustrations (from: Sergison, Jonathan; Bates, Stephen, *Papers: A Collection of Illustrated Papers Written Between 1996 and 2001*, self-publication, London, 2001).

© Jonathan Sergison

miembros del grupo, entre ellos vosotros. Evidentemente, este interés contradecía el debate arquitectónico predominante en Reino Unido. ¿Cómo comenzasteis a formular esas preocupaciones?

SB: Creo que la influencia de Tony Fretton fue la más significativa. Con su Lisson Gallery (Londres, 1986-1992) y sus escritos empezaba a hablar de la idea de que la arquitectura consistía fundamentalmente en comunicación. Recuerdo que Tony describía cómo la Lisson Gallery comunicaba algo acerca de tu lugar en el mundo; tenía y la sensación de que no había escuchado otro debate como ese durante mi etapa de estudiante. Sin duda, Tony había encontrado su propio camino hacia esa postura a través de su compromiso con la acción artística.

JS: Merece la pena recordar que un problema más inmediato que la falta de trabajo era el recelo muy consolidado ante cualquier arquitectura que tendiese hacia una expresión contemporánea. Desde entonces se ha producido un cambio total, pero en aquel entonces todavía eran muy recientes las intervenciones del príncipe Carlos en el debate arquitectónico. Creo que hay que tener en cuenta esas condiciones cuando se piensa en el tipo de intereses que desarrollábamos en ese momento. Ese interés en proponer una imagen arquitectónica que, de algún modo, tuviera su origen en algo ya existente, sin duda provenía de los Smithson. Pero, aunque resulte ingenuo, sentíamos que esos intereses eran también una especie de estrategia que serviría para abordar la dificultad de construir algo que pareciera contemporáneo en Reino Unido.

EW: Como habéis mencionado, Adam Caruso formaba parte del grupo. Tengo entendido que encontrasteis finalmente la oportunidad de trabajar plenamente en vuestro despacho, fundamentalmente gracias a Adam y Peter St John.

JS: Así es. En 1996, Caruso St John ganaron el concurso de la Walsall Art Gallery y nos invitaron a trabajar en el *pub*. Fue una gran oportunidad para nosotros, porque nos interesaba mucho trabajar en arquitectura pública y el *pub* tenía un programa eminentemente público. Una de las cosas de las que estábamos seguros desde un principio era que no nos interesaban los ámbitos profesionales donde se había asentado la generación anterior: reformas de tiendas y apartamentos para gente con alto poder adquisitivo.

EW: Contemplando la obra que habéis construido en esta última década, me sorprendió la gran proporción de vivien-

Tony Fretton, Lisson Gallery, Londres, Reino Unido, 1986-1992

Tony Fretton, Lisson Gallery, London, UK, 1986-1992.

© Chris Steel-Perkins/Magnum

> v
Viviendas, Bow, Londres, Reino Unido, 2001.
Urban housing, Bow, London, UK, 2001.

© David Grandorge

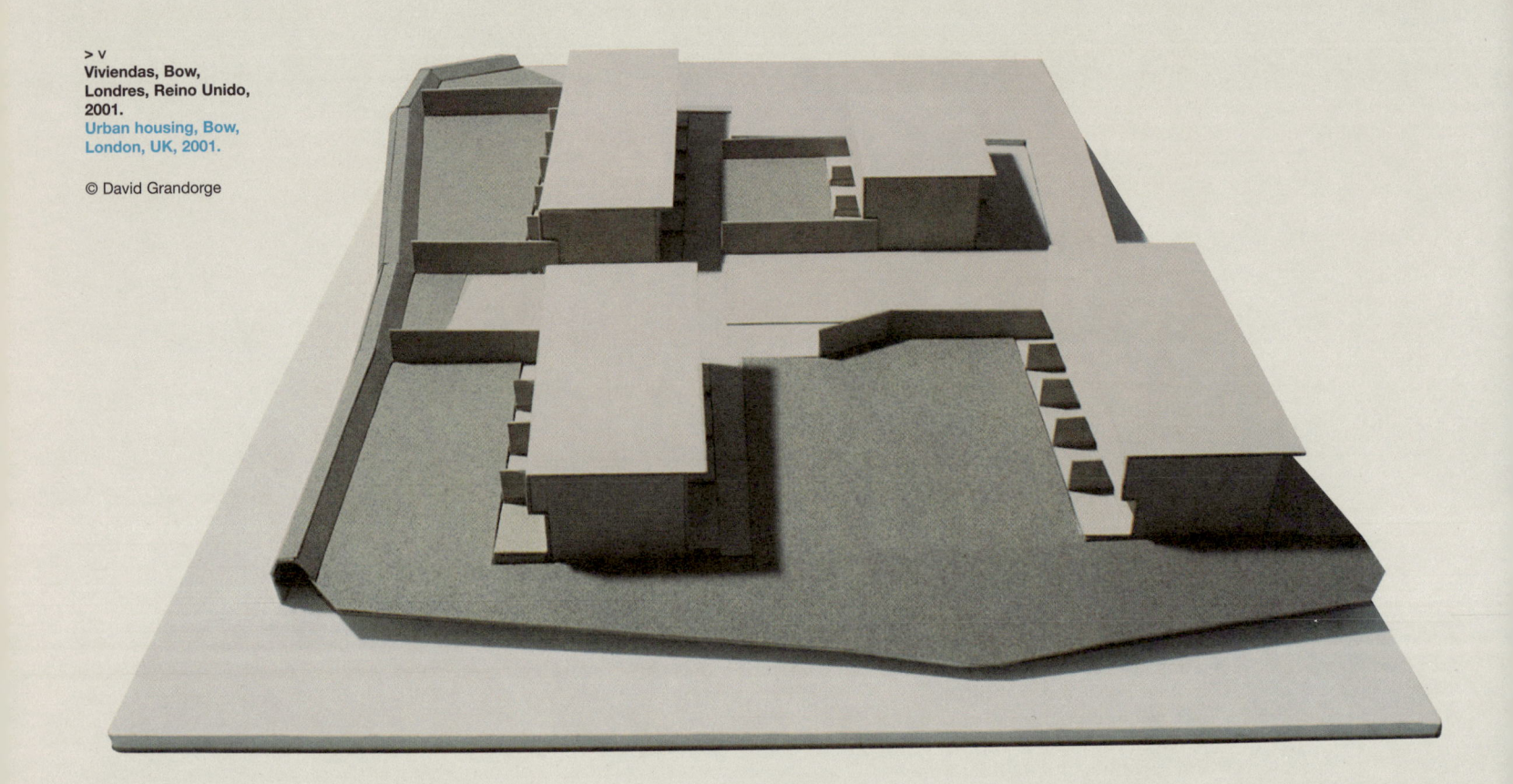

Viviendas, Gunnislake, Cornwall, Reino Unido, 2002.
Rural housing, Gunnislake, Cornwall, UK, 2002.

© David Grandorge

das de diferentes tipos. Creo que hay que retroceder unos treinta años para encontrar un estudio de arquitectura británico que haya revelado un capital creativo semejante en ese sector. ¿Por qué hicisteis de las viviendas el pilar de nuestro trabajo?

SB: A finales de la década de 1990 fuimos testigos del auge increíble de la construcción de viviendas en Holanda. Amigos como Maccreanor Lavington conseguían encargos en Holanda de una escala que era completamente desproporcionada con el tipo de trabajo que nosotros podíamos conseguir aquí. Sólo ahora tenemos la oportunidad de construir a esa escala en Reino Unido, pero ganar el concurso del prototipo de casas pareadas en Stevenage nos abrió la puerta de ese mundo. Ocurrió en el mejor momento, porque se estaba animando a los propietarios de suelo público a revisar la forma de ejecutar sus proyectos.

JS: No puedo explicar qué fue lo que nos llevó a la construcción de viviendas. Creo que teníamos un interés real por dedicarnos a una arquitectura más comprometida socialmente. Para mí, fue una reacción normal tras haber trabajado en un estudio concentrado en los interiores. También me pareció que detrás de los programas de viviendas sociales de las décadas de 1950, 1960 y 1970, tan atractivos para los arquitectos más interesantes de esas generaciones, existía un vacío enorme. En Reino Unido, proyectar viviendas sociales había caído en un descrédito absoluto, así que era realmente atractivo intervenir en un campo como ese.

EW: ¿Hasta qué punto pensáis que el tipo de problemas tectónicos que habéis explorado durante la última década ha sido el resultado del interés de vuestro estudio por el sector residencial? Me refiero concretamente a la relación entre el revestimiento exterior y el interior, un tema que puede rastrearse en gran parte de vuestro trabajo.

SB: El *pub* fue el primer proyecto donde ajustamos los revestimientos interiores. Durante el proceso del proyecto del apartamento de la primera planta, nos dimos cuenta de que la colosal escala de la cubierta necesitaba ajustarse respecto a los volúmenes interiores. Ya habíamos explorado la idea en un proyecto de una casa de vacaciones y unos talleres de artesanía en Dorset. En ese caso, trabajamos sobre el edificio existente de una vaquería, donde se hizo absolutamente necesario crear volúmenes interiores muy distintos a los del edificio existente. Al mismo tiempo, buscamos en la Europa continental, donde la cámara de aire ventilada constituía una estrategia de revestimiento exterior muy consolidada. Empezamos a darnos cuenta de que esto constituía una postura clara: los revestimientos interiores describen los volúmenes interiores y los exteriores tienen relación con el entorno; ambos son autónomos. En el caso de las viviendas, la norma es construir pieles, de manera que, inevitablemente, acabamos explorando este hecho.

EW: La idea de revestir los espacios interiores se ha desarrollado a la par que vuestra exploración del potencial de una arquitectura de habitaciones. ¿Cómo llegasteis a asociar la idea de la habitación como un punto central de vuestro lenguaje?

JS: Creo que la preocupación fue fruto de la búsqueda de una arquitectura que reconociera que los edificios cam-

EW: One concern that emerged from those sessions was an interest in making work that operated within a commonly understood formal vocabulary. I know that as a group you visited the Smithsons' Sugden House in Watford. That is a project that has a recognisably house-like expression and I think proved a strong influence on projects undertaken by various members of the group, yourselves included. Obviously that interest was at odds with the prevalent discussion about architecture in the UK. How did you begin to formulate those concerns?

SB: I think Tony Fretton's influence is very significant. Through the Lisson Gallery (London, 1986-1992) and through his writing he was starting to talk about the idea that architecture was fundamentally about communication. I remember Tony's description of how the Lisson Gallery communicated something about your place in the world and feeling that this wasn't the kind of discussion I had ever heard as a student. Of course, Tony had found his own way to that position through his involvement in performance art.

JS: It's worth remembering that the immediate problem of there being no work was compounded by an entrenched popular suspicion of any architecture that sought a contemporary expression. The years since have seen a complete sea change, but at the time we are talking about, Prince Charles's interventions in the architectural discussion were a very recent memory. I think it is worth bearing those conditions in mind when considering the kinds of interests that we were developing at the time. That interest in proposing an image of architecture that had some origin in what already existed, of course, stemmed from our revisiting of the work of the Smithsons. But, however naively, those interests also felt like a strategy that might address the difficulty of building anything that seemed contemporary in the UK.

EW: As you mentioned, Adam Caruso was part of that group. I understand it was principally through Adam and Peter St John that you eventually found the opportunity to resume a full-time partnership.

JS: That's right. In 1996, they won the Walsall Art Gallery competition and invited us to work on the public house. It was a great opportunity for us because we were really interested in making a public architecture and the public house was about as public a programme as you could get. One thing we were absolutely clear about from the start was that we were uninterested in those areas of practice with which the previous generation had established themselves — namely shopfitting and apartments for wealthy clients.

EW: Looking back at the work you have realised over the past decade, I was struck by what a large proportion of it is housing of one form or other. I think you would have to look back thirty years to find another British practice that had uncovered such creative capital in that sector. How did housing come to be the mainstay of your practice?

SB: What we were observing in the late 90s was this amazing boom in housing in the Netherlands. Friends like Maccreanor Lavington were winning jobs over there of a scale that was entirely disproportionate to the kind of work that we could imagine getting. We're only now finding the opportunity to build on that scale in the UK but winning the competition for the prototype semi-detached house in Stevenage did open a door into that world. It was timely

140

Casa de vacaciones y talleres, Bridport, Dorset, Reino Unido, 1998-1999.
Holiday house and workshops, Bridport, Dorset, UK, 1998-1999.

© Hélène Binet

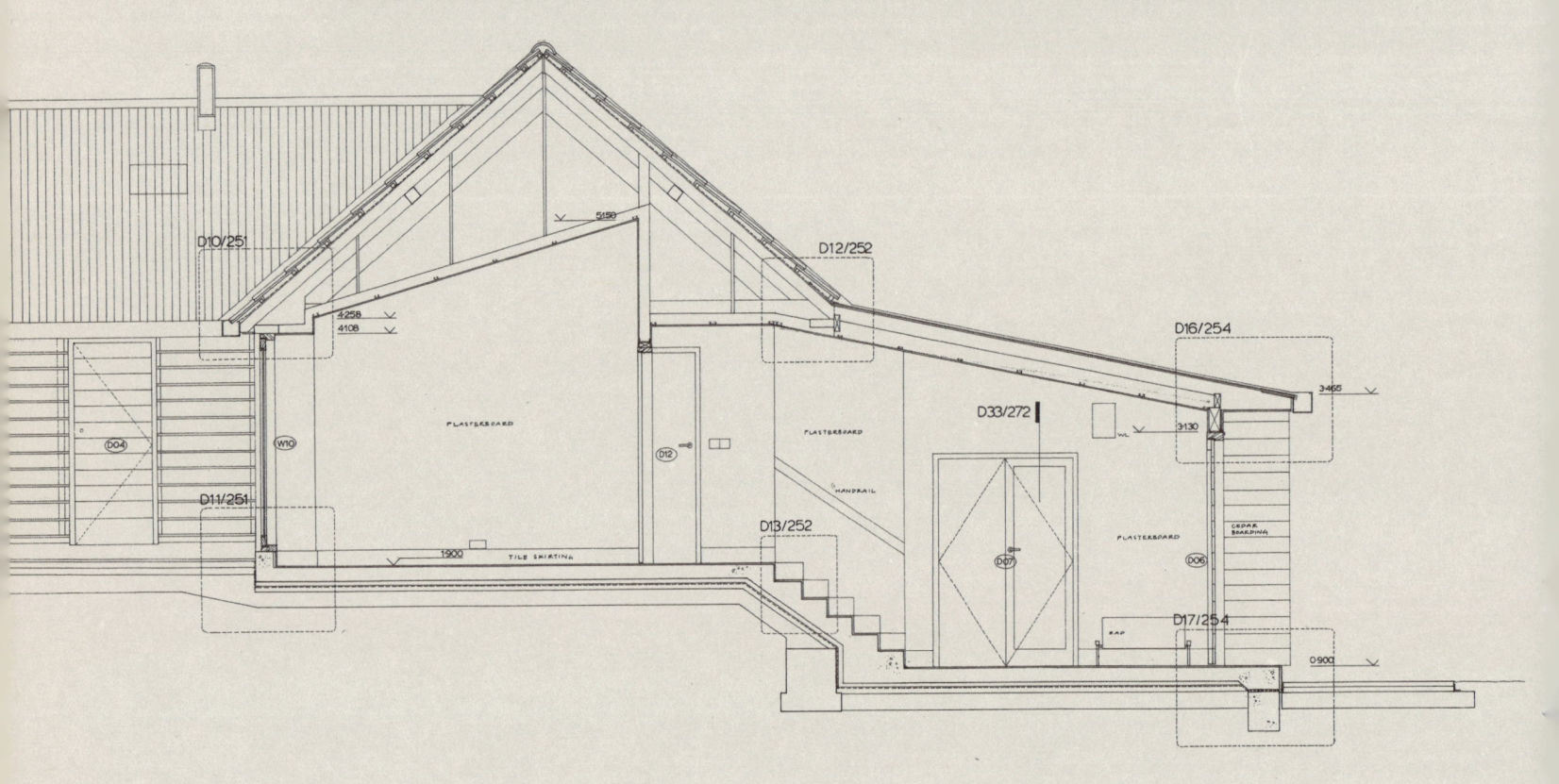

© Stephen Bates

[4] Publicados en: Bates, Stephen; Sergison, Jonathan, *Papers, op. cit.*, págs. 2-3.

bian; o sea, que los edificios *high tech* o de otro tipo, derivados de los orígenes del proyecto moderno, estaban condenados al fracaso. Las ideas de edificios que constantemente se transforman a sí mismos…, bueno, creo que se transforman, pero no como les gustaría a los arquitectos que lo hicieran. Mientras que las ideas de particiones móviles y espacios de planta libre fomentan un sentido de transparencia social, el resultado a menudo es decepcionante. Por nuestra propia experiencia, las habitaciones poseen flexibilidad si las organizas a conciencia. A nosotros nos interesan mucho más estas estructuras sociales complejas.

EW: Otra característica común en gran parte vuestras primeras obras es la ubicación en zonas de la ciudad que han sufrido sucesivos desarrollos urbanísticos y que, en consecuencia, resultan inusualmente heterogéneas. ¿Cómo han influido esas condiciones en la obra?

SB: Nuestro ensayo "Somewhere Between Ideas and Places" ["A medio camino entre las ideas y los lugares", 2001][4] aborda de lleno esa cuestión introduciendo la idea de mediación. El edificio en Shepherdess Walk es un buen ejemplo de un edificio que media entre la hilera de casas neogeorgianas que remata la calle y las viviendas de la década de 1970 situadas enfrente, relacionándose en realidad con ambas.

EW: ¿Y no es posible interpretar que ese reconocimiento de manera implícita es un intento de dar validez al contexto tal y como se encuentra?

JS: Creo que esta afirmación es cierta. Cuando emprendimos este proyecto, lo hicimos con el convencimiento de que todos los componentes que se nos habían pedido para que los añadiésemos a ese entorno eran legítimos. No podíamos ser tan selectivos como los urbanistas.

SB: Muchos de los proyectos que hemos construido en ese tipo de contextos a menudo han supuesto añadir algo a una estructura ya existente, con la intención de hacer que sus características fundamentales resulten más particulares. Creo que es una respuesta a gran parte de la regeneración que se está llevando a cabo en el East End londinense, donde se yuxtapone lo nuevo y lo viejo por medio de la inevitable remonta con cubierta de vidrio para contrarrestar el peso del edificio original. A nosotros nos atrae el peso de esos edificios originales, y gran parte de nuestro trabajo ha consistido en añadir un anexo, pero asegurándonos de que afecte a toda la superficie, de manera que parezca que el edificio, simplemente, ha crecido, y no que tiene una nueva cubierta.

EW: De manera creciente, los proyectos y concursos de vuestro estudio están traspasando las fronteras británicas y la tipología residencial. ¿Supone un cambio deliberado de intereses?

SB: Sí, es algo consciente. Una de las razones por la que buscamos encargos en el extranjero fue poder trabajar con aquello que queríamos construir. Nos encontramos con que había maneras de conseguir trabajo que en Reino Unido normalmente no podíamos conseguir. Estamos proyectando una biblioteca pública y un departamento universitario en Bélgica, proyectos imposibles de conseguir en este país, a esta altura de nuestra trayectoria profesional.

[4] Published in: Bates, Stephen; Sergison, Jonathan, *Papers, op. cit.*, pp. 2-3.

because social landlords in the UK were beginning to be encouraged to review the way they were procuring projects.

JS: I can't really explain what drew us to housing. I think we had a genuine interest in pursuing a more socially responsible architecture. For me, it was an obvious reaction to having been in an office that had been concentrating on interiors. It also felt that there was this huge cavern that existed beyond the social housing programme of the 50s, 60s and 70s that had been so attractive to the most interesting architects of those generations. The design of social housing in the UK had become completely discredited so there were obvious attractions to intervening in that territory.

EW: To what extent do you think the kinds of tectonic concerns that you have explored over the past decade have been a product of the practice's focus on the housing sector? I am thinking particularly of the relationship between cladding and lining that is a theme that can be traced through much of the early work.

SB: The public house was the first project in which we adjusted linings. In the process of designing the apartment on the first floor we realised that the colossal scale of the roof needed adjusting in terms of the internal volumes. We really explored that idea in a project we did in Dorset for a holiday house and crafts studios. There we were working with an existing dairy building and it became absolutely necessary to create internal volumes that were quite different from the structure. At the same time we were looking at mainland Europe where the rainscreen was well-established as a strategy for cladding. We began to see that there was a clear position in saying: linings describe the internal volumes and claddings respond to the surroundings and those two things have an autonomy. In housing the norm is to build in skins so we inevitably ended up exploiting that.

EW: The idea of lining out interior spaces has developed in tandem with your exploration of the potential of an architecture of rooms. How did you come to identify the idea of the room as central to your language?

JS: I think that concern was the product of a search for an architecture that recognises that buildings change in a way that high-tech and other buildings which derive from the origins of the modernist project are prone to failure. These notions of buildings constantly transforming themselves…well, I think they do but not in ways these architects would like. While notions of moving partitions and open-plan spaces promote a sense of social transparency the result is often disappointing. Our own experience is that rooms have flexibility if you organise them in a conscious way. We are much more interested in these complex social structures.

EW: Another characteristic that a good deal of your earlier work shares is that it sits within parts of the city that have been subject to successive redevelopment and are consequently unusually heterogeneous. How have those conditions impacted on the work?

SB: The paper we wrote entitled "Somewhere Between Ideas and Places" (2001)[4] really addresses that issue. It introduces the idea of mediation. The Shepherdess Walk building is a good example of a building that mediates between the neo-Georgian terrace that it terminates but also the 1970s housing that it sits opposite. It is really engaged with both.

JS: Creo que hemos llegado a un punto en el que no diré que hayamos agotado nuestro interés por las viviendas, pero sí que nos hemos dado cuenta de sus limitaciones. La curiosidad nos lleva en otras direcciones. Creo que el proyecto de Dinamarca responde en realidad a este cuestionamiento. Es interesante tener un proyecto donde parecería legítimo ser un poco más extravagante.

EW: Además de representar un cambio de escala respecto al trabajo anterior, estos nuevos proyectos parecen caracterizarse por una serie de preocupaciones tectónicas. El interés por la relación entre los revestimientos exteriores e interiores parece haber sido reemplazado por una exploración de medios de construcción más macizos y homogéneos.

SB: Hemos desarrollado cada vez mayor sentido del aspecto emocional de la arquitectura, algo que realmente queremos explorar. La sensación de masa, peso, recinto y aquello que llegas a pensar cuando estás dentro de un espacio, es algo que nos ocupa cuando trabajamos juntos. Esto ha hecho que aumente nuestro interés por construir edificios que posean una cualidad material muy limitada, incluso única. El Museo de Historia de la Cultura en Bornholms, Dinamarca, es un ejemplo típico del trabajo que realizamos actualmente. Buscamos la intensidad de lo material, la supresión del lenguaje común de la construcción para abrir camino a una relación mucho más intensa con la experiencia.

EW: ¿Reconocéis que, como resultado de esa revalidación, ha surgido un conjunto nuevo de preocupaciones formales?

SB: Creo que un mayor grado de abstracción ha demostrado la consecuencia inevitable de esa exploración. Cuando los muros, suelos y cubiertas se construyen con el mismo material, se produce cierta simplificación. Al mismo tiempo, creo que ya no sentimos esa necesidad inmediata de establecer referencias visuales explícitas en nuestro trabajo.

EW: ¿Por qué?

JS: Después de diez años, aunque seguimos interesados en trabajar con la memoria cultural, nos damos cuenta de que, cuando partimos de una imagen, podemos dar una dirección mucho más libre a la propuesta. Al construir nos hemos dado cuenta de que quizá no sólo es importante ser tan explícitos. El edificio en Shepherdess Walk tenía todos los elementos reconocibles por la gente, pero estaban todos colocados en el lugar equivocado. Para muchas personas resultaba algo muy incómodo. Las referencias que provoca el nuevo edificio no son tan directamente identificables, y ese hecho provoca una respuesta diferente.

SB: Antes mencionaste la casa Sugden que, desde luego, constituye una representación directa de una imagen conocida. En ella reconocimos una fragilidad que expresaba mucho acerca de la humilde condición de su construcción. Pero, en realidad, ahora hablamos más de un edificio como la sede del Economist, donde se aprecia una articulación arquitectónica más formal. Las capas están comprimidas formando un híbrido organizado con un cuidado increíble y su materialidad expresa una verdadera sensación de peso.

EW: And can one read, implicit in that acknowledgement, an attempt to validate the as found context?

JS: I think that is true. When we were making that project it was in the belief that all the components of the situation that we were being asked to add to were legitimate. One couldn't be so selective in the way that planners often are.

SB: A lot of the projects we have done in those sorts of contexts have tended to be schemes which have involved us adding to an existing structure with the aim of making its found characteristics more particular. I think that is a response to a lot of the regeneration work that is going on in London's East End that juxtaposes new with old through the inevitable glassy roof-top extension against the weight of the original building. We are drawn by the weight of those original buildings and so much of our work has involved adding an extension but ensuring that we can affect the whole surface so that the building might appear simply to have got bigger rather than got a new top on it.

EW: Increasingly, the projects that the practice is undertaking and the competitions that it is entering are spread beyond the UK and outside the housing sector. Does this represent a deliberate shift of emphasis?

SB: Yes, it is conscious. One reason we have been looking outside this country has simply been to look for work that we wanted to build. We have found that there were ways of getting work that we couldn't usually get here. In Belgium we are designing a public library and a university department —projects that we couldn't expect to get at this stage in our career in this country.

JS: I think we have reached a point where—I won't say we've exhausted our interest in housing—but we've realised its limitations. A sense of curiosity overtakes you in other directions. I think the project in Denmark was really about that sense of questioning. It is interesting to have a project where it seems legitimate to be a bit more extravagant.

EW: As well as representing a shift in scale from the earlier work, these new projects seem to be characterised by a different set of tectonic concerns. The interest in the relationship between claddings and linings has been replaced by an exploration of a more massive and homogeneous means of construction.

SB: We have developed an increasing sense that there is an emotional aspect to architecture that we really want to pursue. The feeling of mass, or of weight, the sense of enclosure and what you think of when you are in the space are the things that fill our time when we are working together. That has led us to develop an interest in making buildings that have a very reduced or even single material quality. The Cultural History Museum in Bornholms, Denmark is a typical example of the current work that we are making. We are looking for intensity of material, for suppression of the common language of construction to allow something that is much more about experience.

EW: Would you recognise that a new set of formal concerns have emerged as a result of that reappraisal?

SB: I think an increased level of abstraction has proved an inevitable consequence of that exploration. When walls, floors and roofs are made of the same material a certain simplification is going to come about. At the same time I think that we no longer feel such an immediate need to make direct visual references in the work.

Entrevista con Jonathan Sergison y Stephen Bates
Interview with Jonathan Sergison and Stephen Bates
Ellis Woodman

EW: Parece que ese cambio implícito hacia un lenguaje constructivo más sólido es un deseo de resistir la promoción de la arquitectura como una imagen ajena a la experiencia física.
SB: Creo que los edificios dan una sensación de resistencia ante una serie de tendencias actuales. Puedo citar tres de ellas. En primer lugar, el crecimiento del icono, con su impacto generalizado sobre el carácter del lugar, que viene parejo. En segundo lugar, se está promocionando un tipo de espacio interior fluido: las habitaciones han desaparecido y se han reemplazado por la idea de que la vida puede darse del mismo modo que la transmisión de los datos electrónicos. En tercer lugar, la pérdida de una expresión de peso y estructura tectónica, debido al creciente dominio de la construcción de muros con múltiples capas y cámaras de aire. Desde nuestro punto de vista, sentimos una sensación de pérdida al observar estos hechos. Intentamos construir una arquitectura arraigada en el lugar, capaz de demostrar la gran flexibilidad de una serie de espacios conformados en habitaciones, y que reconozca la diferencia entre estar dentro y estar fuera, observando los objetos de la ciudad.

Museo de Historia de la Cultura, Bornholms, Dinamarca, 2004.
Cultural History Museum, Bornholms, Denmark, 2004.

© David Grandorge

EW: Why is that?
JS: After 10 years, although we are still interested in working with cultural memory, we feel that when we start with a known image we can be much looser in relation to where we take it in a proposal. Through building, we have learnt that maybe it is not so important to be so explicit. The Shepherdess Walk building had all the components that people recognise but they were all in the wrong place. For some people that was too uncomfortable. The references made by the new work are not so immediately identifiable and that creates a different response.
SB: You mentioned earlier our interest in the Sugden House, which of course is a direct representation of a known image. We recognised in it a fragility that expressed a lot about the lowly status of its construction. But actually, the Economist is a building we talk about more these days. What I see in that is a more formal architectural articulation. The layers are compressed into an incredibly carefully organised hybrid and the materiality of it expresses a real sense of weight.
EW: It feels that implicit in the shift towards a more substantial constructional language is a desire to resist the promotion of architecture as an image, disengaged from physical experience.
SB: I think the buildings do offer a sense of resistance to a number of current tendencies. There are three that I would cite. First, the growth of the icon, with its concomitant generalising impact on the character of place. Secondly, there is the promotion of a fluid kind of interior space: rooms have gone, replaced with an idea that life can take place in the way that electronic data can move. Thirdly the loss of an expression of weight and tectonic structure due to the increased dominance of the rainscreen and multi-layered wall construction. From our point of view we feel a sense of loss when we observe those developments. We are trying to make architecture that is embedded in place. An architecture that can still demonstrate the great flexibility of a series of room-like spaces. An architecture that recognises the difference between being inside, looking out and being outside observing the objects of the city.

Próximo número
Forthcoming issue
Burkhalter Sumi

Introducción Introduction **Steven Spier** Proyectos residenciales Residential Designs: Loft en el edificio Hauserpark Loft in the Hauserpark Building, Biel | Villas plurifamiliares, Witikon, Zúrich Multifamily villas, Witikon, Zurich | Dos viviendas Two houses, Küsnacht | Viviendas para la tercera edad Housing for senior citizens, Multengut, Muri | Hotel y teatro Rigiblick, Zúrich Rigiblick Hotel and Theatre, Zurich | Viviendas Housing, Herrliberg | Conjunto de viviendas Am Eulachpark Am Eulachpark Housing Complex, Winterthur | Viviendas, Pekín Housing, Beijing | Conjunto de viviendas en la *siedlung* Sunnige Hof, Zúrich Housing complex in the Sunnige Hof *siedlung*, Zurich | Planificación urbana Urban planning designs: Ordenación de la zona de la estación central, Zúrich Development of the Central Station area, Zurich | Proyecto para la densificación de Schwamendingen, Zúrich Project for the densification of Schwamendingen, Zurich | Ordenación de la zona de Seewen-Feld Development of the Seewen-Feld area, Schwyz | Proyectos para el trabajo Designs for the workplace: Reforma del laboratorio EMPA Remodelling of the EMPA Laboratory, Dübendorf | Reforma del edificio Sulzer Remodelling of the Sulzer Building, Winterthur | Reforma del edificio Werd, Zúrich Remodelling of the Werd Building, Zurich | Edificio de oficinas Office building, Opfikon | Edificio de oficinas Eichhof, Lucerna Eichhof Office Building, Lucerne | Exposiciones Exhibitions: Pabellón Onoma Expo 02 Onoma Expo 02 pavilion, Yverdon-les-Bains | Exposición *Gottfried Semper 1803-1979*, Zúrich *Gottfried Semper 1803-1979 exhibition*, Zurich | nexus Sobre el espacio público. Tres ejemplos históricos On Public Space. Three Historic Examples **Marianne Burkhalter, Christian Sumi**